錢鍾書集

錢鍾書集

宋詩選註

生活·讀書·新知 三聯書店

圖書在版編目（CIP）數據

錢鍾書集：宋詩選註／錢鍾書選註．—2版．—北京：生活・讀書・新知三聯書店，2007.10 （2022.8重印）

ISBN 978-7-108-02750-4

Ⅰ.錢… Ⅱ.錢… Ⅲ.①錢鍾書（1910～1998）－文集 ②社會科學－文集 Ⅳ.C52

中國版本圖書館CIP數據核字(2007)第086086號

書名題簽 錢鍾書 楊 絳

責任編輯 馮金紅 孫曉林
裝幀設計 陸智昌
責任印制 董 歡
出版發行 生活・讀書・新知三聯書店
(北京市東城區美術館東街22號)
郵 編 100010
經 銷 新華書店
印 刷 北京新華印刷有限公司
版 次 2001年1月北京第1版
2007年10月北京第2版
2022年8月北京第4次印刷
開 本 640毫米×965毫米 1/16 全套總印張 327.125
印 數 09,001－11,000冊
定 價 998.00元(全十冊)

出版説明

錢鍾書先生（一九一〇——九九八年）是當代中國著名的學者、作家。他的著述，如廣爲傳播的《談藝録》、《管錐編》、《圍城》等，均已成爲二十世紀重要的學術和文學經典。爲了比較全面地呈現錢鍾書先生的學術思想和文學成就，經作者授權，三聯書店組織力量編輯了這套《錢鍾書集》。

《錢鍾書集》包括下列十種著述：

《談藝録》、《管錐編》、《宋詩選註》、《七綴集》、《圍城》、《人・獸・鬼》、《寫在人生邊上》、《人生邊上的邊上》、《石語》、《槐聚詩存》。

這些著述中，凡已正式出版的，我們均據作者的自存本做了校訂。其中，《談藝録》、《管錐編》出版後，作者曾做過多次補訂；這些補訂在兩書再版時均綴於書後。此次結集，我們根據作者的意願，將各次補訂或據作者指示或依文意排入相關章節。另外，我們還訂正了少量排印錯訛。

《錢鍾書集》由錢鍾書先生和楊絳先生提供文稿和樣書；陸谷孫、羅新璋、董衡巽、薛鴻時和張佩芬諸先生任外文校訂；陸文虎先生和馬蓉女士分別擔任了《談藝録》和《管錐編》的編輯工作。對以上人士和所有關心、幫助過《錢鍾書集》出版的人，我們都表示誠摯的感謝。

生活·讀書·新知 三聯書店
一九九九年十二月一日

此次再版，訂正了初版中少量的文字和標點訛誤；並對《談藝録》、《管錐編》的補訂插入位置稍做調整。

生活·讀書·新知 三聯書店
二〇〇七年八月二十日

錢鍾書對《錢鍾書集》的態度

（代　序）

楊　絳

我謹以眷屬的身份，向讀者説説錢鍾書對《錢鍾書集》的態度。因爲他在病中，不能自己寫序。

他不願意出《全集》，認爲自己的作品不值得全部收集。他也不願意出《選集》，壓根兒不願意出《集》，因爲他的作品各式各樣，糅合不到一起。作品一一出版就行了，何必再多事出什麽《集》。

但從事出版的同志們從讀者需求出發，提出了不同意見，大致可歸納爲三點。（一）錢鍾書的作品，由他點滴授權，在臺灣已出了《作品集》。咱們大陸上倒不讓出？（二）《談藝録》、《管錐編》出版後，他曾再三修改，大量增删。出版者爲了印刷的方便，《談藝録》再版時把《補遺》和《補訂》附在卷末，《管錐編》的《增訂》是另册出版的。讀者閱讀不便。出《集》重排，可把《補遺》、《補訂》和《增訂》的段落，一一納入原文，讀者就可以一口氣讀個完整。（三）儘管自己不出《集》，難保旁人不侵權擅自出《集》。

錢鍾書覺得説來也有道理，終於同意出《錢鍾書集》。隨後他因病住醫院，出《錢鍾書集》的事就由三聯書店和諸位友好協力擔任。我是代他和書店並各友好聯絡的人。

錢鍾書絶對不敢以大師自居。他從不廁身大師之列。他不開宗立派，不傳授弟子。他絶不號召對他作品進行研究，也不喜旁人爲他號召，嚴肅認真的研究是不用號召的。《錢鍾書集》不是他的一家言。《談藝録》和《管錐編》是他的讀書心得，供會心的讀者閲讀欣賞。他偶爾聽到入耳的稱許，會驚喜又驚奇。《七綴集》文字比較明白易曉，也同樣不是普及性讀物。他酷愛詩。我國的舊體詩之外，西洋德、意、英、法原文詩他熟讀的真不少，詩的意境是他深有領會的。所以他評價自己的《詩存》衹是恰如其分。他對自己的長篇小説《圍城》和短篇小説以及散文等創作，都不大滿意。儘管電視劇《圍城》給原作贏得廣泛的讀者，他對這部小説確實不大滿意。他的早年作品唤不起他多大興趣。“小時候幹的營生”會使他“駭且笑”，不過也並不認爲見不得人。誰都有個成長的過程，而且，清一色的性格不多見。錢鍾書常説自己是“一束矛盾”。本《集》的作品不是洽調一致的，衹不過同出錢鍾書筆下而已。

錢鍾書六十年前曾對我説：他志氣不大，但願竭畢生精力，做做學問。六十年來，他就寫了幾本書。本《集》收集了他的主要作品。憑他自己説的“志氣不大”，《錢鍾書集》衹能是菲薄的奉獻。我希望他畢生的虚心和努力，能得到尊重。

一九九七年十一月二十一日

作者五十歲時與楊絳合影

目　次

目 次

附　録

序

一

關於宋代詩歌的主要變化和流派，所選各個詩人的簡評裏講了一些；關於詩歌反映的歷史情況，在所選作品的註釋裏也講了一些。這裏不再重複，只補充幾點。

宋朝收拾了殘唐五代那種亂糟糟的割據局面，能够維持比較長時期的統一和穩定，所以元代有漢唐宋爲“後三代”的説法①。不過，宋的國勢遠没有漢唐的强大，我們只要看陸游的一個詩題:“五月十一日夜且半，夢從大駕親征，盡復漢唐故地”②。宋太祖知道“卧榻之側，豈容他人鼾睡”，會把南唐吞併，而也只能在他那張卧榻上做陸游的這場仲夏夜夢。到了南宋，那張卧榻更從八尺方牀收縮而爲行軍帆布牀③。此外，又寬又濫的科舉制度開放了做官的門路，既繁且複的行政機構增添了做官的名

---

① 郝經《陵川文集》卷十《温公畫像》，趙汸《東山先生存稿》卷一《觀輿圖有感》第四首自註。

② 《劍南詩稿》卷十二。

③ 徐夢莘《三朝北盟會編·炎興下帙》卷五十四載吴伸《萬言書》裏還引了宋太祖那句話來勸宋高宗不要“止如東晉之南據”。

額，宋代的官僚階級就比漢唐的來得龐大，所謂“州縣之地不廣於前而……官五倍於舊”①；北宋的“冗官冗費”已經“不可紀極”②。宋初有人在詩裏感慨説，年成隨你多麼豐收，大多數人還不免窮餓：“春秋生成一百倍，天下三分二分貧！”③最高增加到一百倍的收成只是幻想，而至少增加了五倍的冗官倒是事實，人民負擔的重和痛苦的深也可想而知，例如所選的唐庚《訊囚》詩就老實不客氣地説大官小吏都是盜竊人民“膏血”的賊。國内統治階級和人民羣衆的矛盾因國際的矛盾而抵觸得愈加厲害；宋人跟遼人和金人打仗老是輸的，打仗要軍費，打敗仗要賠款買和，朝廷只有從人民身上去榨取這些開銷，例如所選的王安石《河北民》詩就透露這一點，而李覯的《感事》和《村行》兩首詩更説得明白：“太平無武備，一動未能安……役頻農力耗，賦重女工寒……”，“産業家家壞，誅求歲歲新，平時不爲備，執事彼何人……”④。北宋中葉以後，内憂外患、水深火熱的情況愈來愈甚，也反映在詩人的作品裏。詩人就像古希臘悲劇裏的合唱隊，尤其像那種參加動作的合唱隊，隨着搬演的情節的發展，歌唱他們的感想，直到那場戲劇慘痛的閉幕、南宋亡國，唱出他們最後的長歌當哭：“世事莊周蝴蝶夢，春愁臣甫杜鵑詩！”⑤

作品在作者所處的歷史環境裏産生，在他生活的現實裏生

② 宋祁《景文集》卷二十六《上三冗三費疏》。

② 趙翼《廿二史劄記》卷二十五“宋冗官冗費”條。

③ 張詠《乖崖先生文集》卷二《憫農》。

④ 《李直講先生文集》卷三十六。

⑤ 馬廷鸞《碧梧玩芳集》卷二十四《題黎芳洲詩集》引了這兩句，還説：“所謂長歌之哀非耶？”

根立腳，但是它反映這些情況和表示這個背景的方式可以有各色各樣。單就下面選的作品而論，也可以看見幾種不同的方式。

下面選了梅堯臣的《田家語》和《汝墳貧女》，註釋引了司馬光的《論義勇六劄子》來印證詩裏所寫當時抽點弓箭手的慘狀。這是一種反映方式的例子。我們可以參考許多歷史資料來證明這一類詩歌的真實性，不過那些記載儘管跟這種詩歌在内容上相符，到底只是文件，不是文學，只是詩歌的局部説明，不能作爲詩歌的惟一衡量。也許史料裏把一件事情敍述得比較詳細，但是詩歌裏經過一番提鍊和剪裁，就把它表現得更集中、更具體、更鮮明，産生了又强烈又深永的效果。反過來説，要是詩歌缺乏這種藝術特性，只是枯燥粗糙的平鋪直敍，那末，雖然它在内容上有史實的根據，或者竟可以補歷史記録的缺漏，它也只是押韻的文件，例如下面王禹偁《對雪》的註釋裏所引的李復《兵餽行》。因此，"詩史"的看法是個一偏之見。詩是有血有肉的活東西，史誠然是它的骨幹，然而假如單憑内容是否在史書上信而有徵這一點來判斷詩歌的價值，那就彷彿要從愛克司光透視裏來鑒定圖畫家和雕刻家所選擇的人體美了。

下面選了范成大的《州橋》，註釋引了范成大自己的以及樓鑰和韓元吉的記載來説明詩裏寫的事情在當時並没有發生而且也許不會發生。這是另一種反映方式的例子，使我們愈加明白文學創作的真實不等於歷史考訂的事實，因此不能機械地把考據來測驗文學作品的真實，恰像不能天真地靠文學作品來供給歷史的事實。歷史考據只扣住表面的跡象，這正是它的克己的美德，要不然它就喪失了謹嚴，算不得考據，或者變成不安本分、遇事生風的考據，所謂穿鑿附會；而文學創作可以深挖事物的隱藏的本質，曲傳人物的未吐露的心理，否則它就没有盡它的藝術的責任，拋棄了它的創造的職權。考訂只斷定已然，而藝術可以想象當然和測度所以然。在這個意義上，我們不妨説詩歌、小説、戲劇比史書來得高明①。南宋的愛國志士最擔心的是：若不趕早恢復失地，淪陷的人民就要跟金人習而相安，忘掉了祖國②。不過，對祖國的憶念是留在情感和靈魂裏的，不比記生字、記數目、記事實等等偏於理智的記憶。後面的一種是死記憶，好比在石頭上雕的字，隨你鑿得多麽深，年代久了，總要模糊銷滅；前面的一種是活記憶，好比在樹上刻的字，那棵樹愈長愈大，它身上的字跡也就愈長愈牢。從韓元吉的記載裏，看得出北方雖然失陷了近五十年，那裏的人民還是懷念祖國③。范成大的詩就是加强地表白了他們這種久而不變、隱而未申的愛國心，來激發家裏人的愛國行動，所以那樣真摯感人。

下面選了蕭立之的《送人之常德》，註釋引了方回的逸詩作爲參照，説明宋末元初有些人的心理是：要是不能抵抗蒙古人的侵略，就希望找個桃花源去隱居，免得受異族的統治。這是又一

---

① 參看亞理斯多德《詩學》第一千四百五十一（乙）、一千四百六十（乙）。《左傳》宣公二年記載鉏麑自殺以前的獨白，古來好些讀者都覺得離奇難以相信，至少嫌作史的人交代得不清楚，因爲既然是獨白，“又誰聞而誰述之耶?”（李元度《天岳山房文鈔》卷一《鉏麑論》）但是對於《長恨歌》故事裏“夜半無人私語”那樁情節，似乎還没有人死心眼地問“又誰聞而誰述之耶?”或者殺風景地指斥“臨邛道士”編造謊話。

② 例如《三朝北盟會編·炎興下帙》卷六十八載楊造“乞罷和議疏”講到淪陷的人民，就説：“竊恐歲月之久，人心懈怠。”

③ 參看辛啓泰輯《稼軒集鈔存》卷一《乾道乙酉進美芹十論》裏“觀釁”第三。

種反映方式的例子。一首詠懷古跡的詩雖然跟直接感慨時事的詩兩樣，但是詩裏的思想感情還會印上了作者身世的標記，恰像一首詠物詩也可以詩中有人，因而幫助讀者知人論世。譬如汪藻有一首《桃源行》，裏面説："那知平地有青雲，只屬尋常避世人……何事區區漢天子，種桃辛苦求長年!"① 這首詩是在"教主道君皇帝"宋徽宗崇道教求神仙的時候作的②，寄託在桃花源上的諷喻就跟蕭立之詩裏寄託在桃花源上的哀怨不同。宋代有一首海外奇談之類的長詩、鄒浩的《悼陳生》③，詩很笨拙，但是敍述的可以説是宋版的桃花源④。有個寧波人陳生，搭海船上南通泰縣一帶，給暴風吹到蓬萊峯，看見山裏修仙的"處士"，是唐末避亂來的，和"中原"不通消息："'于今天子果誰氏?'語罷默默如盲聾"；這位陳生住了一陣子，又想應舉做官——"書生名利浹肌骨，塵念日久生心胸"——因此那個處士用縮地法送他回去，誰知道"還家妻子久黄壤，單形隻影反匆匆"，陳生就變成瘋子。鄒浩從他的朋友章潛那裏聽到這樁奇聞，覺得秦始皇漢武帝求仙而不能遇仙，陳生遇仙而不求仙："求不求兮兩莫遂，我雖忘情亦欷歔；仲尼之門非所議，率然作詩記其事。"鄒浩作這首詩的時候，宋徽宗還没有即位，假如他聽到這個新桃花

---

① 《〈浮溪集〉拾遺》卷三。

② 黄震《黄氏日抄》卷六十六。

③ 《道鄉集》卷二。

④ 這樁奇聞當時頗爲流傳，例如張邦基《墨莊漫録》卷三就有詳細的敍述，還説："又聞舒信道嘗記之甚詳，求其本不獲。"南宋初康與之《昨夢録》記楊可試兄弟被老人引入"西京山中大穴"，内有"大聚落"，可供隱居；也正是桃花源的變相。

源的故事，又恰碰上皇帝崇道求仙、排斥釋教，以他那樣一個援佛入儒的道學先生，感觸準會不同，也許借題發揮，不僅説“非所議”了。鄒浩死在靖康之變以前，設想他多活幾年，嘗到了國破家亡的苦痛，又聽得這個新桃花源的故事，以他那樣一個氣骨頗硬的人，感觸準會不同，也許他的“欷歔”就要親切一點了。只要看陸游，他處在南宋的偏安局面裏，耳聞眼見許多人甘心臣事敵國或者攀附權奸，就自然而然把桃花源和氣節拍合起來①，何況連殘山賸水那種託足之地都遭剥奪的蕭立之呢？

宋代的五七言詩雖然真實反映了歷史和社會，却没有全部反映出來。有許多情况宋詩裏没有描敍，而由宋代其他文體來傳真留影。譬如後世鬨傳的宋江“聚義”那件事，當時的五七言詩裏都没有“採著”，而只是通俗小説的題材，像保留在《宣和遺事》前集裏那幾節，所謂“見於街談巷語”②。這些詩人十之八九從大大小小的官僚地主家庭出身，經過科舉保舉，進身爲大大小小的官僚地主。在民族矛盾問題上，他們可以有愛國的立場；在階級矛盾問題上，他們可以反對苛政，憐憫窮民，希望改善他們的生活。不過，假如人民受不了統治者的榨逼，真刀真槍地對抗起來，文人學士們又覺得大勢不好，忙站在朝廷和官府一面。後世的士大夫在詠梁山泊事件的詩裏會説官也不好，民也不好，各打五十板③；北宋士大夫親身感到階級利益受了威脅，連這一

---

① 《劍南詩稿》卷二十三《書陶靖節桃源詩後》：“奇奴談笑取秦燕，愚智皆知晉鼎遷；獨爲桃源人作傳，固應不仕義熙年！”

② 周密《癸辛雜識》續集卷上載龔開《宋江三十六贊》。

③ 魏禧《魏叔子詩集》卷一《讀〈水滸〉》第二首：“君不擇臣，相不下士，士不求友，乃在於此！”

點點“公道話”似乎都不肯講。直到南宋滅亡，遺老像龔開痛恨“亂臣賊子”的“禍流四海”，纔想起宋江這種“盜賊之聖”來，彷彿爲後世李贄等對《忠義水滸傳》的看法開了先路。在北宋詩裏出現的梁山泊只是宋江“替天行道”以前的梁山泊，是個風光明秀的地區①，不像在元明以來的詩裏是“好漢”們一度風雲聚會的地盤。②

宋詩還有個缺陷，愛講道理，發議論；道理往往粗淺，議論往往陳舊，也煞費筆墨去發揮申說。這種風氣，韓愈、白居易以來的唐詩裏已有，宋代“理學”或“道學”的興盛使它普遍流播。元初劉壎爲曾鞏的詩辯護，曾說：“宋人詩體多尚賦而比興寡，先生之詩亦然。故惟當以賦體觀之，即無憾矣”③。毛澤東同志《給陳毅同志談詩的一封信》以近代文藝理論的術語，明確地作了判斷：“又詩要用形象思維，不能如散文那樣直説，所以比興兩法是不能不用的。……宋人多數不懂詩是要用形象思維的，一反唐人規律，所以味同嚼蠟。”同時，宋代五七言詩講“性理”或“道學”的多得惹厭，而寫愛情的少得可憐。宋人在戀愛生活裏的悲歡離

---

① 例如宋庠《元憲集》卷十《坐舊州亭上作，亭下是梁山泊，水數百里》：“長天野浪相依碧，落日殘雲共作紅；魚缶回環千艇合，巷蒲明滅百帆通”；韓琦《安陽集》卷五《過梁山泊》；蘇轍《欒城集》卷六《梁山泊》，又《梁山泊見荷花憶吳興》第五首：“菰蒲出没風波際，雁鴨飛鳴霧雨中；應爲高人愛吳越，故於齊魯作南風。”

② 例如《元詩選》三集庚陸友《杞菊軒稿·題宋江三十六人畫贊》，劉基《誠意伯文集》卷十七《分贓臺》（參看李贄《焚書》卷五“李涉‘贈盜’”條），朱彝尊《明詩綜》卷五胡翰《夜過梁山濼》，王士禎《古夫于亭雜録》卷五載丘海石《過梁山泊》。

③ 《隱居通議》卷七。

合不反映在他們的詩裏，而常常出現在他們的詞裏。如范仲淹的詩裏一字不涉及兒女私情，而他的《御街行》詞就有“殘燈明滅枕頭攲，諳盡孤眠滋味；都來此事，眉間心上，無計相迴避”這樣悱惻纏綿的情調，措詞婉約，勝過李清照《一剪梅》詞“此情無計可消除，纔下眉頭，又上心頭”。據唐宋兩代的詩詞看來，也許可以說，愛情，尤其是在封建禮教眼開眼閉的監視之下那種公然走私的愛情，從古體詩裏差不多全部撤退到近體詩裏，又從近體詩裏大部分遷移到詞裏。除掉陸游的幾首，宋代數目不多的愛情詩都淡薄、笨拙、套板。像朱淑真《斷腸詩集》裏的作品，實在膚淺得很，只是魚玄機的風調，又添了些寒窘和迂腐；劉克莊稱讚李壁的“悼亡”詩“不可以復加矣!”① 可是也不得不承認詩裏最深摯的兩句跟元稹的詩“暗合”②。以艷體詩聞名的司馬槱，若根據他流傳下來的兩首詩而論③，學李商隱而缺乏筆力，彷彿是害了貧血病和軟骨病的“西崑體”。有人想把詞裏常見的情事也在詩裏具體地描摹，不過往往不是陳舊，像李元膺的《十憶詩》④，就是膚廓，像晁沖之《都下追感往昔因成二首》⑤，都還比不上韓偓《香奩集》裏的東西。

二

南宋時，金國的作者就嫌宋詩“衰於前古……遂鄙薄而不

---

① 《後村大全集》卷一百七十五。
② 《後村大全集》卷一百七十四。
③ 陳起《〈前賢小集〉拾遺》卷五《閨怨》。
④ 見《墨莊漫録》卷五。
⑤ 《具茨先生詩集》卷十三。

道”，連他們裏面都有人覺得“不已甚乎!”① 從此以後，宋詩也頗嘗過世態炎涼或者市價漲落的滋味。在明代，蘇平認爲宋人的近體詩只有一首可取，而那一首還有毛病②，李攀龍甚至在一部從商周直到本朝詩歌的選本裏，把明詩直接唐詩，宋詩半個字也插不進③。在晚清，“同光體”提倡宋詩，尤其推尊江西派，宋代

① 王若虛《滹南遺老集》卷四十。王若虛是師法白居易的，所以他説宋詩“亦有以自立，不必盡居其後”，算得一句平心之論，正像瞿佑《歸田詩話》卷上論“舉世宗唐恐未公”或者葉燮《已畦文集》卷八《黄葉村莊詩序》和《原詩》卷一論“因時善變”或者潘德輿《養一齋詩話》卷四引申都穆《南濠詩話》那幾節一樣，因爲那些人也都是不學宋詩的。

② 葉盛《水東日記》卷十記蘇平語；那首詩是王珪的《恭和御製上元觀燈》，見《華陽集》卷四。

③ 《古今詩删》卷二十二以李建勳和靈一結束，卷二十三以劉基開始；參看屠隆《鴻苞集》卷十七：“宋詩河漢，不入品裁”，又陳子龍《陳忠裕全集》卷二十五《皇明詩選序》説宋詩跟明詩等不是“同類”而是“異物”。就因爲討厭何、李、王、李等前後“七子”的“復古”，明代中葉以後的作者又把宋詩擡出來，例如“公安派”捧得宋詩超過盛唐詩，捧得蘇軾高出杜甫——參看袁宏道《瓶花齋集》卷九《答陶石簣》、陶望齡《歇菴集》卷十五《與袁六休書》之三；又譚元春《東坡詩選》載袁宏道跋、卷一《真興寺閣》、《石蒼舒醉墨堂》、卷五《贈眼醫王彦若》附袁宏道評語。黄宗羲《明文授讀》卷三十六所載葉向高《王亦泉詩序》、卷三十七所載何喬遠《鄭道圭詩序》、《吴可觀詩草序》和曾異撰《徐叔亨山居次韻詩序》也全是有激於“七子”的“復古”而表揚宋詩的，同時使我們看出了清初黄宗羲、吕留良、吴之振、陳訏等人提倡宋詩的淵源，有趣的是，許多宋人詩句靠明代通俗作品而推廣，只是當時的讀者未必知道是宋詩。舉三個顯著的例：《荷花蕩》第三折裏玉帝説的“淡月疏星繞建章，仙風吹下御爐香；侍臣鵠立通明殿，一朵紅雲捧玉皇”是蘇軾《上元侍飲樓上呈同列》第三首，見《蘇文忠公詩集》卷二十六；《鸚鵡洲》第三折裏女巫説的“暖日薰楊柳，濃香醉海棠；放慵真有味，應俗苦相妨”是陳與義《放慵》前半四句，見《簡齋詩集》卷十；《金瓶梅》第八十回的“正是‘人得交遊是風月，天開圖畫即江山’”是黄庭堅《王厚頌》第二首後半兩句，見《豫章黄先生文集》卷十五。參看宣統二年《小説時報》第六期《息樓談餘》記載贛州“清音班”唱本裏所用黄庭堅的各聯詩句。

詩人就此身價十倍，黄庭堅的詩集賣過十兩銀子一部的辣價錢①。這些舊事不必多提，不過它們包含一個教訓，使我們明白：批評該有分寸，不要失掉了適當的比例感。假如宋詩不好，就不用選它，但是選了宋詩並不等於有義務或者權利來把它説成頂好、頂頂好、無雙第一，摹仿舊社會裏商店登廣告的方法，害得文學批評裏數得清的幾個讚美字眼兒加班兼職、力竭聲嘶地趕任務。整個説來，宋詩的成就在元詩、明詩之上，也超過了清詩。我們可以誇奬這個成就，但是無須誇張、誇大它。

據説古希臘的亞歷山大大帝在東宫的時候，每聽到他父王在外國打勝仗的消息，就要發愁，生怕全世界都給他老子征服了，自己這樣一位英雄將來没有用武之地。緊跟着偉大的詩歌創作時代而起來的詩人準有類似的感想。當然，詩歌的世界是無邊無際的，不過，前人佔領的疆域愈廣，繼承者要開拓版圖，就得配備更大的人力物力，出征得愈加遼遠，否則他至多是個守成之主，不能算光大前業之君。所以，前代詩歌的造詣不但是傳給後人的産業，而在某種意義上也可以説向後人挑釁，挑他們來比賽，試試他們能不能後來居上、打破記録，或者異曲同工、别開生面。假如後人没出息，接受不了這種挑釁，那末這筆遺産很容易貽禍子孫，養成了貪吃懶做的膏粱紈袴。有唐詩作榜樣是宋人的大幸，也是宋人的大不幸。看了這個好榜樣，宋代詩人就學了乖，會在技巧和語言方面精益求精；同時，有了這個好榜樣，他們也偷起

① 施山《薑露菴雜記》卷六。

懶來，放縱了摹仿和依賴的惰性。瞧不起宋詩的明人説它學唐詩而不像唐詩①，這句話並不錯，只是他們不懂這一點不像之處恰恰就是宋詩的創造性和價值所在。明人學唐詩是學得來維肖而不維妙，像唐詩而又不是唐詩，缺乏個性，没有新意，因此博得“瞎盛唐詩”、“贋古”、“優孟衣冠”等等綽號②。宋人能够把唐人修築的道路延長了，疏鑿的河流加深了，可是不曾冒險開荒，没有去發現新天地。用宋代文學批評的術語來説，憑藉了唐詩，宋代作者在詩歌的“小結裹”方面有了很多發明和成功的嘗試，譬如某一個意思寫得比唐人透澈，某一個字眼或句法從唐人那裹來而比他們工穩，然而在“大判斷”或者藝術的整個方向上没有什麽特著的轉變，風格和意境雖不寄生在杜甫、韓愈、白居易或賈島、姚合等人的身上，總多多少少落在他們的勢力圈裹③。這一點從下面的評述和註釋裹就看得出來。鄙薄宋詩的明代作者對這點推陳出新都皺眉摇頭，恰像做算學，他們不但不許另排公式，而且對前人除不盡的數目，也不肯在小數點後多除幾位。我們不妨借三個人的話來表明這種差别。“反古曰復，不滯曰變。若惟復不變，則陷於相似之格，其狀如駑驥同廐，非造父不能辨……復忌太過……變若造微，不忌太過……若乏天機，强效復古，反令思擾

① 例如何景明《何氏集》卷二十六《讀〈精華録〉》：“山谷詩自宋以來論者皆謂似杜子美，固余所未喻也。”

② 參看于慎行《穀城山館文集》卷十一《馮宗伯詩序》：“如畫師寫照，……無一不似，……了無生意，……似之而失其真矣！”又《朱光禄集序》：“大者摹擬篇章，小者剽剟字句，……形腴神索。”這是曾受“七子”影響的一位過來人的話。

③ 這兩個術語見方回《瀛奎律髓》卷十姚合《遊春》批語，參看卷十五陳子昂《晚次樂鄉縣》批語。

神沮”——這是唐人的話[①]，認爲“通變”比“復古”來得重要而且比較穩當。“不求與古人合而不能不合，不求與古人異而不能不異”——這是宋人的話[②]，已經讓古人作了主去，然而還努力要“合”中求“異”。“規矩者方圓之自也，即欲舍之，烏乎舍？……乃其爲之也，鮮不中方圓也；何也？有必同者也”；“曹、劉、阮、陸、李、杜能用之而不能異，能異之而不能不同”——這是鄙薄宋詩的明人的話[③]，只知道拘守成規、跟古人相“同”，而不注重立“異”標新了。

毛澤東同志《在延安文藝座談會上的講話》早指出：“人民生活中本來存在着文學藝術原料的礦藏，這是自然形態的東西，是粗糙的東西，但也是最生動、最豐富、最基本的東西；在這點上説，它們使一切文學藝術相形見絀，它們是一切文學藝術的取之不盡、用之不竭的惟一的源泉。這是惟一的源泉，因爲只能有這樣的源泉，此外不能有第二個源泉。……實際上，過去的文藝作品不是源而是流，是古人和外國人根據他們彼時彼地所得到的人民生活中的文學藝術原料創造出來的東西。我們必須繼承一切優秀的文學藝術遺産，批判地吸收其中一切有益的東西，作爲我們從此時此地的人民生活中的文學藝術原料創造作品時候的借鑒。有這個借鑒和没有這個借鑒是不同的，這裏有文野之分，粗細之分，高低之分，快慢之分。……但是繼承和借鑒決不可以變

① 皎然《詩式》卷五“復古通變體”條。

② 姜夔《白石道人詩集》自序之二。

③ 李夢陽《空同子集》卷六十二《駁何氏論文書》、《再與何氏書》；參看何良俊《四友齋叢説》卷二十六記顧璘駁李夢陽稱杜甫詩如“至圓不能加規，至方不能加矩”。

成替代自己的創造，這是決不能替代的。"①宋詩就可以證實這一節所講的顛撲不破的真理，表示出詩歌創作裏把"流"錯認爲"源"的危險。這個危險傾向在宋以前早有跡象，但是在宋詩裏纔大規模地發展，具備了明確的理論，變爲普遍的空氣壓力，以至於罩蓋着後來的元、明、清詩。我們只要看六朝鍾嶸的批評："殆同書抄"②，看唐代皎然的要求："雖欲經史，而離書生"③，看清代袁枚的嘲笑："天涯有客太詅癡，誤把抄書當作詩"④，就明白宋詩裏那種習氣有多麽古老的來頭和多麽久長的後裔。

從下面的評述和註釋裏也看得出，把末流當作本源的風氣彷彿是宋代詩人裏的流行性感冒。嫌孟浩然"無材料"的蘇軾有這種傾向，把"古人好對偶用盡"的陸游更有這種傾向；不但西崑體害這個毛病，江西派也害這個毛病，而且反對江西派的"四靈"竟傳染着同樣的毛病。他們給這種習氣的定義是："資書以爲詩"⑤，後人直率的解釋是："除却書本子，則更無詩"⑥。宋代詩人的現實感雖然没有完全沉没在文字海裏，但是

---

① 《毛澤東選集》第三卷第八百八十二頁（人民出版社版）。

② 《詩品》卷中。

③ 《詩式》卷一"詩有四離"條。

④ 《小倉山房詩集》卷二十七《仿元遺山〈論詩〉》第三十八首，所嘲笑的"無已氏"據説就指翁方綱。這首詩應該對照第五首稱讚查慎行的詩："他山書史腹便便，每到吟詩盡棄捐"；參看《隨園詩話》卷一論詠古詠物詩："必將此題之書籍無所不搜，及其成仍不用一典。"

⑤ 劉克莊《後村大全集》卷九十六《韓隱君詩序》，是用韓愈《登封縣尉盧殷墓誌》裏的話。韓愈那句話在宋代非常傳誦，例如强幼安《唐子西文録》裏"凡作詩平居須收拾詩材以備用"條，文珦《潛山集》卷三《哭李雪林》、卷五《周草窗吟稿號"蠟屐"爲賦古詩》等。

⑥ 王夫之《船山遺書》卷六十四《夕堂永日緒論》内編評蘇軾黄庭堅。

有時也已經像李逵假泭水，探頭探腦地掙扎。

從古人各種著作裏收集自己詩歌的材料和詞句，從古人的詩裏孳生出自己的詩來，把書架子和書箱砌成了一座象牙之塔，偶爾向人生現實居高臨遠地憑欄眺望一番。内容就愈來愈貧薄，形式也愈變愈嚴密。偏重形式的古典主義發達到極端，可以使作者喪失了對具體事物的感受性，對外界視而不見，恰像玻璃缸裏的金魚，生活在一種透明的隔離狀態裏。據説在文藝復興時代，那些人文主義作家沉浸在古典文學裏，一味講究風格和詞藻，雖然接觸到事物，心目間並没有事物的印象，只浮動着古羅馬大詩人的好詞佳句①。我們古代的批評家也指出相同的現象："人於順逆境遇所動情思，皆是詩材；子美之詩多得於此。人不能然，失却好詩；及至作詩，了無意思，惟學古人句樣而已。"②這是講明代的"七子"，宋詩的病情還遠不至於那麽沉重，不過它的病象已經顯明。譬如南宋有個師法陶潛的陳淵③，他在旅行詩裏就説："淵明已黄壤，詩語餘奇趣；我行田野間，舉目輒相遇。誰云古人遠？正是無來去！"④陶潛當然是位大詩人，但是假如陳淵覺得一眼望出去都是六七百年前陶潛所歌詠的情景，那未必證明陶潛的意境包羅得很廣闊，而也許只表示自己的心眼給陶潛限制得很偏狹。這種對文藝作

① 德·桑克諦斯（F. De Sanctis）《意大利文學史》（*Storia della Letteratura Italiana*），一九六二年版第一册第三百四十二頁。

② 吴喬《圍爐詩話》卷一。

③ 《默堂先生文集》卷四《小軒閒題》第二首："淵明吾之師"，卷五《次韻令德答天啓》："我師陶靖節"。

④ 《默堂先生文集》卷五《越州道中雜詩》第八首。

品的敏感只造成了對現實事物的盲點，同時也會變爲對文藝作品的幻覺，因爲它一方面目不轉睛，只注視着陶潛，在陶潛詩境以外的東西都領略不到，而另一方面可以白晝見鬼，影響附會，在陶潛的詩裏看出陶潛本人夢想不到的東西。這在文藝鑒賞裏並不是稀罕的徵候。

再舉一首寫景的宋代小詩爲例。沈約説古人寫景的“茂製”“並直舉胸情，非傍詩史”，鍾嶸也説古人寫景的“勝句”“多非補假，皆由直尋”，我們且看那首詩是否這樣。四川有個詩人叫史堯弼，《四庫全書總目提要》稱讚他“天姿踔絶”，有同鄉前輩蘇軾的“遺風”；他作過一首《湖上》七絶：“浪洶濤翻忽渺漫，須臾風定見平寬；此間有句無人得，赤手長蛇試捕看。”[①]這首詩頗有氣魄，第三第四兩句表示他要寫旁人未寫的景象，意思很好，用的比喻尤其新奇，使人聯想起“捕捉形象的獵人”那個有名的稱號[②]。可是，仔細一研究，我們就發現史堯弼只是説得好聽。他説自己赤手空拳，其實兩隻手都拿着向古人借來的武器，那條長蛇也是古人弄熟的、養家的一條爛草繩也似的爬蟲。蘇軾《郭熙〈秋山平遠〉》第一首説過：“此間有句無人識，送與襄陽孟浩然”[③]；孫樵《與王霖秀才書》形容盧仝、韓愈等的風格也説過：“讀之如赤手捕長蛇，不施控騎生馬，急不得暇，莫不捉搦。”[④]再研究下去，我們又發現原

① 《蓮峰集》卷二。

② 《小紅蘿蔔鬚》作者勒那（Jules Renard）在《博物小誌》（*Histoires Naturelles*）裏自稱的話，見貝爾諾亞（F. Bernouard）版本第三頁。

③ 《蘇文忠公詩集》卷二十九。

④ 《孫樵集》卷二。

來孫樵也是順手向韓愈和柳宗元借的本錢；韓愈《送無本師歸范陽》不是説過“蛟龍弄角牙，造次欲手攬”麼①？柳宗元《讀韓愈所著〈毛穎傳〉後題》不是也説過“索而讀之，若捕龍蛇、搏虎豹，急與之角，而力不得暇”麼②？換句話説，孫樵和史堯弼都在那裏舊貨翻新，把巧妙的裁改拆補來代替艱苦的創造，都没有向“自然形態的東西”裏去發掘原料。

早在南宋末年，嚴羽對本朝的詩歌已經作了公允的結論：“近代諸公乃作奇特解會，遂以文字爲詩，以才學爲詩，以議論爲詩，且其作多務使事，不問興致，用字必有來歷，押韻必有出處”③；因此他説：“最忌骨董，最忌襯貼。”④明人對宋詩的批評也逃不出這幾句話，例如：“宋人之詩尤愚之所未解。……宋人多好以詩議論，夫以詩議論，即奚不爲文而爲詩哉？……宋人又好用故實組織成詩，……用故實組織成詩，即奚不爲文而爲詩哉？”⑤嚴羽看見了病徵，却没有診出病源，所以不知道從根本上去醫治，不去多喝點“惟一的源泉”，而只換湯不換藥地“推源漢魏以來而絶然謂當以盛唐爲法”⑥。換句話説，他依然把流當作源，他並未改變摹仿和依傍的態度，只是摹仿了另一個榜樣，依傍了另一家門户。宋詩被人棄置勿道的時候，他這條路綫不但没有長滿了蔓草荒榛，却變成一條交通忙碌的馬路。明代“復古”派不讀唐以

① 《昌黎先生集》卷五。

② 《唐柳先生集》卷二十一。

③ 《滄浪詩話》“詩辨”節。

④ 《滄浪詩話》“詩法”節。

⑤ 屠隆《由拳集》卷二十三《文論》。

⑥ 《滄浪詩話》“詩辨”節。

後書，反對宋詩，就都不知不覺地走上了他的道路；更值得注意的是，他們也都不知不覺地應用了他們所鄙棄的宋人的方法，而且應用得比宋人呆板。西崑體是把李商隱“撏撦”得“衣服敗敝”的①，江西派是講“拆東補西裳作帶”的②；明代有個笑話説，有人看見李夢陽的一首律詩，忽然“攢眉不樂”，傍人問他是何道理，他回答説：“你看老杜却被獻吉輩撏剥殆盡!”③“撏撦”、“拆補”、“撏剥”不是一件事兒麽？又有人挖苦明代的“復古”派説：“欲作李、何、王、李門下斯養，但買得《韻府羣玉》、《詩學大成》、《萬姓統宗》、《廣輿記》四書置案頭，遇題查湊。”④這不是“資書以爲詩”是什麽？只是依賴的書數目又少、品質又庸俗罷了！宋詩是遭到排斥了，可是宋詩的習氣依然存在，只變了個表現方式，彷彿鼻涕化而爲痰，總之感冒並没有好。清代的“浙派”詩“無一字一句不自讀書創獲”⑤或者“同光體”詩把“學人詩人之詩二而一之”⑥，這是可以理解的，因爲它們自己明説承襲了宋詩的傳統；可是痛罵宋詩的朱彝尊在作品裏一樣地“貪多”炫博，絲毫没有學宋詩的嫌疑的吴偉業在師法白居易的歌行裏也一樣地獺祭典故，這些不也是旁證麽？

韓愈雖然説“惟陳言之務去”，又説“惟古於詞必己出，降而

---

① 劉攽《中山詩話》。

② 任淵《後山詩註》卷三《次韻〈西湖徙魚〉》。

③ 李延昰《南吴舊話録》卷十八記談田語；獻吉就是李夢陽的表字。

④ 《船山遺書》卷六十四《夕堂永日緒論》内編。參看李良年《秋錦山房集》卷二十二《題周櫟園詩後》，又《宋詩啜醨集》潘問奇自序論明七子。

⑤ 吴騫《拜經樓詩話》卷四載汪師韓《跋厲樊榭詩》，那是《上湖分類文編》和《補鈔》裏没有收的。

⑥ 陳衍《近代詩鈔》第一册評祁寯藻。

不能乃剽賊”①，但是他也説自己“窺陳編以盜竊”②；皎然雖然説“偷語最爲鈍賊”，“無處逃刑”，“偷意”也“情不可原”，但是他也説“偷勢才巧意精”，“從其漏網”③。在宋代詩人裏，偷竊變成師徒公開傳授的專門科學。王若虚説黄庭堅所講“點鐵成金”、“脱胎换骨”等方法“特剽竊之黠者耳”④；馮班也説這是“宋人謬説，只是向古人集中作賊耳”⑤。反對宋詩的明代詩人看來同樣的手脚不乾不淨：“徒手入市而欲百物爲我有，不得不出於竊，瞎盛唐之謂也。”⑥文藝復興時代的理論家也明目張膽地勸詩人向古典作品裏去盜竊：“仔細地偷呀!”“青天白日之下做賊呀!”“搶了古人的東西來大家分贓呀!”還説：“我把東西偷到手，洋洋得意，一點不害羞。”⑦撇下了“惟

---

① 《昌黎先生集》卷十六《答李翊書》、卷三十四《南陽樊紹述墓誌銘》；參看李漢《昌黎先生集序》和李翺《李文公集》卷六《答朱載言書》，都反對“剽掠潛竊”，主張“陳言務去”。

② 《昌黎先生集》卷十二《進學解》；參看李冶《〈敬齋古今黈〉補遺》卷一讚韓愈、柳宗元、歐陽脩都是本領高妙的大盜。

③ 《詩式》卷一“三不同語意勢”條。

④ 《滹南遺老集》卷四十。

⑤ 《鈍吟雜録》卷四。

⑥ 《圍爐詩話》卷六。參看焦竑《澹園集》卷十二《答友人論文》：“夫古以爲賊，今以爲程。”

⑦ 唯達(Marco Girolamo Vida)（一四八〇——一五六六）《詩學》(*De Arte Poetica*)卷三，據匹特(Christopher Pitt)英譯本，見恰末士(A. Chalmers)輯《英國詩人總彙》(*English Poets*)第十九册第六百四十七頁。這是十六、十七世紀流傳極廣的理論，馬利諾(G. B. Marino)指示作詩三法：翻譯、摹仿和盜竊——費萊羅(G. G. Ferrero)編《馬利諾及其同派詩人選集》(*Marino e Marinisti*)第二十六至三十頁。後世的古典主義作家也保持類似的看法，例如蒲伯(Alexander Pope)的《與渥而許(W. Walsh)書》——休朋(G. Sherburn)輯《蒲伯書信集》(*Correspondence*)第一册第十九至二十頁，法郎士(Anatole France)的《爲抄襲辯護》(*Apologie pour le Plagiat*)——《文學生活》(*La Vie littéraire*)第四册第一百五十八至一百六十頁。

一的源泉”把“繼承和借鑒”去“替代自己的創造”，就非弄到這樣收場不可。偏重形式的古典主義有個流弊：把詩人變得像個寫學位論文的未來碩士博士，“抄書當作詩”，要自己的作品能够收列在圖書館的書裏，就得先把圖書館的書安放在自己的作品裏。偏重形式的古典主義有個流弊：把詩人變成領有營業執照的盜賊，不管是巧取還是豪奪，是江洋大盜還是偷雞賊，是西崑體那樣認準了一家去打劫還是像江西派那樣挨門排户大大小小人家都去光顧。這可以説是宋詩——不妨還添上宋詞——給我們的大教訓，也可以説是整個舊詩詞的演變裏包含的大教訓。

三

上面的話也説明了我們去取的標準。押韻的文件不選，學問的展覽和典故成語的把戲也不選。大模大樣地仿照前人的假古董不選，把前人的詞意改頭換面而絶無增進的舊貨充新也不選；前者號稱“優孟衣冠”，一望而知，後者容易矇混，其實只是另一意義的“優孟衣冠”，所謂：“如梨園演劇，裝抹日異，細看多是舊人。”①有佳句而全篇太不匀稱的不選，這真是割愛；當時傳誦而現在看不出好處的也不選，這類作品就彷彿走了電的電池，讀者的心靈電綫也似的跟它們接觸，却不能使它們發出舊日的光燄來。我們也没有爲了表示自己做過一點發掘工夫，硬把僻冷的東西選進去，把文學古董混在古典文學裏。假如僻冷的東西

① 隆觀易《甯靈銷食録》卷四評陸游詩；這句話對陸游太苛刻，但是指出了舊詩詞裏那種現象。

已經殭冷，一絲兒活氣也不透，那末頂好讓它安安靜靜地長眠永息。一來因爲文學研究者事實上只會應用人工呼吸法，並没有還魂續命丹；二來因爲文學研究者似乎不必去製造木乃伊，費心用力地把許多作家維持在“死且不朽”的狀態裏。

我們在選擇的過程裏，有時心腸軟了，有時眼睛花了，以致違背這些標準，一定犯了或缺或濫的錯誤。尤其對於大作家，我們準有不够公道的地方。在一切詩選裏，老是小家佔便宜，那些總共不過保存了幾首的小家更佔盡了便宜，因爲他們只有這點點好東西，可以一股腦兒陳列在橱窗裏，讀者看了會無限神往，不知道他們的樣品就是他們的全部家當。大作家就不然了。在一部總集性質的選本裏，我們希望對大詩人能够選到“嘗一滴水知大海味”的程度，只擔心選擇不當，弄得彷彿要求讀者從一塊磚上看出萬里長城的形勢！

《全唐詩》雖然有錯誤和缺漏①，不失爲一代詩歌的總彙，給選唐詩者以極大的便利。選宋詩的人就没有這個便利，得去盡量翻看宋詩的總集、别集以至於類書、筆記、方志等等。而且宋人别集裏的情形比唐人别集裏的來得混亂，張冠李戴、掛此漏彼的事幾乎是家常便飯，下面接觸到若干例子，隨時指出。不妨在這裏從大作家的詩集裏舉一個例。李壁《王荆文公詩箋註》卷四

① 也許可以舉兩個跟宋人著作有關的例：《太平廣記》卷四百九十五“哥舒翰”條引《乾𦠆子》、又錢易《南部新書》卷庚所載《北斗七星高》那首絶句跟洪邁《唐人萬首絶句》五言卷二十所載《西鄙哥舒歌》有一半完全不同，《全唐詩》只收了洪邁搜採的那一首；程俱《北山小集》卷九《九日寫懷》明明只借用了高適一句，《錦繡萬花谷》前集卷四“重陽”門引了半首也註出是程俱的作品，《後村千家詩》卷四錯把它當高適的詩，自明以來直到《全唐詩》沿襲了這個錯誤。

十一有一首《竹裏》絶句：“竹裏編茅倚石根，竹莖踈處見前村；閒眠盡日無人到，自有春風爲掃門。”李壁在註解裏引了賀鑄《題定林寺》詩：“破冰泉脈漱籬根，壞衲猶疑掛樹猿；蠟屐舊痕尋不見，東風先爲我開門”，還説王安石“見之大稱賞”，因此賀鑄“知名”，《竹裏》這首詩“頗亦似之”。評點這部註本的劉辰翁和補正這部註本的姚範、沈欽韓等都没有説什麽，都没有知道李壁上了人家的當①。這首《竹裏》不是王安石所作，是僧顯忠的詩，經王安石寫在牆上的②；其次，賀鑄作《定林寺》詩的時候，王安石已死，賀鑄也早在三年前哀悼過他了③。王安石的詩集是有好些人在上面花過工夫的，還不免這樣，其他就可以推想。清代那位細心而短命的學者勞格曾經把少數宋人别集刊誤補遺④，儘管他偏重在散文方面，也總是爲這樁艱辛密緻的校訂工作很審愼地開了個頭，現在只要有人去接他的手。

有兩部比較流行的書似乎這裏非講一下不可：吴之振等的《宋詩鈔》和厲鶚等的《宋詩紀事》。這兩部書規模很大，用處也

① 李壁的話完全出於《王直方詩話》；胡仔《苕溪漁隱叢話》前集卷三十七引有王直方的那一節。

② 見《苕溪漁隱叢話》前集卷五十七、又何谿汶《竹莊詩話》卷二十一引《洪駒父詩話》，《錦繡萬花谷》前集卷二十五“隱逸”門。王安石只把這個意思寫入《漁家傲》詞裏：“茅屋數間窗窈窕，塵不到，時時自有春風掃”（《臨川文集》卷三十七）。附帶可以提起，《全唐詩》把《竹裏》誤收入李涉的詩裏。

③ 《慶湖遺老集》卷六《寓泊金陵尋王荆公陳跡》（自註：“戊辰三月賦”）：“可須樽酒平生約，長望西州淚滿巾”；《〈慶湖遺老集〉拾遺》《重游鍾山定林寺》（自註：“辛未正月金陵賦”）。

④ 《讀書雜識》卷十二。

不小，只是我們用它們的時候，心裹得作幾分保留。王安石的《唐百家詩選》據説是吃了鈔手偷懶的虧，他“擇善者籤帖其上，令吏鈔之；吏厭書字多，輒移荆公所取長詩籤，置所不取小詩上，荆公性忽略，不復更視”①；錢謙益的《列朝詩集》據説是吃了鈔手太賣力氣的虧，是向人家借了書來選的，因爲這些不是自己的書，他“不着筆，又不用籤帖其上，但以指甲掐其欲選者，令小胥鈔，胥於掐痕侵他幅，亦並鈔，牧翁不復省視。”②在《宋詩鈔》的謄寫過程裹是否發生這類事情，我們不知道，不過我們注意到一點：對於卷帙繁多的别集，它一般都從前面的部分鈔得多，從後面的部分鈔得很草率，例如只鈔了劉克莊《後村居士詩集》卷一至卷十六裹的作品，卷十七至卷四十八裹一字未鈔。老去才退誠然是文學史上的普通現象，最初是作者出名全靠作品的力量，到後來往往是作品有名全虧作者的招牌；但是《宋詩鈔》在“凡例”裹就聲明“寬以存之”，對一個人的早期作品也收得很濫，所以那種前詳後略的鈔選不會包含什麽批判。其次，它的許多“小序”也引人誤會，例如開卷第一篇把王禹偁説得彷彿他不是在西崑體流行以前早已成家的；在鈔選的詩裹還偶然製造了混淆，例如把張耒《柯山集》卷十《有感》第三首鈔在蘇舜欽名下，題目改爲《田家詞》。管庭芬的《〈宋詩鈔〉補》直接從有些别集裹採取了作品，但是常時暗暗把《宋詩紀事》和曹庭棟《宋百家詩存》來湊數，例如《〈南陽集〉補鈔》出於《宋

① 邵博《邵氏聞見後録》卷十九，參看周輝《清波雜志》卷八。

② 閻若璩《潛邱劄記》卷四上。在書本上掐指甲痕，以爲這樣可以有痕無跡，看來是明代流行的習慣，劉若愚《酌中志》卷十三就講起過。

詩紀事》卷十七,《〈玉楮集〉鈔》完全根據《宋百家詩存》卷十二。至於《宋詩紀事》呢,不用説是部淵博偉大的著作。有些書籍它没有採用到,有些書籍它採用得没有徹底,有些書籍它説採用了而其實只是不可靠的轉引,這許多都不必説。有兩點是該講的:第一,開錯了書名,例如卷四十七把稱引尤袤詩句的《誠齋詩話》誤作《後村詩話》,害得《常州先哲遺書》裏的《〈梁谿集〉補遺》以訛傳訛;第二,删改原詩,例如卷七和卷三十三分别從《宋文鑒》裏引了孫僅《勘書》詩和潘大臨《春日書懷》詩,但是我們尋出《宋文鑒》卷二十二和卷二十三裏這兩首詩來一對,發見《宋詩紀事》所載各各短了兩聯。陸心源的《〈宋詩紀事〉補遺》是部錯誤百出的書,把唐代王績(改名王闐)和張碧的詩補在卷四十三和卷八十八裏,把金國麻革的詩補在卷三十九裏,卷二王嗣宗《思歸》就是《宋詩紀事》卷二的王嗣宗《題關右寺壁》,卷三十一張袁臣的詩就是《宋詩紀事》卷四十六張表臣的詩,卷五十六危正的詩就是《宋詩紀事》卷五十六危稹的詩,諸如此類大約都屬於作者自誇的補漏百餘家裏面的①。雖然這樣,它畢竟也供給些難得的材料。在一篇古代詩人的事跡考裏,有位大批評家説自己讀了許多無用之書,倒也幹了一件有用之事,值得人家感謝,因爲他讀過了這些東西就免得别人再費力去讀②。我們未必可以輕心大意,完全信任吴之振、厲鶚等人的

① 《儀顧堂題跋》卷十三《〈宋詩紀事〉跋》。

② 萊辛(Lessing)《索福克勒斯》(*Sophokles*),見彼得森(J. Petersen)與歐爾斯好森(W. V. Olshausen)合編《萊辛集》第十三册第三百九十六頁;參看潑朗脱爾(Carl Prantl)的經典著作《邏輯學史》(*Geschichte der Logik*)第四册序文第三頁。

正確和周密，一概不再去看他們看過的書。不過，没有他們的著作，我們的研究就要困難得多。不説别的，他們至少開出了一張宋代詩人的詳細名單，指示了無數探討的綫索，這就省掉我們不少心力，值得我們深深感謝。

我也愉快地向幾位師友致謝。假如没有鄭振鐸同志的指示，我不會擔任這樣一項工作；假如没有何其芳同志、余冠英同志的提示和王伯祥同志的審訂，我在作品的選擇和註釋裏還要多些錯誤；假如没有北京大學圖書館和中國科學院文學研究所圖書資料室諸位同志的不厭麻煩的幫助，我在書籍的參考裏就會更加疏漏。希望他們接受我的言輕意重的感謝。

一九五七年六月

重印附記：

乘這次重印的機會，我作了幾處文字上的小修改，增訂了一些註解。

一九七八年四月

第六次重印附記：

一九八五年重印後，我又有些增改，主要在註釋裏。這書又將重印，而紙版損舊，得全部重排，出版社容許我有機會，把修訂各處都收入書裏，我很欣幸。在兩次的重印過程裏，彌松頤同志給我以細緻的幫助，特此誌謝。

一九八八年一月

第七次重印附記：

第六次重印後，承戴鴻森同志精密地校訂印刷錯誤和補正註解。爲排版方便起見，我把增訂的註解作爲書末補頁；本書港臺版的序文也附録於後，足以解釋當時編選的經過。這次重印又費彌松頤同志大力，再次致謝。

最近，我蒙日本國内山精野先生和韓國李鴻鎮教授寄贈本書的日語、韓語譯本，驚喜之餘，又深感慚憾。詩歌的譯文往往導引我們對原作增進理解和發現問題。我於日、韓兩語寡昧無知，不能利用兩位的精心迻譯來修改一些註釋，是件恨事。

一九九二年四月

柳開

柳開（九四六 — 九九九）字仲塗，自號東郊野夫、補亡先生，大名人，有《河東集》。他提倡韓愈和柳宗元的散文，把自己名字也弄得有點像文藝運動的口號："肩愈"、"紹先"①。在這一方面，他是王禹偁、歐陽脩等的先導②。《河東集》裏只保存了三首詩，也都學韓愈的風格，偏偏遺漏了他的名作，就是下面的一首。

---

① 《河東集》卷二《東郊野夫傳》、卷五《答梁拾遺改名書》。

補註 《河東集》卷十四《宋故柳先生墓誌銘》載所作《與姪瀛七律》中四句："出衆文章惟子厚（宗元），不羣書札獨公權。本朝事去同灰燼，聖代吾思紹祖先。"語意更爽利；柳開在古文和書法兩方都想"紹"繼"祖先"遺風，"紹先"兼包二者。"紹元"和"肩愈"雖是湊手的搭配，但只限於古文，而且也觸犯祖先名諱了。

② 參看洪邁《容齋續筆》卷九。

塞　上[1]

鳴骹[2]直上一[3]千尺，天靜無風聲更乾[4]；
碧眼胡兒三百騎，盡提金勒[5]向雲看。

---

① 見江少虞《皇朝類苑》卷三十五引《倦遊雜録》。當時這首詩很傳誦，還有人把詩意畫成圖畫，據楊慎《升菴外集》卷七十八“蕃馬胡兒”條，在明代“猶有此圖稿本”。

② 原作“鶻”，《詩話總龜》前集卷四“稱賞”門引《倦遊録》作“骸”，卷十“雅什”門引《詩史》作“髇”，即“骹”，通作“嚆”，嚆矢就是響箭。

③ 《詩史》作“幾”。袁枚《隨園詩話》卷十一摘録宋人筆記裏的好絶句，不記姓名題目，第十五篇就是這首詩，“一”作“三”。

④ 《隨園詩話》作“風緊秋高雪正乾”，大約是袁枚的改筆。

⑤ “勒”是有嚼口的馬絡頭；那一隊胡人聽見半天裏一聲響箭，都拉緊繮繩，把坐騎勒住。三四兩句的句調可參看唐人李益（一作嚴維）《從軍北征》：“磧裏征人三百萬，一時回首月中看。”

鄭文寶

鄭文寶（九五二 — 一〇一二）字仲賢，寧化人。他很多才多藝，對軍事也頗爲熟練，“好談方略”。宋代收集他作品最多的人説他有文集二十卷①，但是現在已經失傳，只在宋人編選或著作的總集、筆記、詩話，例如《皇朝文鑒》、《麈史》、《温公詩話》等等書裏還保存了若干篇詩文以及零星詩句。根據司馬光和歐陽脩對他的稱賞，想見他是宋初一位負有盛名的詩人，風格輕盈柔軟，還承襲殘唐五代的傳統。

① 文瑩《續湘山野録》;《宋史》卷二百七十七的記載就是根據那一節。

柳枝詞[①]

亭亭畫舸繫春[②]潭，直到[③]行人酒半酣；
不管煙波與風雨，載將離恨過江南[④]。

---

① 見胡仔《苕溪漁隱叢話》前集卷二十四、後集卷三十五、何谿汶《竹莊詩話》（根據方回《桐江集》卷七，應當改作何汶《竹莊備全詩話》）卷十七、祝穆《事文類聚》別集卷二十五等；周紫芝《太倉稊米集》卷六十七《書滄海遺珠後》引作："臨分只待酒初酣，畫舸亭亭繫碧潭，不管波濤與風雨"云云。也有人説是孫冕或張耒所作，不是鄭文寶的手筆。題目是從《竹莊詩話》來的，"繫"字的意思裏就包涵着楊柳；古代有折柳贈別的風俗，所以劉禹錫《柳枝詞》説："長安陌上無窮樹，只有垂楊綰別離。"詩裏所説的那條油漆得花花緑緑的船，正拴在河邊楊柳樹上。

② 一作"寒"。

③ 一作"只向"。

④ 這首詩很像唐朝韋莊的《古離別》："晴煙漠漠柳毿毿，不那離情酒半酣。更把玉鞭雲外指，斷腸春色是江南。"但是第三第四句那種寫法，比韋莊的後半首新鮮深細得多了，後來許多作家

都仿效它。周邦彦甚至把這首詩整篇改寫爲《尉遲杯》詞："無情畫舸、都不管、煙波隔前浦，等行人醉擁重衾，載得離恨歸去。"（《清真詞》卷下）石孝友《玉樓春》詞把船變爲馬："春愁離恨重於山，不信馬兒馱得動。"（《全宋詞》卷一百八十）王實甫《西廂記》裏把船變成車，第四本第一折："試看那司天臺打算半年愁，端的是太平車兒約有十餘載。"第三折："遍人間煩惱填胸臆，量這些大小車兒如何載得起!"陸娟《送人還新安》又把愁和恨變成"春色"："萬點落花舟一葉，載將春色到江南。"（錢謙益《列朝詩集傳》閏四，陳田《明詩記事》乙籤卷十三作吴鎮詩）

王禹偁

王禹偁（九五四——〇〇一）字元之，鉅野人，有《小畜集》。北宋初年的詩歌大多是輕佻浮華，缺乏人民性，王禹偁極力要挽回這種風氣。他提倡杜甫和白居易的詩，在北宋三位師法白居易的名詩人裏——其他兩人是蘇軾和張耒——他是最早的，也是受影響最深的。他對杜甫的評論也很值得注意。以前推崇杜甫的人都説他能够“集大成”，綜合了過去作家的各種長處，例如元稹《故工部員外郎杜君墓係銘》説：“小大之有所總萃”，“盡得古今之體勢”①；王禹偁注重杜甫“推陳出新”這一點，在《日長簡仲咸》那首詩裏，用了在當時算得很創闢的語言來歌頌杜甫開闢了詩的領域：“子美集開詩世界”②。

① 《元氏長慶集》卷五十六。

② 《小畜集》卷九。

王禹偁

對　雪

帝鄉①歲云暮，衡門②晝長閉。
五日免常參③，三館④無公事。
讀書夜臥遲，多成日高睡。
睡起毛骨寒，窗牖瓊花墜。
披衣出户看，飄飄滿天地。
豈敢患貧居，聊將賀豐歲。
月俸雖無餘，晨炊且相繼。
薪芻未缺供，酒肴亦能備。
數杯奉親老，一酌均兄弟。
妻子不飢寒，相聚歌時瑞⑤。
因思河朔民，輸挽供邊鄙⑥：
車重數十斛，路遥數百里，
羸蹄凍不行，死轍冰難曳，
夜來何處宿，闃寂荒陂裏。
又思邊塞兵，荷戈禦胡騎：
城上卓旌旗，樓中望烽燧，
弓勁添氣力，甲寒侵骨髓，
今日何處行，牢落窮沙際。

自念亦何人，偷安得如是！
深爲蒼生蠹，仍屍諫官位⑦。
謇諤⑧無一言，豈得爲直士？
褒貶無一詞，豈得爲良史？
不耕一畝田，不持一隻矢；
多慚富人⑨術，且乏安邊議。
空作對雪吟，勤勤謝知己⑩。

---

① 指北宋京都汴梁。

② “橫木爲門”；引申爲簡陋的住宅。

③ 皇帝每五天坐一次朝，臣子上朝拜見，這是漢代傳下來的規矩。“免常參”就是豁免他五天一上朝的照例禮節。

④ 指昭文、國史、集賢三館。此詩約作於宋太宗趙光義端拱一年（公元九八八年），那時候王禹偁的官職是“右拾遺直史館”。“右拾遺”是“諫官”，有批評和勸告皇帝的責任，所以這首詩後面說：“仍屍諫官位”；“直史館”是“史官”，應該把皇帝的言行和國家的事故作真實的、毫無掩飾的記載，所以這首詩後面說：“豈得爲良史？”

⑤ 古人稱冬雪爲“瑞雪”。

⑥ “河朔”就是黄河以北。那時候宋跟契丹（自公元一〇六六年起又改稱遼）正打仗，王禹偁也向宋太宗獻了“禦戎十策”。北宋時抽民丁運輸軍糧的情況，李復《兵餽行》寫得最詳細，可

以参看：“人負五斗兼蓑笠，米供兩兵更自食；高卑日概給二升，六斗纔可供十日。……運糧恐懼乏軍興，再符差點催餽軍。比户追索丁口絶，縣官不敢言無人；盡將婦妻作男子，數少更及羸老身。”（《滆水集》卷十一）

⑦ 有了“諫官”的職位而不盡“諫官”的責任。

⑧ 不留情面的直説。

⑨ 等於“富民”，富國裕民的意思。

⑩ 等於“謝知己（之）勤勤”——對不住好朋友們熱忱的期望。王禹偁雖然這樣批評自己，但據當時各種記載和他自己的作品看來，他是個有膽量説話的人。

寒　食①

今年寒食在商山②，山裏風光亦可憐③：
稚子就花拈蛺蝶，人家依樹繫鞦韆；
郊原曉緑初經雨，巷陌春陰乍禁煙。
副使官閑莫惆悵，酒錢猶有撰碑錢④。

---

① 清明前二日。古代風俗，這幾天不舉火，只吃冷東西，就是這首詩第六句所謂“禁煙”。

② 陝西商縣。淳化二年（公元九九一年），王禹偁得罪了宋太宗，被貶爲商州團練副使，從此就常有憶戀首都汴梁的詩。這一首大約是淳化三年的作品；“今年寒食在商山”透露出他去年的寒食節還是在汴梁過的。自唐至宋，寒食清明是遊玩宴會的好日子，宋代思想家邵雍的《春遊》詩第一句就説“人間佳節惟寒食”（《伊川擊壤集》卷二）。北宋時汴梁在這幾天的熱鬧情景，我們只要看柳永《樂章集》裏詠清明的兩首《木蘭花慢》詞和孟元老《東京夢華録》卷七的記載，就可以想象；中國藝術史上場面最巨大的一幅人物畫、張擇端《清明上河圖》——畫裏有到一千六百四十三個人和二百零八頭動物（據齋籐謙《拙堂文話》卷八所引

統計）——正是描寫北宋汴梁的這種盛況。王禹偁詩裏寫“今年”在商州度寒食節的清靜，意思説往年在汴梁不是這樣的。

③ 可愛，不是可鄙（汪師韓《詩學纂聞》“可憐有二義”條）。王禹偁有首詩，《小畜集》裏没有收，是把唐人的舊詩改頭換面，寫他貶官在外的心情：“憶昔西都看牡丹，稍無顔色便心闌；而今寂寞山城裏，鼓子花開亦喜歡。”（吴曾《能改齋漫録》卷十一）“亦可憐”就是“亦喜歡”。

④ 替人家作了碑記、墓誌銘等文章的稿費，當時所謂“潤筆”。

村　行

馬穿山徑菊初黄，信馬悠悠野興長。
萬壑有聲含晚籟，數峯無語立斜陽①。
棠梨葉落胭脂色，蕎麥花開白雪香。
何事吟餘忽惆悵？村橋原樹似吾鄉！

---

① 按邏輯説來，“反”包含先有“正”，否定命題總預先假設着肯定命題。王夫之《思問録·内篇》所謂：“言‘無’者，激於言‘有’而破除之也。”詩人常常運用這個道理。山峯本來是不能語而“無語”的，王禹偁説它們“無語”，或如龔自珍《己亥雜詩》説“送我摇鞭竟東去，此山不語看中原”，並不違反事實；但是同時也彷彿表示它們原先能語、有語、欲語而此刻忽然“無語”。這樣，“數峯無語”、“此山不語”纔不是一句不消説得的廢話。（參看司空圖《詩品》：“落花無言”，或徐夤《再幸華清賦》：“落花流水無言而但送年”，都是採用李白《溧陽瀨水貞孝女碑銘》：“春風三十，花落無言。”）改用正面的説法，例如“數峯畢靜”，就減削了意味，除非那種正面字眼强烈暗示山峯也有生命或心靈，像李商隱《楚宫》：“暮雨自歸山悄悄。”有人説，秦觀《滿

庭芳》詞："憑闌久，疏煙淡日，寂寞下蕪城"比不上張昇《離亭燕》詞："悵望倚層樓，寒日無言西下"（《歷代詞人考略》卷八），也許正是這個緣故。

寇 準

寇準（九六一——一〇二三）字平仲，下邽人，有《寇忠愍公詩集》。同時人范雍爲他的詩集作序，説他“平昔酷愛王右丞韋蘇州詩”；他的名作《春日登樓懷歸》裏傳誦的“野水無人渡，孤舟盡日横”，也只是把韋應物《滁州西澗》的“野渡無人舟自横”一句擴大爲一聯。他的七言絶詩比較不依傍前人，最有韻味。

書河上亭壁①

岸闊檣稀波渺茫，獨憑危檻思何長。
蕭蕭遠樹疏林外，一半秋山帶夕陽。

夏　日

離心杳杳思遲遲，深院無人柳自垂。
日暮長廊聞燕語，輕寒微雨麥秋②時。

---

① 共有四首，分詠四季景物，這一首寫的是秋景。

② 初夏，正是麥熟的時候。秋天是穀物收成的季節，因此古人引申稱初夏爲“麥秋”。

林　逋

林逋（九六七 — 一〇二八）字君復，錢塘人，有《林和靖先生詩集》。那時候有一羣山林詩人，有的出家做和尚——例如所謂“九僧”，有的隱居做處士——例如林逋、魏野、曹汝弼等。他們的風格多少相像，都流露出晚唐詩人賈島、姚合的影響。林逋算得這裏面突出的作者，用一種細碎小巧的筆法來寫清苦而又幽靜的隱居生涯。他住在西湖的孤山，歌詠西湖風景的詩很多，也是他比較好的作品。

林　逋

孤山寺端上人①房寫望

底處②憑闌思眇然？孤山塔後閣西偏。
陰沉畫軸林間寺，零落棊枰葑上田③。
秋景有時飛獨鳥，夕陽無事起寒煙④。
遲留更愛吾廬近，衹待重來看雪天。

---

① 和尚的尊稱。

② 何處。

③ 葑就是菰米的根，“葑上田”又稱“架田”——把水框子浮在水面，架子上安着葑泥，“動輒數十丈，厚亦數尺……如木筏然，可撑以往來”（胡仔《苕溪漁隱叢話》前集卷二十七引《蔡寬夫詩話》）。范成大《晚春田園雜興》第七首的“小舟撑取葑田歸”（《石湖詩集》卷二十七），可以幫助我們了解第四句的景象。這一聯寫暮色昏黄的時候，陰森森的樹林裏隱約有幾所寺院，黯淡得像一幅退了顔色的畫，而一塊塊架田又像棋盤上割了來的方格子，零星在水面飄蕩。從林逋這首詩以後，這兩個比喻——尤其是後面一個——就常在詩裏出現。滕岑《遊西湖》：“何人爲展古畫幅，塵暗縑綃濃淡間”（《永樂大典》卷二千二百六十四“湖”字部

引），程孟陽《聞等慈師在拂水有寄》："古寺正如昏壁畫"（《松圓浪淘集》卷十五），黄庭堅《題安福李令朝華亭》："田似圍棋據一枰"，又《次韻知命入青原山口》："稻田棋局方"，文同《閒居院上方晚景》："秋田溝壠如棋局"（《丹淵集》卷八），金君卿《同陳郎中遊南塘》："千頃芋畦楸罫局"（《金氏文集》卷上），楊萬里《晚望》："天置楸枰作稻畦"（《誠齋集》卷十二），楊慎《出郊》："平田如棋局"（《升菴全集》卷三十三）等等。其實韓愈《和劉使君三堂二十一詠》裏的《稻畦》詩早説："罫布畦堪數"，可是句子不醒豁，所以這個比喻也就没有引起林逋以前詩人的注意。

④ 意思説寒煙之外什麽都没有。

晏　殊

晏殊（九九一——一〇五五）字同叔，臨川人。他的門生説："晏相國，今世之工爲詩者也。末年見編集者乃過萬篇，唐人以來所未有。"①假如這句話没有誇張，那末晏殊作品之多，超過"六十年間萬首詩"的陸游②。這一萬多篇詩，跟五代時王仁裕《西江集》的萬餘首詩一樣③，散失没有流傳。到清初纔有人搜輯《元獻遺文》一卷，後來又有人作"補編"和"增輯"，當然還可以添補些，可是總寥寥無幾。

據説他愛讀韋應物詩，讚它"全没些兒脂膩氣"④。但是從他現存的作品看來，他主要還是受了李商隱的影響⑤。也許因爲他反對"脂膩"，所以他跟當時師法李商隱的西崑體作者以及宋庠、宋祁、胡宿等人不同，比較活潑輕快，不像他們那樣濃得化不開，窒塞悶氣。他也有時把古典成語割裂簡省得牽强不通，例如《賦得秋雨》的"楚夢先知薤葉涼"把楚懷王夢見巫山神女那件事縮成"楚夢"兩個字，比李商隱《聖女祠》的"腸迴楚國夢"更加生硬，不過還不至於像胡宿把老子講過"如登春臺"那件事縮成"老臺"⑥。這種修詞是唐人類書《初學記》滋長的習氣⑦，而更是摹仿李商隱的流弊⑧。文藝裏的摹仿總把所摹仿的作家的短處缺點也學來，就像傳説裏的那個女人裁褲子：她把舊褌子拿來做榜樣，看見舊褌子扯破了一塊，忙也照式照樣在新褌子上剪個窟窿⑨。

---

① 宋祁《筆記》卷上。

② 見《劍南詩稿》卷四十九《小飲梅花下作》。

③ 《舊五代史》卷一百二十八、《新五代史》卷五十七、曾慥《類説》卷二十六載"後史補"。

④ 吴處厚《青箱雜記》卷五。

⑤ 參看方回《瀛奎律髓》卷十、卷十七。

⑥ 參看盧文弨《龍城札記》卷二指摘胡宿詩裏的這類詞句。

⑦ 參看李濟翁《資暇集》卷上批評《初學記》把魏武帝曹操做過"烏鵲南飛"一句詩那件事縮成"魏鵲"。

⑧ 例如李商隱《喜雪》的"曹衣"、《自桂林奉使江陵途中感懷》的"楚醪"等。

⑨ 《韓非子》第三十二《外儲説左》上。

晏　殊

無　題①

油壁香車②不再逢，峽雲無跡任西東③。
梨花院落溶溶月，柳絮池塘淡淡風。
幾日寂寥傷酒後，一番蕭瑟禁煙④中。
魚書⑤欲寄何由達，水遠山長處處同⑥。

---

① 一作“寓意”。

② 油漆塗飾的車子。

③ “峽”指巫峽，自從宋玉《高唐賦》以後，在古代詩文裏變成情人歡聚的代替詞。這句説情人分散，不知下落。

④ 見前王禹偁《寒食》註①。

⑤ 信札。古詩《飲馬長城窟行》：“客從遠方來，遺我雙鯉魚；呼兒烹鯉魚，中有尺素書。”詩詞裏常把“鯉魚”作爲書信的代替詞。

⑥ 晏殊有首《鵲踏枝》詞也説：“欲寄彩鸞兼尺素，山長水闊知何處!”

梅堯臣

梅堯臣（一〇〇二 — 一〇六〇）字聖俞，宣城人，有《宛陵先生集》。王禹偁没有發生多少作用；西崑體起來了，愈加脱離現實，注重形式，講究華麗的詞藻。梅堯臣反對這種意義空洞語言晦澀的詩體，主張“平淡”①，在當時有極高的聲望，起極大的影響。他對人民疾苦體會很深，用的字句也頗樸素，看來古詩從韓愈、孟郊、還有盧仝那裏學了些手法，五言律詩受了王維、孟浩然的啓發。不過他“平”得常常没有勁，“淡”得往往没有味。他要矯正華而不實、大而無當的習氣，就每每一本正經地用些笨重乾燥不很像詩的詞句來寫瑣碎醜惡不大入詩的事物，例如聚餐後害霍亂、上茅房看見糞蛆、喝了茶肚子裏打咕嚕之類②。可以説是從坑裏跳出來，不小心又恰恰掉在井裏去了。再舉一個例。自從《詩經・邶風》裏《終風》的“願言則嚏”，打嚏噴也算是入詩的事物了，尤其因爲鄭玄在箋註裏採取了民間的傳説，把這個冷熱不調的生理反應説成離别相思的心理感應③。詩人也有寫自己打嚏噴因而説人家在想念的④，也有寫自己不打嚏噴因而怨人家不想念的⑤。梅堯臣在詩裏就寫自己出外思家，希望他那位少年美貌的夫人在閨中因此大打嚏噴：“我今齋寢泰壇外，佗傺願嚏朱顔妻。”⑥這也許是有意要避免沈約《六憶詩》

裏“笑時應無比，嗔時更可憐”那類套語，但是“朱顏”和“嚏”這兩個形象配合一起，無意中變爲滑稽，衝散了抒情詩的氣味；“願言則嚏”這個傳説在元曲裏成爲插科打諢的材料⑦，有它的道理。這類不自覺的滑稽正是梅堯臣改革詩體所付的一部分代價。

---

① 《宛陵先生集》卷二十八《和晏相公》、卷四十六《讀邵不疑詩卷》、卷六十《林和靖先生詩集序》。

② 《宛陵先生集》卷十三《四月十八日記與王正仲及舍弟飲》、卷三十《捫蝨得蚤》、卷三十六《八月九日晨興如廁有鴉啄蛆》、卷四十一《次韻和永叔〈嘗茶〉》等等，參看賀裳《載酒園詩話》卷一《詠物》條又卷五。

③ 參看洪邁《容齋隨筆》卷四。

④ 例如蘇軾《元日過丹陽》：“白髮蒼顔誰肯記，曉來頻嚏爲何人？”又黄庭堅《薛樂道自南陽來入都留宿會飲》：“舉觴遥酌我，發嚏知見頌。”

⑤ 例如辛棄疾《〈稼軒詞〉補遺》裏《謁金門·和陳提幹》：“因甚無個‘阿鵲’地，没工夫説裏。”

⑥ 《宛陵先生集》卷十三《願嚏》。參看蕭東夫《齊天樂》：“甚怕見燈昏，夢遊間阻，怨煞嬌癡，緑窗還嚏否？”（《草堂詩餘》卷中）《牡丹亭》第二十六齣“玩真”柳夢梅所謂“叫得你噴嚏像天花唾”，正是這個意思。

⑦ 例如楊文奎《兒女團圓》第二折“王獸醫上，打嗍科”；《李逵負荆》第三折、《看錢奴》第三折、《貨郎旦》第四折等都有這個打諢。

田　家

南山嘗種豆，碎莢落風雨[1]；
空收一束萁[2]，無物充煎釜[3]。

---

① 豆莢給風吹雨打得都零落了。

② 豆莖。

③ 這首詩借用兩個古人的名句：漢代楊惲《報孫會宗書》的“田彼南山，蕪穢不治；種一頃豆，落而爲萁!”和三國時曹植《七步詩》的“萁向釜下燃，豆在釜中泣；本自同根生，相煎何太急!”楊惲是諷刺朝廷混亂，曹植是比喻兄弟殘殺，梅堯臣把他們的話合在一起來寫農民的貧困，彷彿移花接木似的，產生了一個新的形象。意思説：農民雖然還有豆萁可燒，却没有豆子可煮，鍋裏空空的，連“煮豆燃萁”都不可能了。

梅堯臣

陶　者

陶盡門前土，屋上無片瓦；
十指不沾泥，鱗鱗居大廈①。

---

① 這是寫勞動人民辛苦産生的果實，全給剥削者掠奪去享受。漢代劉安《淮南子》卷十七《説林訓》裏有幾句類似諺語的話講到這種不合理的現象，也提及梅堯臣詩裏所説的燒瓦工人："屠者藿羹，車者步行，陶人用缺盆，匠人處狹廬——爲者不得用，用者不肯爲。"可是這幾句只是輕描淡寫，没有把"爲者"和"用者"雙方苦樂不均的情形對照起來，不像後來唐代一句諺語那樣襯托得鮮明："赤脚人趁兔，著靴人喫肉。"（慧明《五燈會元》卷十一延沼語録，《全唐詩》第十二函第八册"語"類。）唐詩裏像孟郊《織婦詞》的"如何織紈素，自著藍縷衣！"鄭谷《偶書》的"不會蒼蒼主何事，忍飢多是力耕人！"于濆《辛苦行》的"壠上扶犁兒，手種腹長飢；窗下擲梭女，手織身無衣"；和杜荀鶴《蠶婦》的"年年道我蠶辛苦，底事渾身著苧麻？"也都表示對這種現象的憤慨。梅堯臣這首詩用唐代那句諺語的對照方法，不加

論斷，簡辣深刻；同時人張俞的《蠶婦》：“昨日到城郭，歸來淚滿巾；徧身羅綺者，非是養蠶人。”（吕祖謙《皇朝文鑒》卷二十六）雖然落在孟郊、杜荀鶴等的範圍裏，也可以參看。羅隱《蜂》：“採得百花成蜜後，爲誰辛苦爲誰甜?”正是同樣的用意而採取了比喻的寫法。

梅堯臣

田家語

庚辰詔書：凡民三丁籍一，立校與長，號“弓箭手”，用備不虞①。主司欲以多媚上，急責郡吏；郡吏畏，不敢辨，遂以屬縣令。互搜民口，雖老幼不得免。上下愁怨，天雨淫淫②，豈助聖上撫育之意耶？因録田家之言，次爲文，以俟採詩者云③。

誰道田家樂？春税秋未足！
里胥扣我門，日夕苦煎促。
盛夏流潦多，白水高於屋。
水既害我菽，蝗又食我粟。
前月詔書來，生齒復板録④；
三丁籍一壯，惡使操弓韣⑤。
州符⑥今又嚴，老吏持鞭朴；
搜索稚與艾，唯存跛無目⑦。
田閭敢怨嗟⑧，父子各悲哭。
南畝焉可事？買箭賣牛犢⑨。
愁氣變久雨，鐺缶空無粥。
盲跛不能耕，死亡在遲速⑩。
我聞誠所慙，徒爾叨君禄；

却詠“歸去來”，刈薪向深谷⑪。

① “庚辰”是宋仁宗趙禎康定元年，那年西夏出兵攻宋。宋代兵制，正規軍隊之外，還有“鄉兵”或稱“弓箭手”、或稱“弩手”、或稱“槍手”等等；就當地人口每户二丁三丁抽一，四丁五丁抽二，六丁七丁抽三，八丁以上抽四，“團結訓練，以爲防守”（《宋史》卷一百九十）。“籍”是把名字登記在兵士“花名册”上。

② 中國古代流行“天人感應”那種說法，以爲人事處置不當，就會引起天災；詩裏“愁氣變久雨”也是這個意思。

③ 相傳周代有“行人”這種官，負責搜集民間的詩歌，好讓“天子”知道些人民的輿論和生活。白居易《新樂府》第五十首説：“採詩官，採詩聽歌導人言；言者無罪聞者誡，下流上通上下泰。周滅秦興至隋氏，十代採詩官不置。”宋代的學者甚至認爲“採詩官不置”是秦亡的原因（鄭樵《夾漈遺稿》卷二《論秦因詩廢而亡》）。宋代當然也没有設立“採詩官”，梅堯臣的意思不過説希望他這首詩能够使下情上達。“次”是“編排”。

④ “生齒”就是人口；“板”通“版”，就是登記。

⑤ “惡”就是“凶狠”；“韣”音“獨”，又音“蜀”，弓的套子。

⑥ “符”指命令或公文。“州”指那時候所謂“府”，就是序裏的“郡”。

⑦ 老的小的都抽去了，只留下些瘸子和瞎子。

⑧ “敢”等於“不敢”或“何敢”。在漢代作品裏往往“如”

等於“不如”，“敢”等於“不敢”（顧炎武《日知録》卷三十二“語急”條）；宋人常摹仿這種語法，所以南宋的任淵、劉辰翁等人在註或評王安石、陳師道等詩集時，把“堪”解釋爲“不堪”，“得知”解釋爲“不得知”。

⑨ 這是反用漢代龔遂教百姓“賣劍買牛，賣刀買犢”的故事。

⑩ 早晚就要死。

⑪ 據跟這首詩同時作的《汝墳貧女》來推測，這時候梅堯臣做河南襄城縣令，所以説“叨君禄”；“却詠‘歸去來’”借用陶潛《歸去來詞》。

汝墳[1]貧女

時再點弓手，老幼俱集。大雨甚寒，道死者百餘人；自壤河至昆陽老牛陂，僵尸相繼。

汝墳貧家女，行哭音悽愴。
自言有老父，孤獨無丁壯。
郡吏來何暴，縣官不敢抗。
督遣勿稽留，龍鍾去攜杖。
勤勤囑四鄰，幸願相依傍[2]。
適聞閭里歸，問訊疑猶强[3]。
果然寒雨中，僵死壤河上。
弱質無以託，横屍無以葬；
生女不如男，雖存何所當！
拊膺呼蒼天，生死將奈向[4]？

---

① 河南汝河河邊。“汝墳”原是《詩經》的《國風·周南》裏一首詩題；那首詩是婦女的口氣，説道：“魴魚赬尾，王室如

燬；雖則如燬，父母孔邇。”梅堯臣這首詩也記載婦女的哀怨，進一層説私家也“燬”了，連父親都磨折死了，自己没依没靠的了。

② 這一句是女孩子囑託街坊的話。老頭子逼得没路走，只好拄着拐棍去充鄉兵，鄰居也有人一同抽點去的，女孩子就懇求他們照顧她爸爸。

③ 以爲他還能勉强支持，便去打聽消息。

④ 活下去呢？還是一死完事呢？“奈”就是“何”。梅堯臣同時人的記載可以跟這兩首詩印證的，是司馬光的《論義勇六劄子》（《温國文正司馬公文集》卷三十一至卷三十二）。《第一劄子》説：“康定慶曆之際，趙元昊叛亂……國家乏少正兵，遂籍陝西之民，三丁之内選一丁以爲鄉弓手……閭里之間，惶擾愁怨……骨肉流離，田園蕩盡”；《第五劄子》説抽去當弓箭手的人，臉上或手上都刺了字，還得繳納軍糧，“是一家而給二家之事”。

魯山[①]山行

適與野情愜[②]，千山高復低。
好峯隨處改，幽徑獨行迷。
霜落熊升樹，林空鹿飲溪。
人家在何許？雲外一聲雞。

東　溪[③]

行到東溪看水時，坐臨孤嶼發船遲。
野鳧眠岸有閑意，老樹着花無醜枝。
短短蒲茸齊似翦，平平沙石淨於篩。
情雖不厭住不得，薄暮歸來車馬疲。

---

① 一名露山，在河南魯山縣東北。

② 恰恰配合我愛好天然風物的脾氣。

③ 一名宛溪，在梅堯臣故鄉宣城。

考試畢登銓樓[①]

春雲濃淡日微光，雙闕重門聳建章[②]。
不上樓來知[③]幾日，滿城無算[④]柳梢黄。

① 這首是《宛陵先生集》裏遺漏的詩，誤收入“四庫全書館”輯本劉攽《彭城集》卷十八，現在根據北宋晁説之《晁氏客語》和南宋無名氏《愛日齋叢鈔》卷三訂正。梅堯臣是嘉祐二年（公元一〇五七年）春天進士考試的“小試官”（歐陽脩《歸田録》卷二）；《宛陵先生集》所收這時期的詩裏有《上元從主人登尚書省東樓》一首，大約就指這裏所謂“銓樓”，“銓”是考選的意思。

② 借用漢武帝的宫名來指當時汴梁的宫殿。

③ 一作“今”。

④ 一作“多少”。

蘇舜欽

蘇舜欽（一〇〇八 — 一〇四八）字子美，開封人，有《蘇學士文集》。他跟梅堯臣齊名，創作的目標也大致相同。他的觀察力雖没有梅堯臣那樣細密，情感比較激昂，語言比較暢達，只是修辭上也常犯粗糙生硬的毛病。陸游詩的一個主題——憤慨國勢削弱、異族侵凌而願意“破敵立功”那種英雄抱負——在宋詩裏恐怕最早見於蘇舜欽的作品，這是值得提起的一點，雖然這裏没有選他那些詩。

蘇舜欽

城南感懷呈永叔[①]

春陽泛野動，春陰與天低；
遠林氣藹藹，長道風依依。
覽物雖暫適，感懷翻然移。
所見既可駭，所聞良可悲。
去年水後旱，田畝不及犁。
冬温晚得雪，宿麥生者稀。
前去[②]固無望，即日已苦飢。
老稚滿田野，斲掘尋鳧茈[③]。
此物近亦盡，卷耳[④]共所資：
昔云能驅風[⑤]，充腹理不疑；
今乃有毒厲，腸胃生瘡痍。
十有七八死，當路横其屍；
犬彘咋其骨，烏鳶啄其皮。
胡爲殘良民，令此鳥獸肥？
天豈意如此？泱蕩莫可知[⑥]！
高位厭粱肉，坐論攙雲霓[⑦]；
豈無富人術，使之長熙熙？
我今飢伶俜，憫此復自思：

自濟既不暇，將復奈爾爲！
愁憤徒滿胸，嶸峵不能齊⑧。

① 歐陽脩字永叔。

② 將來或前途。

③ 荸薺。“茈”原作“芘”，疑是誤字。

④ 一種菊科植物，嫩葉可以吃。《詩經》的《國風·周南》裏就有一首講起採卷耳的詩。

⑤ 頭眩或四肢麻木。

⑥ 等於説“莫測高深”。“泱”原作“決”，疑是誤字。

⑦ “厭”通“饜”，“攙”就是“刺”。那些大官吃飽了好飯，安坐着發些不切實際的空談、鑽到九霄雲外去的高論。白居易《秦中吟》裏《江南旱》一首只寫那些“大夫”“將軍”之類“食飽心自若，酒酣氣益振”，没寫到這種飽食終日、清談誤國的現象。

⑧ 心裏的愁憤不平，彷彿高山峻嶺。“峵”通“嵘”。隋僧真觀《愁賦》：“譬山嶽之穹窿，類滄溟之滉瀁”（《全隋文》卷三十四），把山和水來比愁；後世詠愁思的常把水來比憂愁的綿延深闊，山的比喻較少，蘇舜欽這兩句可以跟杜甫《自京赴奉先縣詠懷》的“憂端齊終南，澒洞不可掇”參看。

蘇舜欽

夏　意

別院深深夏席清，石榴開遍透簾明。
樹陰滿地日當午，夢覺流鶯時一聲。

淮中晚泊犢頭

春陰垂野草青青，時有幽花一樹明。
晚泊孤舟古祠下，滿川風雨看潮生。

初晴遊滄浪亭[①]

夜雨連明春水生，嬌雲濃暖弄微晴。
簾虛日薄花竹靜，時有乳鳩相對鳴。

暑中閒詠

嘉果浮沉酒半醺，牀頭書册亂紛紛。
北軒涼吹開疎竹，臥看青天行白雲。

① 蘇舜欽因事革職爲民，住在蘇州，造了這個亭子。

歐陽脩

歐陽脩（一〇〇七 — 一〇七二）字永叔，自號醉翁，又號六一居士，廬陵人，有《文忠集》。他是當時公認的文壇領袖，有宋以來第一個在散文、詩、詞各方面都成就卓著的作家。梅堯臣和蘇舜欽對他起了啓蒙的作用，可是他對語言的把握，對字句和音節的感性，都在他們之上。他深受李白和韓愈的影響，要想一方面保存唐人定下來的形式，一方面使這些形式具有彈性，可以比較的暢所欲言而不致於削足適屨似的犧牲了内容，希望詩歌不喪失整齊的體裁而能接近散文那樣的流動蕭灑的風格。在“以文爲詩”這一點上，他爲王安石、蘇軾等人奠了基礎，同時也替道學家像邵雍、徐積之流開了個端；這些道學家常要用詩體來講哲學、史學以至天文、水利，更覺得内容受了詩律的限制，就進一步地散文化，寫出來的不是擺脱了形式整齊的束縛的詩歌，而是還未擺脱押韻的牽累的散文，例如徐積那首近二千字的《大河》詩①。

南宋有個裴及卿，爲歐陽脩的詩歌作了註解②，似乎當時就没有流傳。

① 《徐節孝先生文集》卷一。

② 魏了翁《鶴山大全集》卷五十四《裴夢得註歐陽公詩集序》。

晚泊岳陽

臥聞岳陽城裏鐘，繫舟岳陽城下樹。
正見空江明月來，雲水蒼茫失江路。
夜深江月弄清輝，水上人歌月下歸；
一闋聲長聽不盡，輕舟短楫去如飛。

戲答元珍[①]

春風疑不到天涯，二月山城未見花。
殘雪壓枝猶有橘，凍雷驚筍欲抽芽[②]。
夜聞歸雁生鄉思，病入新年感物華[③]。
曾是洛陽花下客[④]，野芳雖晚不須嗟[⑤]。

---

① 一作“花時久雨之什”。這是歐陽脩被貶爲湖北峽州夷陵縣令時候的詩；丁寶臣字元珍，正做峽州判官。歐陽脩很得意這

首詩；他還有幾首極自負的作品，這裏都没有選，洪亮吉《北江詩話》卷二很中肯地説："歐公善詩而不善評詩……自詡《廬山高》，在公集中，亦屬中下。"（參看王世貞《弇州山人四部稿》卷一百三十六《跋〈廬山高〉》、卷一百四十七《藝苑卮言》卷四，姚範《援鶉堂筆記》卷四十。）

② 參看歐陽脩《居士集》卷三十九《夷陵縣至喜堂記》："風俗朴野……有橘柚茶筍四時之味……江山美秀。"

③ 一作"鳥聲漸變知芳節，人意無聊感物華"。

④ 歐陽脩做過洛陽留守推官。北宋時洛陽的花園最盛，"洛陽花福"列在當時所謂"天下九福"裏（陶穀《清異録》卷一，參看太平老人《袖中錦》裏"天下第一"、"古所不及"、"四妖"三條）；所以邵雍《春遊》詩説："天下名園重洛陽。"李清照的父親李格非有一篇《洛陽名園記》也敍述北宋時洛陽的十九個花園。洛陽的牡丹尤其著名，歐陽脩就寫過《洛陽牡丹記》和《洛陽牡丹圖》詩。

⑤ 參看王禹偁《寒食》註③。

啼　鳥[①]

窮山候至陽氣生，百物如與時節爭。
官居荒涼草樹密，撩亂紅[②]紫開繁英。
花深葉暗耀朝日，日[③]暖衆鳥皆嚶鳴。
鳥言我豈解爾意，綿蠻但愛聲可聽：
南窗睡多春正美，百舌未曉催天明；
黄鸝顔色已可愛，舌端啞咤如嬌嬰[④]；
竹林静啼[⑤]青竹笋[⑥]，深處不見惟聞聲；
陂田繞郭白水滿，戴勝穀穀催春耕；
誰謂鳴鳩拙無用，雄雌各自知陰晴[⑦]；
雨聲蕭蕭泥滑滑，草深苔緑無人行；
獨有花上提葫蘆，勸我沽酒花前傾。
其餘百種各嘲哳，異鄉殊俗難知名。
我遭讒口身落此[⑧]，每聞巧舌宜可憎。
春到山城苦寂寞，把盞常恨無娉婷。
花開鳥語輒自醉，醉與花鳥爲交[⑨]朋。
花能嫣然顧我笑，鳥勸我飲非無情。
身閑酒美惜光景，惟恐鳥散花飄零。
可笑靈均楚澤畔，離騷憔悴愁獨醒[⑩]。

① 這首是在滁州做的。

② “撩亂紅”一作“亂紅殷”。

③ “日”一作“一”。

④ 蘇舜欽《蘇學士文集》卷八《雨中聞鶯》詩也説：“嬌騃人家小女兒，半啼半語隔花枝。”

⑤ “靜啼”一作“啼盡”。

⑥ “青竹笋”以及下面的“戴勝”、“泥滑滑”、“提葫蘆”都是鳥名。

⑦ 鳩不會營巢，一名“拙鳥”；古代諺語説：“天欲雨，鳩逐婦；天既雨，鳩呼婦。”

⑧ 《居士集》目録以此詩編在慶曆六年。慶曆五年歐陽脩因甥女張氏曖昧之事，被人誣告，他出知滁州。“讒口”就指捕風捉影攻擊他的政敵。

⑨ “交”一作“友”。

⑩ “靈均”就是屈原。《楚辭·漁父》篇裏説：“屈原既放……行吟澤畔……顏色憔悴……曰：‘舉世皆濁而我獨清，衆人皆醉而我獨醒，是以被放。’”歐陽脩借用這句比喻，作爲喝酒的藉口而寄託自己的牢騷。

春日西湖寄謝法曹歌[①]

西湖春色歸，春水緑於染。
羣芳爛不收，東風落如糝❶。
參軍春思亂如雲，白髮題詩愁送春❷；
遥知湖上一樽酒，能憶天涯萬里人。
萬里思春尚有情，忽逢春至客心驚；
雪消門外千山緑，花發江邊二月晴。
少年把酒逢春色，今日逢春頭已白。
異鄉物態與人殊，惟有東風舊相識。

❶ 西湖者，許昌勝地也。（此爲原詩自註，全書同。——本書編者）
❷ 謝君有“多情未老已白髮，野思到春如亂雲”之句。

---

① 謝伯初字景山，那時候做河南許州法曹。據歐陽脩《詩話》，這也是在夷陵時的詩：謝伯初寄詩安慰他的貶官，因此有這首回答。歐陽脩在宋仁宗景祐四年（公元一〇三七年）三月到許州去續娶，這首詩是二月裏做的，所以開首寫的西湖春色都是設想或傳聞之詞。

歐陽脩

别　滁[1]

花光濃爛柳輕明，酌酒花前送我行。
我亦且[2]如常日醉，莫教絃管作離聲[3]。

① 歐陽脩離開滁州太守任的詩。

② 一作“只”。

③ 黄庭堅《夜發分甯寄杜澗叟》：“我自只如常日醉，滿川風月替人愁”，正從這首詩來。歐陽脩這兩句可以説是唐人張謂《送盧舉使河源》裏“長路關山何日盡，滿堂絲管爲君愁”；武元衡《酬裴起居》：“況是池塘風雨夜，不堪絃管盡離聲”；白居易《及第後歸覲》：“軒車動行色，絲管舉離聲”等等的翻案。

奉使道中作[①]

客夢方在家，角聲已催曉；
匆匆行人起，共怨角聲早。
馬蹄終日踐冰霜，未到思回空斷腸。
少貪夢裏還家樂，早起前山[②]路正長。

① 至和二年（公元一〇五五年）冬天宋仁宗派歐陽脩到契丹國去賀新君登位。

② “前山”一作“山前”。

柳　永

柳永（生年死年不詳）原名三變，字耆卿，崇安人。他是詞的大作家，只留下來兩三首詩，散在宋人筆記和地方志書裏。相傳他是個風流浪子，羅燁《醉翁談録》丙集卷二的《花衢實録》、《清平山堂話本》裏的《翫江樓記》、關漢卿的《謝天香》等都以他爲題材。他在詞集《樂章集》裏常常歌詠當時尋歡行樂的豪華盛況，因此宋人有句話，説宋仁宗在位四十二年的太平景象，全寫在柳永的詞裏①。但是這裏選的一首詩就表示《樂章集》並不能概括柳永的全貌，也够使我們對他的性格和對宋仁宗的太平盛世都另眼相看了。柳永這一首跟王冕的《傷亭户》②可以算宋元兩代裏寫鹽民生活最痛切的兩首詩；以前唐代柳宗元的名作《晉問》裏也有描寫鹽池的一段，刻劃得很精致，可是只籠統説“未爲民利”③，没有把鹽民的痛苦具體寫出來。

① 祝穆《方輿勝覽》卷十一。

② 《竹齋詩集》卷一。

③ 《唐柳先生文集》卷十五。

煮海歌[①]

煮海之民何所營？婦無蠶織夫無耕。
衣食之源太寥落，牢盆煮就汝輸征[②]。
年年春夏潮盈浦[③]，潮退刮泥成島嶼；
風乾日曝鹽味加[④]，始灌潮波塯[⑤]成滷。
滷濃鹽淡未得閒[⑥]，採樵深入無窮山；
豹踪虎跡不敢避，朝陽出去夕陽還。
船載肩擎未遑歇，投入巨竈炎炎熱；
晨燒暮爍堆積高，才得波濤變成雪。
自從瀦滷至飛霜[⑦]，無非假貸充餱糧；
秤入官中充微值，一緡往往十緡償[⑧]。
周而復始無休息，官租未了私租逼；
驅妻逐子課工程，雖作人形俱菜色[⑨]。
煮海之民何苦辛，安得母富子不貧[⑩]！
本朝一物不失所，願廣皇仁到海濱。
甲兵淨洗征輸輟，君有餘財罷鹽鐵[⑪]。
太平相業爾惟鹽，化作夏商周時節[⑫]。

① 這首詩見於元代馮福京等人編的《昌國州圖志》卷六，昌國就是現在的浙江省定海縣，柳永做過那裏曉峯鹽場的監督官。

② “牢盆”就是熬鹽的器具，“輸征”就是納税。熬鹽的地方叫“亭場”，那裏的居民叫“亭户”或“竈户”，每户有“鹽丁”；熬成的鹽得向官方繳納，折合充賦税。（《宋史》卷一百八十一）

③ 秋季八月開始熬鹽。（《昌國州圖志》卷五）

④ 經過風吹日曬，味道漸漸鹹起來了。

⑤ “瑠”通“溜”，流動貌。

⑥ 滷很混濁，味道不够鹹，没有恰到好處。

⑦ “瀦”是積水，“飛霜”是形容鹽的白色。六朝時張融描寫煮海成鹽，有這樣的句子：“漉沙構白，熬波出素；積雪中春，飛霜暑路。”（《南齊書》卷四十一）柳永借用他的成語。

⑧ “償”給那些“假貸充餱糧”的債主。

⑨ 面黄肌瘦。

⑩ “母子”是比喻政府和人民的關係。

⑪ 廢除鹽税和鐵税；宋代有鹽鐵使這種專職。

⑫ 中國古代記載像《書經》的《説命》、《吕氏春秋》的《本味篇》都把治國比於烹飪，宰相就等於調味的作料。柳永敍述人民熬鹽納税的痛苦，就聯想起《説命》裏“若作和羹，爾惟鹽梅”那兩句話來，希望做宰相的能起作用，恢復所謂“三代之治”。

李　覯

李覯（一〇〇九—一〇五九）字泰伯，南城人，有《李直講先生文集》。他是位思想家，對傳統的儒家理論，頗有非議；例如他認爲“利”是可以而且應當講求的①，差不多繼續王充《論衡》的“刺孟”，而且開闢了顔元李塨等對宋儒的批評。他的詩受了些韓愈、皮日休、陸龜蒙等的影響，意思和詞句往往都很奇特，跟王令的詩算得宋代在語言上最創闢的兩家。可惜集裏通體完善的詩篇不多，例如有一首《哀老婦》，前面二十句寫一個六十多歲的老寡婦，迫於賦税差役，只好跟兒孫分别，重新嫁人，但是後面三十句發了許多感慨，説要“孝治”，該響應皇帝表揚“節婦”的號召。前面講的是杜甫《石壕吏》《垂老别》所没寫到的慘況，而後面講的也許在北宋就是迂執之論，因爲以前和當時對再醮或改嫁的一般意見雖然有如白居易的《婦人苦》所説：“及至生死際，何曾苦樂均？婦人一喪夫，終身守孤孑”，却還不像後來的輿論那樣苛刻。李覯説皇帝表揚“節婦”，可是事實上北宋皇帝也準許再醮，而且就像李覯所師法的韓愈就有個“從二夫”的女兒，李覯同時人范仲淹的母親和媳婦、王安石的媳婦等也都是“從二夫”而不隱諱的②。

李　覯

---

① 《李直講先生文集》卷十《富國策》第一、卷二十九《原文》。

② 參看俞正燮《癸巳類稿》卷十三《節婦説》，王應奎《柳南續筆》卷四，周壽昌《思益堂日札》卷二，葉廷琯《吹網録》卷三《趙用壙誌書女再嫁》，平步青《樵隱昔寱》卷十四《書魏叔子〈楊母徐孺人墓表〉後》等；又毛奇齡《西河合集》書牘卷七《答福建林西仲問韓昌黎一女兩婿書》的“妄文妄解”。

穫稻

朝陽過山來，下田猶露濕。
餉婦念兒啼，逢人不敢立①。
青黄先後收，斷折傴僂拾。
烏鼠滿官倉，於今又租入②。

① 要趕回家去照管孩子，路上不敢跟人搭話。這一點細密的觀察在傍人這類詩裏還没見過。

② 又是一批租米送入官倉裏去喂烏鼠。倉庫收藏得不嚴，米穀給麻雀和老鼠吃了，官家還向人民算賬；後唐明宗有個法令，人民每繳一石米得外加二升"雀鼠耗"（曾慥《類説》卷二十六載《五代史補》），到後周太祖時，酷吏王章把二升添成二斗，名爲"省耗"。（《新五代史》卷三十）

李　覯

鄉　思

人言落日是天涯，望極天涯不見家；
已恨碧山相阻隔，碧山還被暮雲遮①！

---

① 意思說：故鄉爲碧山所阻隔，而碧山又爲暮雲所遮掩，一重又一重的障礙，天涯地角要算遠了，可是還望得見，還比家來得近。同時人石延年《高樓》詩："水盡天不盡，人在天盡頭"（劉克莊《後村大全集》卷一百七十七引）；范仲淹《蘇幕遮》詞："山映斜陽天接水，芳草無情，更在斜陽外"；歐陽脩《踏莎行》詞："樓高莫近危欄倚，平蕪盡處是春山，行人更在春山外"、《千秋歲·春恨》："夜長春夢短，人遠天涯近"；詞意相類。詩歌裏有兩種寫法：一、天涯雖遠，而想望中的人物更遠，就像這些例句；二、想望中的人物雖近，却比天涯還遠，例如吴融《渤東筵上》："坐來雖近遠於天"或王實甫《西廂記》第二本第一折《混江龍》："隔花陰，人遠天涯近。"

苦雨初霽

積陰爲患恐沈綿，革[1]去方驚造化權。
天放舊光還日月，地將濃秀與山川。
泥途漸少車聲活，林薄初乾果味全[2]。
寄語殘雲好知足，莫依河漢更油然。

---

① 革除、改革。參看韋驤《韋先生集》卷五《和伯英初霽》："陰霖革累旬"。

② "薄"是積草，"全"大約是保全的意思。李覯用字喜歡標新立異，像這首詩裏的"革"字、"活"字、"全"字，還有一首《雨中作》裏的"凝雲列山鞘，冷氣攢衣刀……花淫得罪殞，鶯辯知時逃"等句都是例證。

陶弼

陶弼（一〇一五 — 一〇七八）字商翁，祁陽人，有《邕州小集》。他是位熟悉軍事的詩人，作品已經十之八九散失。現存的詩裏最長的一首《兵器》批評當時將領的昏庸，跟異族打了敗仗，就怨武器不行："朝廷急郡縣，郡縣急官吏；官吏無他術，下責蚩蚩輩。耕牛拔筋角，飛鳥秃翎翅；簳截會稽空，鐵烹堇山碎。供億稍後期，鞭朴異他罪。……是知用兵術，在人不在器；願求謀略長，勿倚干戈鋭。"這首詩頗爲宋代所重視①，可以表現他的思想。從其他的詩以及宋人筆記、詩話裏引的斷句看來，他擅長寫悲壯的情緒，闊大的景象。

---

① 吕祖謙選入《皇朝文鑒》卷十七。

碧湘門

城中煙樹緑波漫，幾萬樓臺樹影間。
天闊鳥行①疑没草，地卑江勢欲沉山②。

---

① “行”音“杭”，指行列説。

② 陶弼《公安縣》詩也説：“遠水欲沉城”，那首詩見方回《瀛奎律髓》卷四，《邕州小集》漏收。

文 同

文同（一〇一八 — 一〇七九）字與可，自號笑笑居士，梓潼人，有《丹淵集》。他跟蘇軾是表親，又是好朋友，所以批評家常把他作爲蘇軾的附庸。其實他比蘇軾大十八歲，中進士就早八年，詩歌也還是蘇舜欽、梅堯臣時期那種樸質而帶生硬的風格，没有王安石、蘇軾以後講究詞藻和鋪排典故的習氣。他有一首《問景遜借梅聖俞詩卷》詩，可以看出他的趨向："我方嗜此學，常恨失所趨；願子少假之，使之識夷途。"①

文同是位大畫家，他在詩裏描摹天然風景，常跟繪畫聯結起來，爲中國的寫景文學添了一種手法。泛泛地説風景像圖畫，例如："峯次青松，巖懸頳石，於中歷落有翠柏生焉，丹青綺分，望若圖繡矣"②，這是很早就有的。具體地把當前風物比擬爲某種畫法或某某大畫家的名作，例如："律以皴法，類黄鶴山樵"③，或者："只見對面千佛山上梵宫僧寮與那蒼松翠柏高下相間，紅的火紅，白的雪白，青的靛青，綠的碧綠，更有那一株半株的丹楓夾在裏面，彷彿似宋人趙千里的一幅《瑶池圖》"④，這可以説從文同正式起頭。例如他的《晚雪湖上寄景孺》："獨坐水軒人不到，滿林如掛《暝禽圖》"；《長舉》："峯巒李成似，澗谷范寬能"；《長舉驛樓》："君如要識營邱畫，請看東頭第五重。"⑤ 在他以前，像韓偓的《山驛》：“疊石小松張水部，暗山寒雨李將軍”，還有林逋的《乘公橋作》：“憶得江南曾看着，巨然名畫在屏風”⑥，不過偶然一見；在他以後，這就成爲中國寫景詩文裏的慣技，西洋要到十八世紀纔有類似的例子。文同這種手法，跟當時畫家向杜甫、王維等人的詩句裏去找繪畫題材和佈局的試探⑦，都表示詩和畫這兩門藝術在北宋前期更密切地結合起來了。

---

① 《丹淵集》卷十八。

② 《水經注》卷四《清水》。

③ 林紓《畏廬續稿·登太山記》。

④ 劉鶚《老殘遊記》第七章。

⑤ 《丹淵集》卷十六、十七。

⑥ 《林和靖先生詩集》卷三。

⑦ 詹景鳳《〈畫苑〉補益》卷一載郭熙《林泉高致·畫意》節；當然晚唐的畫家已偶有這種試探，郭若虛《圖畫見聞志》卷五就記段贊善把鄭谷、李益的詩意“圖寫之”。

早晴至報恩山寺

山石巉巉磴道微，拂松穿竹露沾衣。
煙開遠水雙鷗落，日照高林一雉飛。
大麥未收治圃晚，小蠶猶臥斫桑稀。
暮煙已合牛羊下，信馬林間步月歸。

織婦怨

擲梭兩手倦，踏䕶雙足趼①。
三日不住織，一疋纔可剪。
織處畏風日，剪時謹刀尺。
皆言邊幅好，自愛經緯密②。
昨朝持入庫，何事監官怒？
大字雕印文，濃和油墨污③。
父母抱歸舍，拋向中門下；
相看各無語，淚迸④若傾瀉。
質錢解衣服，買絲添上軸⑤；

不敢輒下機，連宵停火燭⑥。
當須了租賦，豈暇恤襦袴？
前知⑦寒切骨，甘心肩骭露。
里胥踞門限，叫罵嗔納晚。
安得織婦心，變作監官眼⑧！

---

① “趼”音“繭”，脚底生的硬皮。

② 大家都說這匹絹的門面很寬，自己覺得這匹絹的身骨也很結實。

③ 據其他宋人的詩裏，印在絹上的“大字”是個“退”字。郭祥正《青山集》卷十六《墨染絲》說：“繰絲自喜如霜白，輸入官家吏嫌黑；手持‘退’印競傳呼，倏見長條染深墨。”方岳《秋崖小稿》卷二十六《山莊書事》也說：“截絹入官輸，官怨邊幅窄；抛擲下堂階，‘退’字印文赤。”

④ “迸”原作“併”，據《皇朝文鑒》卷十三改。

⑤ 把買來的絲放在織機上面，重新去織。

⑥ 不滅火燭。“停”有相反兩意：一、停止或滅絶，例如“七晝七夜，無得停火”（黄庭堅《豫章黄先生文集》卷二十一《跋奚移文》），二、停留或保持，例如“蘭膏停室，不思銜燭之龍”（陸機《演連珠》），“逍遥待曉分……明月不應停”（《樂府詩集》卷四十六《讀曲歌》之八十六），“停燈於釭，先焰非後焰而明者不能見”（劉晝《劉子》第五十三《惜時》）。這裏“停”字是第二意，參看朱慶餘《近試上張籍水部》：“洞房昨夜停紅燭。”

⑦　早知道或明知道。

⑧　比了唐人聶夷中《傷田家》裏的名句："我願君王心，化作光明燭，不照綺羅筵，只照逃亡屋"，這兩句似乎更爲簡潔沉痛。白居易在《新樂府》的《繚綾》一首裏，只慨歎人民"手疼"織成的綾羅給奢淫的皇帝拿去糟蹋浪費，他不知道綾羅在入官進貢以前，已經替勞動者帶來了文同這首詩所寫的痛苦。

晚至村家

高原磽确石徑微，籬巷明滅餘殘暉。
舊裾飄風採桑去，白袷卷水秧稻歸。
深葭[①]繞澗牛散臥，積麥滿場雞亂飛。
前谿後谷暝煙起，稚子各出關柴扉。

新晴山月

高松漏疏月，落影如畫地。
徘徊愛其下，及久不能寐。
怯風池荷捲，病雨[②]山果墜。
誰伴余苦吟？滿林啼絡緯[③]。

---

① 蘆葦。

② 荷葉怕風吹，果子遭雨害。

③ 草蟲，一名“絡絲娘”。

曾鞏

曾鞏（一〇一九——一〇八三）字子固，南豐人，有《元豐類稿》。他以散文著名，列在“唐宋八家”裏。他的學生秦觀不客氣地認爲他不會作詩①，他的另一位學生陳師道不加可否地轉述一般人的話，説他不會作詩②。從此一場筆墨官司直打到清朝，看來判他勝訴的批評家居多數③。就“八家”而論，他的詩遠比蘇洵、蘇轍父子的詩好，七言絶句更有王安石的風致。

① 《津逮秘書》本《東坡題跋》卷三《記少游論詩文》；據秦觀《淮海集》卷一《曾子固哀詞》、卷二《次韻邢敦夫〈秋懷〉》第三首，他曾經從曾鞏學做文章。

② 《後山先生集》卷二十三《詩話》，參看惠洪《冷齋夜話》卷九“淵材迂闊好怪條”。

③ 孫覿《鴻慶居士集》卷十二《與曾端伯書》，劉克莊《後村大全集》卷一百七十五，方回《瀛奎律髓》卷十六，劉壎《隱居通議》卷七，楊慎《升菴外集》卷七十八，賀裳《載酒園詩話》卷五，王士禎《池北偶談》卷十四，何焯《義門讀書記·元豐類稿》卷一，潘德輿《養一齋詩話》卷四，方東樹《昭昧詹言》卷一，姚瑩《後湘詩集》卷九《論詩絶句》，楊希閔《鄉詩摭譚》卷三。

西　樓

海浪如雲去却回，北風吹起數聲雷。
朱樓四面鈎疏箔[①]，卧看千山急雨來。

城　南[②]

雨過橫塘水滿堤，亂山高下路東西。
一番桃李花開盡，惟有青青草色齊。

① 把簾子掛起。

② 這一首也誤收入元好問《遺山詩集》卷十四，題作《春日寓興》。

王安石

王安石（一〇二一——〇八六）字介甫，臨川人，有《臨川文集》。他在政治上的新措施引起同時和後世許多人的敵視，但是這些人也不能不推重他在文學上的造就，尤其是他的詩，例如先後註釋他詩集的兩個人就是很不贊成他的人①。他比歐陽脩淵博，更講究修詞的技巧，因此儘管他自己的作品大部分内容充實，把鋒芒犀利的語言時常斬截乾脆得不留餘地、没有回味的表達了新穎的意思，而後來宋詩的形式主義却也是他培養了根芽。他的詩往往是搬弄詞彙和典故的遊戲、測驗學問的考題；借典故來講當前的情事，把不經見而有出處的或者看來新鮮而其實古舊的詞藻來代替常用的語言。典故詞藻的來頭愈大，例如出於"六經"、"四史"，或者出處愈僻，例如來自佛典、道書，就愈見工夫。有時他還用些通俗的話作爲點綴，恰像大觀園裏要來一個泥牆土井、有"田舍家風"的稻香村，例如最早把"錦上添花"這個"俚語"用進去的一首詩可能是他的《即事》②。

把古典成語鋪張排比雖然不是中國舊詩先天不足而帶來的胎裏病，但是從它的歷史看來，可以説是它後天失調而經常發作的老毛病。六朝時，蕭子顯在《南齊書》卷五十二《文學傳論》裏已經不很滿意詩歌"緝事比類……或全借古語，用申今情"，鍾嶸在《詩品》裏更反對"補假""經史""故實",換句話説,反對把當時駢文裏"事對"、"事類"的方法應用到詩歌裏去③;唐代的韓愈無意中爲這種作詩方法立下了一個簡明的公式:"無書不讀,然止用以資爲詩"④。也許古代詩人不得不用這種方法,把記誦的豐富來補救和掩飾詩情詩意的貧乏,或者把濃厚的"書卷氣"作爲應付政治和社會勢力的煙幕。第一,從六朝到清代這個長時期裏,詩歌愈來愈變成社交的必需品,賀喜弔喪,迎來送往,都用得着,所謂"牽率應酬"。應酬的對象非常多;作者的品質愈低,他應酬的範圍愈廣,該有點真情實話可説的題目都是他把五七言來寫"八股"、講些客套虚文的機會。他可以從朝上的皇帝一直應酬到家裏的妻子——試看一部分"贈内"、"悼亡"的詩;從同時人一直應酬到古人——試看許多"懷古"、"弔古"的詩;從傍人一直應酬到自己——試看不少"生日感懷"、"自題小像"的詩;從人一直應酬到物——例如中秋玩月、重陽賞菊、登泰山、遊西湖之類都是《儒林外史》裏趙雪齋所謂"不可無詩"的。就是一位大詩人也未必有那許多真實的情感和新鮮的思想來滿足"應制"、"應教"、"應酬"、"應景"的需要,於是不得不像《文心雕龍・情采》篇所謂"爲文而造情",甚至以"文"代"情",偷懶取巧,羅列些古典成語來敷衍搪塞。爲皇帝做詩少不得找出周文王、漢武帝的軼事,爲菊花做詩免不了扯進陶潛、司空圖的名句。第二,在舊社會裏,政治的壓迫和禮教的束縛剥奪了詩人把某些思想和情感坦白抒寫的自由。譬如他對國事朝局的憤慨、在戀愛生活裏的感受,常常得指桑駡槐或者移花接木,繞了個彎,借古典來傳述;明明是時事,偏説"詠史",明明是新愁,偏説"古意",甚至還利用“香草美人”的傳統，借“古意”的形式來起“詠史”的作用，更害得讀者猜測個不休。當然，碰到緊急關頭，這種煙幂未必有多少用處。統治者要興文字獄的時候，總會根據無火不會冒煙的常識，向詩人追究到底，例如在“烏臺詩案”裏，法官逼得蘇軾把“引證經傳”的字句交代出來。除掉這兩個社會原因，還有藝術上的原因；詩人要使語言有色澤、增添深度、富於暗示力，好去引得讀者對詩的内容作更多的尋味，就用些古典成語，彷彿屋子裏安放些曲屏小儿，陳設些古玩書畫。不過，對一切點綴品的愛好都很容易弄到反客爲主，好好一個家陳列得像古董鋪子兼寄售商店，好好一首詩變成“垜疊死人”或“牽絆死屍”⑤。

北宋初的西崑體就是主要靠“撏撦”——鍾嶸所謂“補假”——來寫詩的。然而從北宋詩歌的整個發展看來，西崑體不過像一薄層、一小圈的油花，浮在水面上，没有在水裏滲入得透，溶解得匀；它只有極局限、極短促的影響，立刻給大家瞧不起⑥，並且它“撏撦”的古典成語的範圍跟它歌詠的事物的範圍同樣的狹小。王安石的詩無論在聲響上、在内容上、或在詞句的來源上都比西崑體廣大得多。痛駡他禍國殃民的人都得承認他“博聞”、“博極羣書”⑦；他在辯論的時候，也破口駡人：“君輩坐不讀書耳!”⑧又説自己：“某自百家諸子之書至於《難經》、《素問》、《本草》、諸小説無所不讀”⑨。所以他寫到各種事物，只要他想“以故事記實事”⑩——蕭子顯所謂“借古語申今情”，他都辦得到。他還有他的理論，所謂“用事”不是“編事”，“須自出己意，借事以相發明”⑪；這也許正是唐代皎然所説“用事不直”⑫，的確就是後來楊萬里所稱讚黄庭堅的“妙法”，“備用古人語而不用其意”⑬。

後面選的《書湖陰先生壁》裹把兩個人事上的古典成語來描寫青山緑水的姿態，可以作爲“借事發明”的例證。這種把古典來“挪用”，比了那種捧住了類書⑭，説到山水就一味搬弄山水的古典，誠然是心眼兒活得多，手段高明得多，可是總不免把借債來代替生産。結果是跟讀者捉迷藏，也替箋註家拉買賣。流傳下來的、宋代就有註本的宋人詩集從王安石集數起，並非偶然。李壁的《王荆文公詩箋註》不够精確，也没有辨别誤收的作品，清代沈欽韓的《補註》並未充分糾正這些缺點。

---

① 參看王應麟《困學紀聞》卷十八論李壁註王安石詩《致譏》《寓貶》；沈欽韓《王荆公文集註》卷一《上五事劄子》註、《詩集補註》卷二《君難託》、《何處難忘酒》、卷四《和郭功甫》、《偶書》、《韓忠獻輓詞》、《故相吴正憲公輓詞》等註。

② 李壁《王荆文公詩箋註》卷三十四。

③ 參看劉勰《文心雕龍》第三十五篇、第三十八篇。

④ 《昌黎先生集》卷二十五《登封縣尉盧殷墓志》；“資”字值得注意，跟杜甫《奉贈韋左丞丈》所謂“讀書破萬卷，下筆如有神”，涵義大不相同。

⑤ 曾慥《類説》卷五十六載《古今詩話》，江少虞《皇朝類苑》卷三十九。

⑥ 例如文彦博《文潞公文集》從卷四起就漸漸擺脱西崑的影響。甚至《西崑酬唱集》裹的作者也未必維持西崑體的風格，例如張詠《乖崖先生文集》裹的詩都很粗率，而《西崑酬唱集》卷上有他的《館中新蟬》。

⑦ 例如楊時《龜山先生集》卷十七《答吴國華書》，晁説之《嵩山文集》卷十三《儒言》等。

⑧ 邵博《邵氏聞見後録》卷二十。

⑨ 《臨川集》卷七十三《答曾子固書》。

⑩ 胡仔《苕溪漁隱叢話》前集卷三十五引《西清詩話》論王安石。

⑪ 《苕溪漁隱叢話》後集卷二十五引《蔡寬夫詩話》记王安石語，亦見李壁《王荆文公詩箋註》卷四十一《窺園》詩註。

⑫ 《詩式》卷一“詩有四深”條。

⑬ 《誠齋集》卷一百十四《詩話》。

⑭ 參看司馬光《續詩話》記西崑體作家劉筠論《初學記》語：“非止‘初學’，可爲‘終身記’。”

王安石

河北民

河北民，生近二邊長苦辛[①]。
家家養子學耕織，輸與官家事夷狄[②]。
今年大旱千里赤，州縣仍催給河役[③]。
老小相依來就南，南人豐年自無食[④]。
悲愁天地白日昏，路傍過者無顏色。
汝生不及貞觀中，斗粟數錢無兵戎[⑤]！

---

① “二邊”指遼和西夏。

② 當時宋對遼每年要“納”銀絹，對西夏也每年要“賜”銀綺絹茶，可是這裏的“事”字恐怕不是“以大事小”而是“有事於”——防禦——的意思。

③ 儘管荒年没飯吃，還得去趕做河工。

④ 雖然是豐年，也一樣没有飯吃。參看同時像曾鞏《元豐類稿》卷一《胡使》：“南粟鱗鱗多送北，北兵林林長備胡……還來里閭索窮下，斗食尺衣皆北輸。”

⑤ 唐太宗李世民在貞觀十五年八月裏説他有“二喜”：第一

是連年豐收，“長安斗米值三四錢”；第二是：“北虜久服，邊鄙無事”。王安石對貞觀和開元時代非常嚮往，例如這首詩以及《歎息行》、《寓言》第五首、《開元行》等。可是熙寧元年宋神宗趙頊第一次召他“越次入對”，問他説：“唐太宗何如？”他回答得很乾脆：“陛下當法堯舜，何以太宗爲哉！”王夫之《宋論》卷六説他“入對”的話是“大言”唬人，這些詩也許可以證實那個論斷。

王安石

即　事

徑暖草如積，山晴花更繁。
縱橫一川水，高下數家村。
靜憩雞鳴午，荒尋犬吠昏。
歸來向人說，疑是武陵源①。

葛溪驛②

缺月昏昏漏未央③，一燈明滅照秋牀。
病身最覺風露早，歸夢不知山水長。
坐感歲時歌慷慨，起看天地色淒涼。
鳴蟬更亂行人耳，正抱疎桐葉半黄。

① 就是陶潛《桃花源記》所寫的世外樂土。

② 葛溪在江西弋陽，驛是公家設立的伕馬站和過客招待所。

③ 等於說夜正長；“漏”是古代的計時器。

示長安君[①]

少年離别意非輕，老去相逢亦愴情。
草草杯盤供笑語，昏昏燈火話平生。
自憐湖海三年隔，又作塵沙萬里行[②]。
欲問後期何日是，寄書應見雁南征。

---

① 王安石的大妹妹，名文淑，工部侍郎張奎的妻子，封長安縣君。

② 這大約是宋仁宗嘉祐五年（公元一〇六〇年）王安石出使遼臨行所作。

王安石

初夏即事

石梁茅屋有彎碕①，流水濺濺度兩陂。
晴日暖風生麥氣，緑陰幽草勝花時。

---

① 王安石還有一首《彎碕》詩説："殘暑安所逃，彎碕北窗北。""彎碕"見晉人左思《吴都賦》，《文選》卷五李善註説是"昭明宫東門"的名稱，李周翰註説是"險峻"的意思，這裏似乎都不切合。《廣韻》卷一的"五支"和"八微"兩部説"碕"是"曲岸"或"石橋"，想來此處以"曲岸"爲近，因爲詩裏已經明説那地方有"石梁"；"彎"是形容堤岸的曲折，王安石不過借用左思的字面。《吴都賦》還有一句"碕岸爲之不枯"，李周翰註説"碕"是"長岸"；郭璞《江賦》裏説起"碕嶺"和"懸碕"，《文選》卷十二李善註分别引許慎《淮南子註》和《埤蒼》説"碕"是"長邊"、"曲岸頭"；宋代袁易《念奴嬌》詞也説："淺水彎碕，疏籬門徑，淡抹牆腰月。"（《全宋詞》卷二百七十七）都可以參證。

悟真院

野水從橫漱屋除，午牕殘夢鳥相呼。
春風日日吹香草，山北山南路欲無。

王安石

書湖陰先生[①]壁

茆簷長掃淨無苔，花木成畦手自栽。
一水護田將緑繞，兩山排闥送青來[②]。

① 楊德逢的外號；他是王安石在金陵的鄰居。

② 這兩句是王安石的修辭技巧的有名例子。“護田”和“排闥”都從《漢書》裏來，所謂“史對史”，“漢人語對漢人語”（葉夢得《石林詩話》卷中、曾季貍《艇齋詩話》）；整個句法從五代時沈彬的詩裏來（吴曾《能改齋漫録》卷八），所謂“脱胎換骨”。可是不知道這些字眼和句法的“來歷”，並不妨礙我們瞭解這兩句的意義和欣賞描寫的生動；我們只認爲“護田”“排闥”是兩個比喻，並不覺得是古典。所以這是個比較健康的“用事”的例子，讀者不必依賴箋註的外來援助，也能領會，符合中國古代修辭學對於“用事”最高的要求：“用事不使人覺，若胸臆語也。”（《顔氏家訓》第九篇《文章》記邢邵評沈約語）

泊船瓜洲①

京口瓜洲一水間，鍾山衹隔數重山。
春風又緑江南岸②，明月何時照我還。

---

① 在長江北岸，跟鎮江——“京口”——相對。這是王安石想念金陵的詩，鍾山是他在金陵的住處。

② 這句也是王安石講究修辭的有名例子。據説他在草稿上改了十幾次，纔選定這個“緑”字；最初是“到”字，改爲“過”字，又改爲“入”字，又改爲“滿”字等等（洪邁《容齋續筆》卷八）。王安石《送和甫寄女子》詩裏又説：“除却春風沙際緑，一如送汝過江時”，也許是得意話再説一遍。但是“緑”字這種用法在唐詩中早見而亦屢見：丘爲《題農父廬舍》：“東風何時至？已緑湖上山”；李白《侍從宜春苑賦柳色聽新鶯百囀歌》：“東風已緑瀛洲草”；常建《閒齋臥雨行藥至山館稍次湖亭》：“行藥至石壁，東風變萌芽，主人山門緑，小隱湖中花。”於是發生了一連串的問題：王安石的反復修改是忘記了唐人的詩句而白費心力呢？還是明知道這些詩句而有心立異呢？他的選定“緑”字是跟唐人

暗合呢？是最後想起了唐人詩句而欣然沿用呢？還是自覺不能出奇制勝，終於向唐人認輸呢？

江　上

江北秋陰一半開，曉雲含雨却低回。
青山繚繞疑無路，忽見千帆隱映來。

夜　直①

金爐香燼漏聲殘，翦翦輕風陣陣寒。
春色惱人眠不得②，月移花影上欄干。

① “直”通“值”，就是值班；那時候的制度，翰林學士每夜輪流一人值班住宿在學士院裏。（沈括《夢溪筆談》卷二十三）

② 這一句出於羅隱的《春日葉秀才曲江》詩：“春色惱人遮不得。”

鄭　獬

鄭獬（一〇二二 — 一〇七二）字毅夫，湖北安陸人，有《鄖溪集》。他做官以直率著名，敢替人民叫苦，從下面選的詩裏就看得出來。詩雖然受了些韓愈的影響，而風格爽辣明白，不做作，不粧飾。集裏有幾首堆砌雕琢的七律，都是同時人王珪的詩，所謂鑲金嵌玉的“至寶丹”體，“四庫全書館”誤收進去，不能算在他賬上的。其中最詞藻富麗的一首、《寄程公闢》在王珪、鄭獬、王安石和秦觀的詩集裏都出現①，大約是中國詩史上分身最多的詩了。

① 《華陽集》卷三，《鄖溪集》卷二十七，《王荆文公詩箋註》卷三十七，《淮海後集》卷上。

採鳧茨[1]

朝携一筐出，暮携一筐歸。
十指欲流血，且急眼[2]前飢。
官倉豈無粟？粒粒藏珠璣。
一粒不出倉，倉中羣鼠肥[3]。

---

① 見前蘇舜欽《城南感懷呈永叔》註③。

② 原作“昨”，據《皇朝文鑒》卷十七改正。

③ 唐人曹鄴有一首有名的《官倉鼠》詩：“官倉老鼠大如斗，見人開倉亦不走。健兒無糧百姓飢，誰遣朝朝入君口！”

鄭　獬

道旁稚子

稚兒怕寒牀下啼，兩骭赤立仍苦飢。
天之生汝豈爲累，使汝不如鳧鷖肥①？
官家桑柘連四海，豈無寸縷爲汝衣？
羨爾百鳥有毛羽，冰雪滿山猶解飛！

滯　客

五月不雨至六月，河流一尺青泥渾。
舟人擊鼓②挽舟去，牛頭刺地③挽不行。
我舟繫岸已七日，疑與緑樹同生根。
忽驚黑雲湧西北，風號萬竅秋濤奔；
截斷雨脚不到地，半夜霹靂空殺人④！
須臾雲破見星斗，老農歎息如銜冤。
高田已槁下田瘐，我爲滯客何足言！

---

① 原作“肌”，疑是誤字。

② 六朝詩裏就講起開船打鼓的風俗，例如陰鏗《江津送劉光禄不及》：“鼓聲隨聽絶。”唐宋時還保存這個習慣，參看杜甫《十二月一日》：“打鼓發船何郡郎”，李郢《畫鼓》：“兩杖一揮行纜解。”

③ 用牛拉縴，這是寫牛把勁使盡的樣子。古代常以牲口挽舟，參看李白《丁督護歌》：“吴牛喘月時，拖船一何苦”；汪元量《湖州歌》第六十一首：“官河宛轉無風力，馬曳驢拖鼓子船”；元人宋本作《驢牽船賦》，馬臻《舟次楊村》：“蹇驢無力縴船纜，行到楊村日已昏。”

④ 只聽雷聲，没見雨點，都給風吹散了。“雨”刻本作“兩”，疑是誤字。

鄭 獬

春 盡

春盡行人未到家，春風應怪在天涯。
夜來過嶺忽聞雨，今日滿溪俱是花。
前樹未回疑路斷，後山纔轉便雲遮。
野①間絶少塵埃汙，惟有清泉漾白沙。

① 原作“夜”，疑是誤字。

劉攽

劉攽（一〇二二 — 一〇八八）字貢父，新喻人，有《彭城集》。他跟他哥哥劉敞都是博學者，也許在史學考古方面算得北宋最精博的人，但他們的詩歌裏都不甚炫弄學問。劉敞的詩有點呆板，劉攽比他好，風格上是歐陽脩的同調。

劉 攽

江南田家

種田江南岸，六月纔樹秧。
借問一何晏，再爲霖雨傷。
官家不愛農，農貧彌自忙。
盡力泥水間，膚甲皆疻瘡。
未知秋成期，尚①足輸太倉。
不如逐商賈，遊閒事車航；
朝廷雖多賢，正許貲爲郎②。

---

① “尚”等於“倘”，也許的意思。

② 封建時代名義上重農輕商，但是實際上往往對商人不是輕賤而是企羨，覺得他們獲利多，生活自由，不像農民的身子生根在耕種的土地上，動也動不得。這種情形漢代政論家鼂錯早就指出來：“商賈大者積貯倍息，小者坐列販賣……男不耕耘，女不蠶織，衣必文采，食必粱肉，亡農夫之苦，有仟佰之得，因其富厚，交通王侯。……法律賤商人，商人已富貴矣；尊農夫，農夫已貧賤矣。”（《漢書》卷二十四上《食貨志》上）古詩裏就有“賈客

樂”或“估客樂”這樣一個主題，唐代詩人像元稹、劉禹錫、張籍等都作了這個題目的詩（都收入郭茂倩《樂府詩集》卷四十八），白居易也作了《鹽商婦》，張籍還有《野老歌》；他們的意思全逃不出鼂錯這幾句話。劉攽這首詩結尾兩句講商人捐官，比他們進了一層。他們只説：“求利莫求名，求名有所避”或“高貲比封君，奇貨通倖卿”，劉攽輕輕巧巧地指出“名”會跟着“利”來，商人不但結交官僚，而且可以老實不客氣地變成官僚。“以貲爲郎”是借用漢代的説法（見《史記》卷一百二《張釋之馮唐列傳》、卷一百十七《司馬相如列傳》），因爲漢代就有這種現象：一方面“市井之子孫不得仕宦爲吏”，而另一方面“吏道益雜，不選而多賈人”（《史記》卷三十《平準書》）。

補註 戴鴻森同志指出，此句雖用“漢代的説法”，却切合宋時政制；《宋史》卷一百五十八《選舉志》四：“紹興初，嘗以兵革，經用不足，有司請募民入貲補官，帝難之。參知政事張守曰：‘祖宗時，授以齋郎，今之將仕郎是也。’”

劉攽

城南行

八月江湖秋水高，大堤夜坼聲嘈嘈。
前村農家失幾户，近郭扁舟屯百艘。
蛟龍蜿蜒水禽白，渡頭老翁須雇直①。
城南百姓多爲魚，買魚欲烹輒悽惻。

雨後池上

一雨池塘水面平，淡磨明鏡照簷楹。
東風忽起垂楊舞，更作荷心萬點聲②。

① 意思説水漲以前，擺渡不要出錢的。

② 指雨後樹上的水點給風吹落在池裏荷葉上。

新　晴[1]

青苔滿地初晴後，緑樹無人晝夢餘。
惟有南風舊相識，偷開門户又翻書[2]。

① 這首詩見《彭城集》卷十八，也見“四庫全書館”輯本劉敞《公是集》卷二十八，題目是《絶句》；根據劉克莊《後村大全集》卷一百七十四又祝穆《事文類聚》後集卷二十一，是劉攽的作品。

② 可以跟唐人薛能（一作曹鄴）《老圃堂》的“昨日春風欺不在，就牀吹落讀殘書”比較。“南風舊相識”大約來自李白《春思》的“春風不相識，何事入羅幃?”劉攽在另一首詩裏，用類似的筆法寫風：“杖籐爲筆沙爲紙，閒立庭前試草書。無奈春風猶掣肘，等閒撩亂入衣裾。”（《致齋太常寺以杖畫地成》第二首）

補註　“惟有南風舊相識，偷開門户又翻書。”戴鴻森同志指出，《宋詩紀事》卷十六“偷”字作“徑”，和“舊相識”呼應得當，“偷”字相形，不免矯揉做作。

王　令

王令（一〇三二 — 一〇五九）字逢原，江都人，有《廣陵先生文集》。他受韓愈、孟郊、盧仝的影響很深，詞句跟李覯的一樣創闢，而口氣愈加雄壯，彷彿能够昂頭天外，把地球當皮球踢着似的，大約是宋代裏氣概最闊大的詩人了。運用語言不免粗暴，而且詞句儘管奇特，意思却往往在那時候都要認爲陳腐，這是他的毛病。

餓者行

雨雪不止泥路迂，馬倒伏地人下扶。
居者不出行者止①，午市不合人空衢。
道中獨行乃誰子？餓者負席緣門呼。
高門食飲豈無棄，願從犬馬求其餘。
耳聞門開身就拜，拜伏不起呵羣奴②。
喉乾無聲哭無淚，引杖去此他何如。
路旁少年③無所語，歸視紙上還長吁。

---

① “止”一作“返”。

② 等於“羣奴呵”。

③ 王令自己。

王　令

暑旱苦熱

清風無力屠得熱[①]，落日着翅飛上山[②]。
人固已懼江海竭，天豈不惜河漢乾？
崑崙之高有積雪，蓬萊之遠常遺寒；
不能手提天下往，何忍身去遊其間[③]！

---

① “屠”字用得很別致；《廣陵先生文集》卷十《暑中懶出》詩又說：“已嫌風少難平暑。”

② 意思説太陽不肯落。

③ 崑崙山和蓬萊山當然都是清涼世界，可是自恨不能救天下人民脱離火坑，也就不願意一個兒獨去避暑了。《廣陵先生文集》卷十《暑熱思風》詩説：“坐將赤熱憂天下，安得清風借我曹！”這種要把整個世界“提”在手裏的雄闊的心胸和口吻，王令詩裏常有，例如卷二《偶聞有感》：“長星作彗倘可假，出手爲掃中原清”；卷七《西園月夜》：“我有抑鬱氣，從來未經吐；欲作大歎吁向天，穿天作孔恐天怒。”和他同時的韓琦《安陽集》卷一《苦

熱》詩也説："嘗聞崑閬間，别有神仙宇……吾欲飛而往，於義不獨處。安得世上人，同日生毛羽!"意思差不多，而氣魄就遠不及了。

王　令

渰　渰[①]

渰渰輕雲弄落暉，壞檐巢滿燕來歸。
小園桃李東風後，却看楊花自在飛。

① 音“掩”，雲起貌。

吕南公

吕南公（生年死年不詳）字次儒，南城人，有《灌園集》。是曾鞏的朋友，極推重韓愈。跟他同鄉李覯都是科舉不得意的，詩的風格也有點相近。

吕南公

老　樵

何山老翁鬢垂雪，擔負樵蘇清曉發。
城門在望來路長，樵重身羸如疲鼈。
皮枯亦復汗淋瀝①，步强②遥聞氣嗚咽。
同行壯俊常後追，體倦心煩未容歇。
街東少年殊傲岸，和袖高扉③厲聲喚。
低眉索價退聽言，移刻纔蒙酬與半。
納樵收值不敢緩，病婦倚門待朝爨④。

---

① 枯皮也榨得汗出。

② 勉强趕路。

③ 兩手籠在袖子裏，在大門口一站。

④ 音“竄”，燒飯；意思説等米下鍋。“街東少年”和老樵家裏的“病婦”兩人各站在門口等他來，是個刺眼的對照。

勿願壽

勿願壽，壽不利貧祇利富。
君不見：
生平齷齪南鄰翁，綺紈合雜歌鼓雄，
子孫奢華百事便，死後祭葬如王公；
西家老人曉稼穡，白髮空多短衣食，
兒孱妻病盆甑乾，靜臥藜牀冷無席①。

① 從“齷齪”兩字看來，這首詩也是“賈客樂”的用意，而從《西遊記》第四十四回所謂不是“長壽”而是“長受罪”這個新角度去寫。

晁端友

晁端友（生年死年不詳）字君成，鉅野人。他的遺集共收了三百六十首詩，現在已經散失了。蘇軾和黃庭堅都很稱讚他①，下面一首是宋代傳誦的。

① 《東坡集》卷二十四《晁君成詩集引》，《東坡續集》卷五《與晁君成簡》，《豫章黃先生文集》卷二十三《晁君成墓誌銘》。

宿濟州西門外旅館[1]

寒林殘日欲棲烏，壁裏青燈乍有無[2]。
小雨愔愔人假[3]寐，卧聽疲[4]馬齧殘芻。

① 見吕祖謙《皇朝文鑒》卷二十八。濟州就是鉅野。

② 忽明忽滅。

③ 晁端友的外孫葉夢得《石林詩話》卷上引了這首詩，“假”字作“不”。

④ 《石林詩話》卷上，“疲”字作“羸”。

蘇　軾

蘇軾（一〇三七 — 一一〇一）字子瞻，自號東坡居士，眉山人，有《東坡集》、《後集》、《續集》。他一向被推爲宋代最偉大的文人，在散文、詩、詞各方面都有極高的成就。他批評吴道子的畫，曾經説過："出新意於法度之中，寄妙理於豪放之外。"① 從分散在他著作裏的詩文評看來，這兩句話也許可以現成地應用在他自己身上，概括他在詩歌裏的理論和實踐。後面一句説"豪放"要耐人尋味，並非發酒瘋似的胡鬧亂嚷②。前面一句算得"豪放"的定義，用蘇軾所能瞭解的話來説，就是："從心所欲，不踰矩"；用近代術語來説，就是：自由是以規律性的認識爲基礎，在藝術規律的容許之下，創造力有充分的自由活動③。這正是蘇軾所一再聲明的，作文該像"行雲流水"或"泉源湧地"那樣的自在活潑，可是同時候很謹嚴地"行於所當行，止於所不可不止"④。李白以後，古代大約没有人趕得上蘇軾這種"豪放"。

他在風格上的大特色是比喻的豐富、新鮮和貼切，而且在他的詩裏還看得到宋代講究散文的人所謂"博喻"⑤或者西洋人所稱道的莎士比亞式的比喻⑥，一連串把五花八門的形象來表達一件事物的一個方面或一種狀態。這種描寫和襯托的方法彷彿是採用了舊小説裏講的“車輪戰法”，連一接二地搞得那件事物應接不暇，本相畢現，降伏在詩人的筆下。在中國散文家裏，蘇軾所喜歡的莊周和韓愈就都用這個手法；例如莊周的《天運》篇連用“芻狗已陳”、“舟行陸、車行水”、“猿狙衣服”、“桔槔”、“柤梨橘柚”、“醜人學西施”六個比喻來説明不合時宜這一點，韓愈的《送石處士序》連用“河決下流”、“駟馬駕輕車就熟路”、“燭照”、“數計”、“龜卜”五個比喻來表示議論和識見的明快這一點。在中國詩歌裏，《詩經》每每有這種寫法，像《國風》的《柏舟》連用鏡、石、席三個形象來跟心情參照，《小雅》的《斯干》連説“如跂斯翼，如矢斯棘，如鳥斯革，如翬斯飛”來形容建築物綫條的整齊挺聳。唐代算韓愈的詩裏這類比喻最多，例如《送無本師》先有“蛟龍弄角牙”等八句四個比喻來講詩膽的潑辣，又有“蜂蟬碎錦纈”等四句四個比喻來講詩才的秀拔，或像《岣嶁山》裏“科斗拳身薤倒披”等兩句四個比喻來講字體的奇怪。但是我們試看蘇軾的《百步洪》第一首裏寫水波沖瀉的一段：“有如兔走鷹隼落，駿馬下注千丈坡，斷絃離柱箭脱手，飛電過隙珠翻荷”，四句裏七種形象，錯綜利落，襯得《詩經》和韓愈的例子都呆板滯鈍了。其他像《石鼓歌》裏用六種形象來講“時得一二遺八九”，《讀孟郊詩》第一首裏用四種形象來講“佳處時一遭”，都是例證。詞裏像賀鑄《青玉案》的有名結句把“煙草”、“風絮”、“黄梅雨”三者來比“閒愁”，就是“博喻”的佳例，最突出的是嫁名謝逸的《花心動·閨情》用“風裏楊花”等九物來比好事不成（《全宋詞》六百五十二頁）。上古理論家早已著重詩歌語言的形象化，很注意比喻⑦；在這一點上，蘇軾充分滿足了他們的要求。

蘇軾的主要毛病是在詩裏鋪排古典成語，所以批評家嫌他“用事博”、“見學矣然似絶無才”、“事障”、“如積薪”、“窒、積、蕪”、“獺祭”⑧，而袒護他的人就讚他對“故實小説”和“街談巷語”，都能够“入手便用，似神仙點瓦礫爲黄金”⑨。他批評過孟浩然的詩“韻高而才短，如造内法酒手而無材料”⑩，這句話恰恰透露出他自己的偏向和弱點。同時，這種批評，正像李清照對秦觀的詞的批評：“專主情致而少故實，譬如貧家美女，雖極妍麗豐逸，而終乏富貴態”⑪，都可以幫助我們瞭解在那種創作風氣裏古典成語的比重。

不用説，箋註家紛紛給這種詩吸引。在北宋早有趙次公等五家註的蘇詩，南宋到清又陸續添了十多家的註本，王文誥的誇大嚕囌而絶少新見的《蘇文忠公詩編註集成》在清代中葉做了些總結工作；其他像沈欽韓的《蘇詩查註補正》和張道的《蘇亭詩話》卷五都算得規模比較大的增補。最可惜的是陸游没有肯替蘇軾的詩集作註⑫，這跟杜甫和李白的“樽酒細論文”没有記録一樣⑬，是文學史上的大憾事。

---

① 《經進東坡文集事略》卷六十《書吴道子畫後》。

② 《津逮秘書》本《東坡題跋》卷三《評杜默詩》。

③ 恩格斯《反杜林論》第十一章，歌德《我們貢獻些什麽》第十九章（紀念版《歌德全集》第九册第二百三十五頁）；參看孟德斯鳩《法意》第十一卷第三章（七星叢書版《孟德斯鳩全集》第二册第三百九十五頁），黑智爾《哲學系統》第一部第二分第一百五十八節又《美學講義》第三部第三分第二章（紀念版《黑智爾全集》第八册第三百四十八至三百四十九頁又第十四册第一百八十二頁）。

④ 《經進東坡文集事略》卷四十六《答謝民師書》、卷五十七《文説》。

⑤ 陳騤《文則》卷上丙的第六種“取喻之法”，舉《書經》和《荀子》的例句。

⑥ 例如莎士比亞的“十四行詩”第五十二首。

⑦ 《禮記》第十八《學記》：“不學博依，不能安詩”——鄭玄註：“‘博依’、廣譬喻也”；參看亞理斯多德《詩學》第一千四百五十九甲說“比喻是天才的標識”。

⑧ 方回《桐江集》卷五《劉元暉詩評》，王世貞《弇州山人四部稿》卷一百四十七《藝苑卮言》，胡應麟《詩藪》內編古體中、近體上，譚元春《譚友夏合集》卷八《東坡詩選序》，王夫之《船山遺書》卷六十四《夕堂永日緒論》內編；“見學矣然似絶無才”就是顏之推《顏氏家訓》第九篇《文章》所謂“事繁而才損”。

⑨ 朱弁《風月堂詩話》卷上。

⑩ 陳師道《後山先生文集》卷二十三《詩話》；參看施閏章《愚山別集》卷一的反駁，說蘇軾詩裹“堆垜”的材料太多。

⑪ 《苕溪漁隱叢話》後集卷三十三引。

⑫ 《渭南文集》卷十五《施司諫註東坡詩序》。

⑬ 參看洪邁《容齋隨筆》卷十五。

和子由澠池懷舊[①]

人生到處知何似？應似飛鴻踏雪泥：
泥上偶然留指爪，鴻飛那復計東西[②]！
老僧已死成新塔，壞壁無由見舊題[③]。
往日崎嶇還記否？路長人困蹇驢嘶❶。

❶ 往歲馬死於二陵④，騎驢至澠池。

---

① 子由是蘇軾的兄弟蘇轍。

② “雪泥鴻爪”是蘇軾的有名譬喻之一，在宋代就有人稱道（魏慶之《詩人玉屑》卷十七、蔡正孫《詩林廣記》後集卷三引《陵陽室中語》），後來變爲成語。

③ 蘇轍《欒城集》卷一《懷澠池》詩有個自註：“昔與子瞻應舉，過宿縣中寺舍，題其老僧奉閒之壁。”從前和尚死後，人家把他遺體燒化，造個小塔來埋葬他的骨灰。蘇轍每每學他哥哥的詩（甚至哥哥用錯的故典，兄弟會照錯），例如《欒城集》卷三《秀州僧本瑩“淨照堂”》的“故山別後成新歲，歸夢春來繞舊房”，就是摹仿蘇軾這一聯。

④ 二陵是河南崤山，在澠池西。

六月二十七日望湖樓醉書①

黑雲翻墨未遮山，白雨跳珠亂入船。
捲地風來忽吹散，望湖樓下水如天。

放生魚鼈逐人來②，無主荷花到處開。
水枕能令山俯仰③，風船解與月裴回。

---

① 是熙寧五年（公元一〇七二年）的六月二十七日。“望湖樓”在杭州西湖邊。

② 北宋時杭州的官吏曾規定西湖爲放生池，不許人打魚，替皇帝延壽添福。

③ 這句的意思説，躺在船裏看山，不覺得水波起落，只見山頭忽上忽下，正是蘇軾《出潁口初見淮山》詩所謂“青山久與船低昂”，和《李思訓畫長江絶島圖》所謂“孤山久與船低昂”；参看范成大《石湖居士詩集》卷二十《再渡胥口》：“兩山波動對浮沉。”“水枕”等於“載在水面的枕席”，正如下面一句的“風船”等於“飄蕩在風裏的船”，並非指古代暑天用的滿裝了涼水的瓦枕或陶枕。

望海樓[1]晚景

橫風吹雨入樓斜，壯觀應須好句誇。
雨過潮平江海碧，電光時掣紫金蛇。

青山斷處塔層層，隔岸人家喚欲應。
江上秋風晚來急，爲傳鐘鼓到西興[2]。

---

① 在杭州鳳凰山上。

② 在浙江蕭山近江邊處。

吴中田婦歎 和賈收韻①

今年粳稻熟苦遲，庶見霜風來幾時②。
霜風來時雨如瀉，杷頭出菌鐮生衣③。
眼枯淚盡雨不盡④，忍見黄穗臥青泥！
茆苫一月壠上宿⑤，天晴穫稻隨車歸。
汗流肩頳載入市，價賤乞與如糠粃。
賣牛納税拆屋炊，慮淺不及明年饑⑥。
官今要錢不要米，西北萬里招羌兒⑦。
龔黄滿朝人更苦，不如却作河伯婦⑧！

---

① 賈收字耘老，極佩服蘇軾，造過一個“懷蘇亭”，做過一卷詩叫《懷蘇集》。

② 幸虧不多幾天就是秋季了。

③ “杷”通“鈀”；這句寫農具因潮濕不使用而發霉生銹。

補註 戴鴻森同志指出，“杷”是打場用的竹或木杷子，因久雨潮濕而“出菌”。

④ 這句可以參看杜甫《新安吏》：“莫自使眼枯，收汝淚縱横；眼枯即見骨，天地終無情。”

⑤ 在田邊搭了一個茅草棚，住宿在那裏救稻。

⑥ 賣了牛去納税，拆下屋來燒飯，只想救眼前的急。

⑦ 王安石的“新法”施行以後，國家賦税收錢不收米，造成錢荒米賤的現象；農民把米賤賣了换錢來納税，結果錢和米都没有，像黄庭堅的《上大蒙籠》、《勞坑入前城》等詩説：“今日有田無米食”，“正苦無錢刀”，都是寫當時這種情況。蘇軾這首詩是熙寧五年做的，那時候宋神宗要滅西夏，採用王韶的“平戎三策”，化了不少錢糧去“招撫”“沿邊”的羌人部落，所謂“熙河之役”正開始。（朱弁《曲洧舊聞》卷六有熙河用兵歲費的記載）

⑧ 龔遂黄霸是漢代兩個有名的好官。“河伯婦”是《史記·西門豹傳》裏的故事：巫婆借口説水神結婚來向人民敲詐，西門豹爲民除害，把巫婆擲在河裏。在這裏“龔黄”是説反話；“作河伯婦”是借用，等於説苦得無路可走，還不如乾脆投河自盡。

法惠寺[1]横翠閣

朝見吴山横，暮見吴山縱[2]；
吴山故多態，轉側爲君容。
幽人起朱閣[3]，空洞更無物；
惟有千步岡，東西作簾額[4]。
春來故國歸無期，人言秋悲春更悲；
已泛平湖思濯錦，更看横翠憶峨眉[5]。
雕欄能得幾時好？不獨憑欄人易老！
百年興廢更堪哀，懸知草莽化池臺[6]；
遊人尋我舊遊處，但覓吴山横處來。

---

① 在杭州。

② 一名胥山，又名城隍山。這兩句説，白天看見的山是長長的一道，黑夜裏看不周全，只見高高的一堆。

③ 古代寺院裏的樓閣常常是紅顔色，所以紅樓朱閣不但指婦女的閨閣，也可以指和尚寺；唐人像白居易、李益、僧廣宣、段成式等的詩裏都講到安國寺的“紅樓”，李涉《早春霽後發頭陀

寺》詩也說:“紅樓金刹倚晴崗。”

④ “千步岡”就指吴山;意思說,閣裏什麽陳設都没有,只有一座山擋在窗外,彷彿是遮窗的簾子;“東西”等於自左到右。

⑤ 看了杭州的景物,就想起故鄉四川的錦江和峨眉山來了。

⑥ 等於“池臺化草莽”。

飲湖上初晴後雨

水光瀲灩晴方好，山色空濛雨亦奇。
欲把西湖比西子，淡粧濃抹總相宜①。

---

① 西子就是戰國時有名的美女西施。這也是蘇軾的一個傳誦的比喻，後來許多詩歌都從這裏生發出來；例如南宋建都杭州，荒淫奢侈，亡國以後，方回《桐江續集》卷二十四《問西湖》就説："誰將西子比西湖？舊日繁華漸欲無。始信坡仙詩是讖，捧心國色解亡吴！"蘇軾似乎很自負這首詩，所以把它的詞意幾次三番地用："水光瀲灩猶浮碧，山色空濛已斂昏"（《次韻仲殊遊西湖》）；"西湖真西子"（《次韻劉景文登介亭》）；"衹有西湖似西子"（《次韻答馬中玉》）；"西湖雖小亦西子"（《再次韻德麟新開西湖》）。

書雙竹[1]湛師房

暮鼓朝鐘自擊撞，閉門孤枕對殘釭。
白灰旋撥通紅火，臥聽蕭蕭雪打窗。

中秋月[2]

暮雲收盡溢清寒，銀漢無聲轉玉盤。
此生此夜不長好，明月明年何處看[3]？

---

① 杭州廣嚴寺，別名雙竹寺。

② 這是熙寧十年的中秋，蘇軾在徐州。

③ 這個意思在蘇軾詩裹屢次出現，例如《十月十五觀月黄樓席上次韻》："爲問登臨好風景，明年還憶使君無?" 又《和子由山茶盛開》："雪裏盛開知有意，明年開後更誰看?"

端午徧遊諸寺①

肩輿任所適，遇勝輒流連。
焚香引幽步，酌茗開淨筵②。
微雨止還作，小窗幽更妍；
盆山不見日，草木自蒼然。
忽登最高塔，眼界窮大千。
卞峯照城郭，震澤浮雲天③。
深沉既可喜，曠蕩亦所便。
幽尋未云畢，墟落生晚煙。
歸來記所歷，耿耿清不眠；
道人亦未寢，孤燈同夜禪④。

---

① 宋神宗元豐二年（公元一〇七九年）的端午，蘇軾在湖州。

② 素齋。

③ 卞山在浙江烏程北，震澤就是太湖。

④ 佛前的長明燈陪伴着打坐的和尚。

蘇　軾

雨晴後步至四望亭下[1]

雨過浮萍合，蛙聲滿四鄰。
海棠真一夢[2]，梅子欲嘗新。
拄杖閒挑菜，鞦韆不見人。
慇懃木芍藥，獨自殿[3]餘春。

---

① 在黄州。

② 花已落得一乾二淨，影蹤也没有。

③ 收梢、結尾。

正月二十日與潘郭二生出郊尋春忽記去年是日同至女王城作詩乃和前韻[①]

東風未肯入東門[②]，走馬還尋去歲村。
人似秋鴻來有信，事如春夢了無痕[③]。
江城白酒三杯釅，野老蒼顔一笑温。
已約年年爲此會，故人不用賦招魂[④]！

---

① 元豐五年（公元一〇八二年）正月，蘇軾在黄州。

② 因此城裏還無春色，須出郊尋春。

③ 這一聯也是蘇軾有名的比喻，參看杜牧《題安州浮雲寺樓》："恨如秋草多，事與孤鴻去"；辛棄疾《稼軒詞》卷三《鷓鴣天·和人韻有所贈》有意地來個翻案文章和補筆："事如芳草春長在，人似浮雲影不留。"

④ 朋友們不用可憐他的貶斥而設法把他内調。

蘇　軾

南　堂[①]

掃地焚香閉閣眠，簟紋如水帳如煙。
客來夢覺知何處，掛起西窗浪接天。

題西林[②]壁

橫看成嶺側成峯，遠近高低各不同。
不識廬山真面目，只緣身在此山中。

① 在黄州，下臨江水。這首詩也誤收入秦觀《淮海後集》卷上。

② 乾明寺，在廬山。

春　日

鳴鳩乳燕寂無聲，日射西窗潑眼明。
午醉醒來無一事，只將春睡賞春晴。

書李世南所畫秋景[①]

野水參差落漲痕，疎林欹倒出霜根。
扁舟一棹歸何處[②]？家在江南黄葉村。

---

① 李世南字唐臣；這是他畫的《秋景平遠》。

② 據鄧椿《畫繼》卷四，“扁舟”應作“浩歌”；李世南原“畫一舟子張頤鼓枻作浩歌之態，今作‘扁舟’，甚無謂也！”

蘇　軾

惠崇[①]春江曉景

竹外桃花三兩枝，春江水暖鴨先知[②]。
蔞蒿滿地蘆芽短，正是河豚欲上時[③]。

---

① 宋初“九僧”之一，能詩能畫。

② 蘇軾《遊桓山，會者十人，得“澤”字》詩也説：“春風在流水，鳧雁先拍拍。”參看孟郊《春雨後》：“何物最先知，虚庭草爭出”，又杜牧（一作許渾）《初春舟次》：“蒲根水暖雁初下，梅逕香寒蜂未知。”

③ 這首詩前三句寫惠崇畫裏的事物，末句寫蘇軾心裏的想像。宋代烹飪以蔞蒿、蘆芽和河豚同煮（參觀《苕溪漁隱叢話》後集卷二十四論梅堯臣詩），因此蘇軾看見蔞蒿、蘆芽就想到了河豚。鴨在惠崇畫中，而河豚在蘇軾意中。“水暖先知”是設身處地的體會，“河豚欲上”是即景生情的聯想。

荔支歎①

十里一置飛塵灰，五里一堠兵火催②；
顛阬③仆谷相枕藉，知是荔支龍眼來。
飛車跨山鶻橫海④，風枝露葉如新採；
宮中美人一破顔，驚塵濺血流千載。
永元荔支來交州，天寶歲貢取之涪；
至今欲食林甫肉，無人舉觴酹伯游❶。
我願天公憐赤子，莫生尤物爲瘡痏；
雨順風調百穀登，民不饑寒爲上瑞。
君不見：
武夷溪邊粟粒芽，前丁後蔡相籠加❷⑥，
爭新買寵各出意，今年鬬品⑦充官茶❸。
吾君所乏豈此物？致養口體何陋耶！
洛陽相君忠孝家，可憐亦進“姚黄”花❹。

❶ 漢永元中交州進荔支龍眼，十里一置，五里一堠，奔騰死亡，罹猛獸毒蟲之害者無數。唐羌字伯游爲臨武長，上書言狀，和帝罷之。唐天寶中蓋取涪州荔支，自子午谷路進入。⑤

❷ 大小龍茶始於丁晉公，而成於蔡君謨，歐陽永叔聞君謨進小龍團，驚歎曰：“君謨士人也，何至作此事耶！”

蘇　軾

❸ 今年閩中監司乞進鬭茶，許之。
❹ 洛陽貢花，自錢惟演始。⑧

---

① 這是宋哲宗趙煦紹聖二年（公元一〇九五年）蘇軾貶斥在廣東惠州時所作。他這一次纔吃到荔枝，作了一首《四月十一日初食荔支》詩，極口稱讚，把荔枝的顏色比“紅紗中單白玉膚”和“頳虬珠”，把它的滋味去配“江鰩玉柱”和“河豚腹腴”。但是他想到這件好東西也是個禍根，因此又作了這一首。帝王驕奢淫慾，官吏諂媚迎合，各地出産的好東西像廣東的荔枝、福建的茶、洛陽的牡丹花，都得進貢，當災受苦的是人民。蘇軾寧願天地間不生這種稀罕美物，省得害人，同時批評地方官的犧牲人民向皇帝討好。這些人想出新鮮花樣，找土産進貢，一開了個例，從此變爲牢不可破的常規了，所以蘇軾的自註裏著重“始於……”和“自……始”。他同時詩人唐庚《眉山唐先生文集》卷二《採籐曲》說：“吾皇養民如養兒，鑿空爲此謀者誰”，也是這個意思。

② “置”和“堠”都是站，見蘇軾自註。

③ “阬”通“坑”。

④ 車子過山快得像老鷹飛過海；一説“海鶻”是一種快船。

⑤ 永元是漢和帝劉肇的年號，天寶是唐玄宗李隆基的年號。交州是廣東、廣西等地方，涪州在四川，子午谷是四川和陝西間的交通要道——唐代的京都是陝西長安。李林甫是唐玄宗的宰相，有名的“口蜜腹劍”的權奸。

⑥ 福建武夷山，出産茶葉。宋代把茶葉製成餅形，上面印龍

鳳花紋，有“龍團”、“鳳餅”的名目。丁謂是宋真宗的宰相，以奴顔婢膝、搗鬼撒謊著稱。蔡襄是北宋四大書法家之一，也是茶事專家，寫過《茶録》。“籠”指收羅，因爲採茶用竹籠，保藏茶葉用蒻籠（陸羽《茶經·二之具》，蔡襄《蔡忠惠公集》卷三《採茶》、卷三十《茶録》；《苕溪漁隱叢話》後集卷十一載蔡襄《北苑焙新茶》詩也講到“籃籠”，那首詩是《蔡忠惠公集》漏收的）。“加”是搶先壓倒。

⑦ 當時有比賽茶葉的會，所謂“茗戰”。

⑧ 錢惟演是西崑體詩人之一，吴越王錢俶的兒子。錢俶對宋不戰而降，死後博得宋太宗的“以忠孝而保社稷”這句鑒定（《宋史》卷四百五十），所以蘇軾説“忠孝家”（參看《經進東坡文集事略》卷五十五“表忠觀碑”）。錢惟演在洛陽做過留守，是歐陽脩的上司，蘇軾《仇池筆記》卷上説：“錢惟演作西京留守，始置驛貢洛花，識者鄙之，此宫妾愛君之意也。”錢惟演曾説牡丹是“花王”而“姚黄”又是牡丹之王。

蘇　軾

澄邁[①]驛通潮閣

倦客愁聞歸路遥，眼明飛閣俯長橋。
貪觀白鷺横秋浦，不覺青林没晚潮。

餘生欲老海南村，帝遣巫陽招我魂[②]。
杳杳天低鶻没處，青山一髮是中原[③]。

---

① 澄邁縣在海南島北部。

② 《楚辭》的《招魂》裏説，上帝可憐屈原的靈魂脱離了他的軀殼，命令巫陽去叫它回來。

③ 《東坡後集》卷十五《伏波將軍廟碑》也説："南望連山，若有若無，杳杳一髮耳"，這也是在海南島寫的。參看韓愈《贈别元十八協律》第六首："乘潮簸扶胥，近岸指一髮。"

秦　觀

秦觀（一〇四九—一一〇〇）字少游，又字太虛，高郵人，有《淮海集》。在蘇軾蘇轍兄弟倆的周圍有五位作家，黄庭堅、秦觀、張耒、晁補之和陳師道，所謂“蘇門”。張耒和晁補之都有詩把這一“門”五口兒描寫在一起，彷彿是來了個“合家歡”①。不用説，一家人之間也往往分個親疎厚薄，陳師道就覺得蘇軾待秦觀比待自己親熱，後人還代他抱不平②。這五位詩人並不摹仿蘇軾的風格，而且除掉陳師道受黄庭堅的影響以外，彼此在創作上各人走各人的路。晁補之的詩最差。只有一點值得提起：宋代對李白雖然推崇，不像對杜甫那樣的效法；晁補之和同時的徐積、郭祥正也許是歐陽脩、蘇軾以後僅有的向李白學習的北宋詩人。徐積甚至説杜甫比起李白來，就像“老驥”去追趕“秋鷹”、“霜鶻”③。

秦觀的詩内容上比較貧薄，氣魄也顯得狹小，修辭却非常精緻；只要看李廌《師友談記》裏記載他講怎樣寫律賦的許多話，就知道他對文字的琢磨工夫多少細密，怪不得朋友説他“智巧飣餖，只如填詞”，又説“銖兩不差，非秤子上秤來，乃算子上算來”。他的詩句“敲點匀淨”，常常落於纖巧，所以同時人説他“詩如詞”、“詩似小詞”、“又待入小石調”④。後來金國人批評他的詩是“婦人語”、“女郎詩”⑤，其實只是這個意思，而且不一定出於什麽“南北之見”。南宋人不也説他的詩“如時女遊春，終傷婉弱”麽?⑥“時女遊春”的詩境未必不好⑦。藝術之宫是重樓復室、千門萬户，決不僅僅是一大間敞廳；不過，這些屋子當然有正有偏，有高有下，決不可能都居正中，都在同一層樓上。

---

① 《柯山集》卷十《贈李德載》第二首、《雞肋集》卷四《同蘇翰林先生追和陶淵明》第二十首。

② 《後山先生文集》卷十一《秦少游字序》，吴儆《竹洲文集》卷八《代陳無己述懷》。

③ 《徐節孝先生文集》卷一《李太白雜言》、卷十六《和蹇受之》第一首。

④ 陳師道《後山先生文集》卷二十三《詩話》、胡仔《苕溪漁隱叢話》前集卷四十二又卷五十一引《王直方詩話》，參看方回《瀛奎律髓》卷十二。

⑤ 元好問《中州集》卷九引王中立語、《遺山詩集》卷十一《論詩》第二十四首。

⑥ 《南宋羣賢小集》第十二册敖陶孫《臞翁詩集》卷首“詩評”。

⑦ 參看瞿佑《歸田詩話》卷上、郭麐《靈芬館詩話》卷一駁斥王中立和元好問。

泗州①東城晚望

渺渺孤城白水環，舳艫人語夕霏間。
林梢一抹青如畫，應是淮流轉處山。

春　日

一夕輕雷落萬絲②，霽光浮瓦碧參差③。
有情芍藥含春淚，無力薔薇臥曉枝④。

---

① 在淮河邊，所以當時又稱泗州臨淮郡。

② 指雨説。

③ 指緑琉璃瓦説；"浮"字描寫太陽照在光亮物體上面的反射，李商隱《戲贈張書記》詩所謂"池光不受月"的"不受"也許是"浮"字的好解釋。

④ 這兩句寫一宵雷雨之後花草的姿態，"春淚"指未乾的雨點。

秦　觀

秋　日[1]

霜落邗溝[2]積水清，寒星無數傍船明。
菰蒲深處疑無地，忽有人家笑語聲。

月團新碾瀹花瓷[3]，飲罷呼兒課《楚詞》。
風定小軒無落葉，青蟲相對吐秋絲。

---

① 第一首寫船上，第二首寫家裏。

② 江蘇揚州南北的漕河。

③ “月團”指茶餅，“花瓷”指茶碗。

金山晚眺

西津江口月初弦①，水氣昏昏上接天。
清渚白沙茫不辨，只應燈火是漁船。

還自廣陵

天寒水鳥自相依，十百爲羣戲落暉；
過盡行人都不起，忽聞冰響一齊飛。

---

① 金山是江南名勝，下臨長江，“西津”就是西面擺渡口，“初弦”指農曆每月初八日前後的月亮。

補註 吴宗海同志指出，“西津渡”在古鎮江城西門外，處金山東南。

張　耒

張耒（一〇五四——一一一四）字文潛，自號柯山，亳州人，有《柯山集》。在"蘇門"裏，他的作品最富於關懷人民的內容，風格也最不做作粧飾，很平易舒坦，南北宋的詩人都注意到他這一點："君詩容易不著意，忽似春風開百花"①；"晚愛肥仙詩自然，何曾繡繪更雕鐫"②，他受白居易和張籍的影響頗深；而讀他的七言律詩常會起一種感覺，彷彿没有嘗到陸游七律的味道，却已經老早聞着它的香氣，有一小部分摹仿杜甫的語氣雄闊的七律，又好像替明代的前後"七子"先透了個消息。可惜他作的詩雖不算很多，而詞意每每復出疊見，風格也寫意隨便得近乎不耐煩，流於草率。張籍的詩正如王安石《題張司業詩》所説："看似尋常最奇崛，成如容易却艱辛"，白居易的詩稿是張耒親眼看到的，上面也是翻來覆去的修改③。張耒似乎没有學他們這種榜樣，看來他往往寫了幾句好句以後，氣就洩了，草草完篇，連復看一遍也懶。朱熹説他"一筆寫去，重意重字皆不問"④，還没留心到他在律詩裏接連用同一個字押韻都不管賬⑤。

---

① 晁補之《雞肋集》卷十八《題文潛詩册後》。

② 楊萬里《誠齋集》卷四十《讀張文潛詩》。

③ 《苕溪漁隱叢話》前集卷八引張耒語；宋人看到白居易詩稿的都這樣説，例如王正德《餘師録》卷二引張舜民語，周必大《省齋文稿》卷十六《跋宋景文公〈唐史〉稿》。

④ 《語類》卷一百四十。

⑤ 例如《柯山集》卷十六《京師廢宅》、卷十七《自海至楚途次寄馬全玉》第六首。

張　耒

感　春

春郊草木明，秀色如可攬。
雨餘塵埃少，信馬不知遠。
黃亂高柳輕，綠鋪新麥短。
南山逼人來，漲洛清漫漫①。
人家寒食近，桃李暖將綻②。
年豐婦子樂，日出牛羊散。
携酒莫辭貧，東風花欲爛。

浮雲起南山，冉冉朝復雨。
蒼鳩鳴竹間，兩兩自相語。
老農城中歸，沽酒飲其婦。
共言今年麥，新綠已映土；
去年一尺雪，新澤至已屢；
豐年坐可待，春服行欲補。

---

① 指洛水。

② 天氣暖了，桃花李花的骨朵兒都要開了。

勞　歌

暑天三月元無雨，雲頭不合惟飛土。
深堂無人午睡餘，欲動身先汗如雨①。
忽憐長街負重民，筋骸長彀十石弩②；
半衲遮背是生涯，以力受金飽兒女。
人家牛馬繫高木，惟恐牛軀犯炎酷；
天工作民良久艱③，誰知不如牛馬福④！

---

① 也許可以附帶説，張耒是個大胖子，黄庭堅《戲和文潛謝穆父松扇》詩裏就取笑他“六月火雲蒸肉山”。

② 老是使勁用力，彷彿是要把十石硬弓拉滿的樣子。

③ 老天爺生下一個人來也很費時候，很不容易。“天工”就是“天公”，例如《有感》第三首：“人生多求復多怨，天工供爾良獨難!”“公”强調天的尊嚴，而“工”强調莊子所謂“天運”或“造化”，例如劉禹錫《問大鈞賦》：“有工其神”、“工賦其形”、“工居其中”等等，“大鈞”即天。

④ 辛苦出力而被作踐的人通常也稱“牛馬”，張耒涵意説比牛馬還不如。

張　耒

有　感

羣兒鞭笞學官府，翁憐癡兒傍笑侮。
翁出坐曹[1]鞭復呵，賢於羣兒能幾何？
兒曹相鞭以爲戲，翁怒鞭人血滿地。
等爲戲劇誰後先？我笑謂翁兒更賢[2]。

---

① 上衙門去坐大堂，審判案件。

② 這是諷刺官僚只知道裝模做樣，作威作福，把職務當兒戲，可是兒戲又不徹底：雖然辦事等於開頑笑，虐害人民倒是很嚴肅認真的。

海州[①]道中

孤舟夜行秋水廣，秋風滿帆不摇槳。
荒田寂寂無人聲，水邊跳魚翻水響。
河邊守罾[②]茅作屋，罾頭月明人夜宿。
船中客覺天未明，誰家鞭牛登隴聲。

秋野蒼蒼秋日黄，黄蒿滿田蒼耳長[③]。
草蟲咿咿鳴復咽，一秋雨多水滿轍。
渡頭鳴舂村徑斜，悠悠小蝶飛豆花。
逃屋無人草滿家，纍纍秋蔓懸寒瓜。

---

① 江蘇東海。

② 魚網。

③ 意思説田没人耕種，長滿野草，就是下面所謂“逃屋無人草滿家”。

張耒

和周廉彦[1]

天光不動晚雲垂，芳草初長襯馬蹄。
新月已生飛鳥外，落霞更在夕陽西[2]。
花開有客時携酒，門冷無車出畏泥。
修禊[3]洛濱期一醉，天津[4]春浪綠浮隄。

---

① 周鍔字廉彦，鄞縣人。

② 這一聯可以跟梅堯臣《中秋新霽，壕水初滿，自城東偶泛舟回》的"夕陽鳥外落，新月樹端生"比較。宋人説張耒摹仿唐人郎士元《送楊中丞和番》的"河陽飛鳥外，雪嶺大荒西"（《苕溪漁隱叢話》後集卷三十三引《復齋漫録》；這一條也見於吴曾《能改齋漫録》卷八），這話不甚確切。郎士元的一聯跟無可《送僧歸中條》的"卷經歸鳥外，轉雪過山椒"一樣，都是想像地方的遥遠，不是描寫眼前的景物；梅、張的寫法正像岑參《宿東谿王屋李隱者》："天壇飛鳥邊"，杜甫《船下夔州别王十二判官》："柔櫓輕鷗外"，姚鵠《送友人出塞》："入河殘日雕西盡"，以至文徵明《題子畏所畫黄茆小景》："遥天一綫鷗飛剩"等，把一件小

事物作爲一件大事物的坐標，一反通常以大者爲主而小者爲賓的說法。

③ 古代在清明前後到河邊去野祭和洗去“晦氣”，這種風俗叫“修禊”，後來變成春遊的藉口。

④ 橋名，在洛陽。

張　耒

夜　坐

庭户無人秋月明，夜霜欲落氣先清。
梧桐真不甘衰謝，數葉迎風尚有聲。

初見嵩山

年來鞍馬困塵埃，賴有青山豁我懷。
日暮北風吹雨去，數峯清瘦出雲來。

福昌[①]官舍

小園寒盡雪成泥，堂角方池水接溪。
夢覺隔窗殘月盡，五更春鳥滿山啼。

① 河南宜陽之西。

孔平仲

孔平仲（生年死年不詳）字毅父，新喻人，有《朝散集》。當時把他和他哥哥文仲、武仲跟蘇軾、蘇轍並稱，所謂“二蘇三孔”。他的詩比兩位哥哥的好，很近蘇軾的風格。郭祥正《青山集》續集裏的詩篇差不多全是孔平仲的作品，後人張冠李戴，錯編進去的，就像洪邁《野處類稿》裏的詩篇差不多全是朱熹父親朱松的作品一樣，這一點也許應該提起。

孔平仲

霽夜

寂歷簾櫳深夜明，摇迴清夢戍牆鈴[①]。
狂風送雨已何處？淡月籠雲猶未醒。
早有秋聲隨墮葉，獨將涼意伴流螢。
明朝準擬南軒望，洗出廬山萬丈青。

① 城牆上看守人摇的鈴；古代守夜不但“擊柝”，而且“鳴鐸”，《西遊記》第五十二回所説：“又有些該班坐夜的，滌滌托托，梆鈴齊響。”

禾　熟[①]

百里西風禾黍香，鳴泉落竇[②]穀登場。
老牛粗了耕耘債，齧草坡頭臥夕陽。

---

① 清初畫家惲格《甌香館集》卷十《村樂圖》跟這首只有三個字不同——“鳴泉落竇”作“寒溝水落”；大約是惲格借這首詩來題畫，後人因此誤編入他的詩集裏。

② 因爲是秋季，水退了些。

張舜民

張舜民（生年死年不詳）字芸叟，自號浮休居士，又號矴齋，邠州人，有《畫墁集》。他是陳師道的姊夫，和蘇軾友好，作詩師法白居易①。

① 《瀛奎律髓》卷二十七張舜民《次韻賦楊花》詩的批語；這首詩亦見祝穆《事文類聚》後集卷二十三，是《畫墁集》和《補遺》裏漏收的。

打　麥

打麥打麥，彭彭魄魄，
聲在山南應山北。
四①月太陽出東北，
纔離海嶠麥尚青，轉到天心麥已熟。
鶡旦②催人夜不眠，竹雞叫雨雲如墨。
大婦腰鐮出，小婦具筐逐。
上壠先捋青，下壠已成束。
田家以苦乃爲樂，敢憚頭枯面焦黑。
貴人薦廟已嘗新，酒醴雍容會所親；
曲終厭飫勞③童僕，豈信田家未入脣。
盡將精好輸公賦，次把升斗求市人。
麥秋正急又秧禾，豐歲自少凶歲多，
田家辛苦可奈何！
將此打麥詞，兼作④插禾歌。

① “四”字《皇朝文鑒》卷十三作“五”。

② 據説是一種“夜鳴求旦”的動物。

③ “曲”指宴會時的歌舞，“勞”是慰勞、賞給的意思。

④ 一當兩用。

村　居[①]

水遶陂田竹遶籬，榆錢落盡槿花稀。
夕陽牛背無人臥，帶得寒鴉兩兩歸[②]。

---

① 《畫墁集》和《補遺》裏没有收這首，張邦基《墨莊漫録》卷六引作舒亶的詩；現在根據胡仔《苕溪漁隱叢話》後集卷三十引《復齋漫録》（這一條也被明人誤輯入吴曾《能改齋漫録》卷八），歸入張舜民名下。

② 同時有幾個詩人都寫這種景象，例如蘇邁的斷句説："葉隨流水歸何處？牛帶寒鴉過别村。"（《津逮秘書》本《東坡題跋》卷三《書邁詩》）賀鑄的《快哉亭朝暮寓目》詩説："水牯負鴝鵒。"（《慶湖遺老集》卷五）

賀　鑄

賀鑄（一〇六三 — 一一二〇）字方回，自號慶湖遺老，衛州人，有《慶湖遺老集》。在當時不屬“蘇門”而也不入江西派的詩人裏，他跟唐庚算得藝術造詣最高的兩位。他是個詞家，有一部分受唐人李商隱、温庭筠等影響的詩常教人想起晏殊的詩來，跟他自己的詞境也相近；但是他另有些詩絶然不是這種細膩柔軟的風調，用了許多“之”“乎”“者”“也”之類的語助詞，又像“打油”體，又像理學家邵雍的《擊壤集》體。他最好的作品都是開朗乾淨，没有“頭巾氣”，也没有“脂粉氣”的。

清燕堂

雀聲嘖嘖燕飛飛，在得①殘紅一兩枝。
睡思乍來還乍去，日長披卷下簾時。

野　步

津頭微徑望城斜，水落孤邨格②嫩沙。
黄草菴中疎雨濕，白頭翁嫗坐看③瓜。

---

① 剩下來。

② 阻隔。

③ 看守。

賀　鑄

題諸葛𢏙田家壁 地名諸葛亮𢏙，在烏江北八十里，與江南石頭城相望。①

晚度孔間𢏙，林間訪老農。
行衝落葉逕，坐聽隔江鐘②。
後舍燈猶織，前溪水自舂③。
無多遊宦興，卜隱幸相容。

---

① “𢏙”音“洪”，烏江在安徽和縣東北，石頭城就是南京。

② 《慶湖遺老集》卷三《宿寶泉山慧日寺》詩也說：“風從何許來，歷歷江南鐘。”

③ 指水碓，參看岑參《題山寺僧房》：“山碓水能舂”，白居易《尋郭道士不遇》：“雲碓無人水自舂。”

宿芥塘佛祠 壁間得魏湘、畢平仲、張士宗回所留字，皆吾故人也。

青青穬[①]麥欲抽芒，浩蕩東風晚更狂。
微逕斷橋尋古寺，短籬高樹隔橫塘。
開門未掃楊花雨，待晚[②]先燒柏子香。
底許暫忘行役倦，故人題字滿長廊。

---

① 大麥，“穬”音“礦”。

② 一作“曉”，恐怕是後人看見這首詩用了兩個“晚”字亂改的。這首詩都是寫當日的情事，層次分明：隔堤看見寺院，覓路到門口，一進去只見滿地楊花，天還没黑，佛像前早已點起夜香。假使改爲“曉”字，不但突兀不連貫，而且剛休息了一宵，就説“底許暫忘行役倦”，也説不過去。“楊花雨”襯出第二句“東風狂”來。結尾兩句的情景可參觀周邦彦《浣溪沙》：“下馬先尋題壁字。”

唐庚

唐庚（一〇七一—一一二一）字子西，丹稜人，有《眉山唐先生文集》。他和蘇軾算得小同鄉，也貶斥在惠州多年，身世有點相像，而且很佩服蘇軾。可是他們兩人講起創作經驗來，一個是歡天喜地，一個是愁眉苦臉。蘇軾説："某生平無快意事，惟作文章，意之所到，則筆力曲折無不盡意，自謂世間樂事，無踰此者"；[①]唐庚的話恰好相反："詩最難事也！吾……作詩甚苦，悲吟累日，然後成篇……明日取讀，瑕疵百出，輒復悲吟累日，返復改正……復數日取出讀之，病復出，凡如此數四。"[②]唐庚還有句名言："詩律傷嚴似寡恩"[③]，若用朱熹的生動的話來引申，就是："看文字如酷吏治獄，直是推勘到底，决不恕他，用法深刻，都没人情。"[④]因此，他在當時可能是最簡練、最緊湊的詩人，雖然也搬弄故典，還不算厲害，只是練字練句常有弄巧成拙的地方。

---

① 何薳《春渚紀聞》卷六。

② 《眉山唐先生文集》卷二十八《自説》。

③ 見《文集》卷三《遣興》詩，强幼安《唐子西文録》裏有説明。

④ 《語類》卷十、又卷一百一、卷一百四。

訊囚①

參軍②坐廳事，據案嚼齒牙。
引囚到庭下，囚口爭喧譁。
參軍氣益振，聲厲語更切：
“自古官中財，一一民膏血。
爲吏掌管鑰，反竊以自私；
人不汝誰何，如摘頷下髭③。
事老惡自張，證佐日月明。
推窮見毛脈，那可口舌爭？”④
有囚奮然出，請與參軍辨：
“參軍心如眼，有睫不自見⑤。
參軍在場屋⑥，薄薄有聲稱。
只今作參軍，幾時得騫騰⑦？
無功食國禄，去竊能幾何？
上官乃容隱⑧，曾不加譴訶。
囚今信有罪，參軍宜揣分；
等是爲貧計，何苦獨相困！”
參軍噤無語，反顧吏卒羞；
包裹琴與書，明日吾歸休⑨。

① 這是寫大小官吏都是盜賊；小吏因貪污受處分，可是審問他的上官其實也是彼此彼此。

② “參軍”在這裏指排場十足的官員，並不一定説知府的屬官。唐宋戲劇裏有個腳色叫“參軍”，就是搬演官員的；唐庚寫的情景正是洪邁《容齋隨筆》卷十四所説：“優伶之爲參軍，方其據几正坐，噫嗚訶箠，羣優拱而聽命。”

③ 人家對你無可奈何；你是看守人做賊，一點也不費事。韓愈《寄崔立之》詩説：“若摘頷底髭”，是爽快容易的意思。

④ 犯了罪久而久之終會破案的，證據已經明明白白；把你的隱情細節都查出來了，還想狡辯麼？

⑤ 這個巧妙的形象出於《韓非子·喻老》篇和《史記·越王勾踐世家》，指欠缺自知之明。杜牧《登池州九峯樓寄張祜》詩也用過：“睫在眼前長不見，道非身外更何求？”

⑥ 還是個書生、還没有做官的時候。

⑦ 從上下文看，這兩句的意思不是：“現在只做到參軍之位，還不知道什麽時候升官”，而是：“現在已做了參軍，是什麽時候升到這個官位的？”

⑧ 容忍、包庇。

⑨ 在那種社會裏，一般有良心的官到“攛紗帽”就算反抗的極點了，像前面所選梅堯臣的《田家語》或者米芾《寶晉英光集》卷三的《催租》詩都是例子。參看唐人元結《賊退示官吏》：“誰能絶人命，以作時世賢？思欲委符節，引竿自刺船。”

春日郊外

城中未省[①]有春光，城外榆槐已半黄。
山好更宜餘積雪，水生看欲倒垂楊[②]。
鶯邊日暖如人語[③]，草際風來作藥香。
疑此江頭有佳句，爲君尋取却茫茫[④]。

---

① 還没知道。

② 江水愈漲愈滿，漸漸映出楊柳的影子，彷彿把樹倒栽着。參看《永樂大典》卷九百九“詩”字引《風騷閒客詩録》自述十二歲作《池影》詩：“一段好雲翻着底，萬條垂柳倒成行”；陳與義《簡齋詩集》卷二十四《暝色》：“水光忽倒樹，山色欲傍人。”就是《墨子·經下》所謂：“臨鑒而立，景倒。”

③ “鶯邊日”字法參看張耒《和周廉彦》第三句的“鳥外月”，句法倒裝，等於“日邊鶯暖語如人”。

④ 眼前景物都是詩意，心裏忽有觸悟，但是又寫不出來。參看蘇軾《和陶〈田園雜興〉》：“春江有佳句，我醉墮渺茫”；陳與義《對酒》：“新詩滿眼不能裁”；又《春日》：“忽有好詩生眼底，安排句法已難尋”；又《題酒務壁》：“佳句忽墮前，追摹已難真。”

唐庚

栖禪[①]暮歸書所見

雨在[②]時時黑，春歸[③]處處青。
山深失小寺，湖盡得孤亭。

春着湖煙膩，晴摇野水光。
草青仍過雨，山紫更斜陽。

---

① 山名，在惠州。

② 雨雖然過了一陣，還没有下完。唐庚《眉山唐先生文集》卷二《登栖禪山》也説："海雨山煙撥不開。"

③ 春去春來都可以説"春歸"，這裏是指春天來了。

春　歸

東風定何物？所至輙蒼然。
小市花間合，孤城柳外圓。
禽聲犯寒食，江色帶新年①。
無計驅愁得，還推到酒邊②。

---

① 這一聯説鳥聲水色都含春意；“犯”字是逼近的意思。

② 六朝時庾信有一篇《愁賦》（見葉廷珪《海録碎事》卷九下，倪璠註《庾開府全集》和嚴可均輯《全後周文》都没有收），裏面説：“閉户欲推愁，愁終不肯去；深藏欲避愁，愁已知人處。”這篇賦似乎從漢代《焦氏易林》所謂“憂來搔（亦作摇）足”、“憂來叩門”等等（卷四“謙之大畜”、卷七“大過之遯”、卷十二“萃之睽”、卷十五“兑之解”）奇語推演出來，在宋代很流行。唐庚以外，像王安石、黄庭堅、黄叔達、沈與求、陳師道、晁説之、陳與義、賀鑄、韓駒、曾幾、朱翌、薛季宣、姜夔等等都用到它或引申它（《王荆文公詩箋註》卷四《自遣》，《山谷内集註》卷十二《次巫山宋楙宗遣人送折花廚醖》、卷二十《和范信中〈寓居崇

寧遇雨〉》第一首，又《外集註》卷三《和答李子真讀陶庾詩》，《龜谿集》卷二《夜坐》，《後山詩註》卷五《古墨行》，《嵩山文集》卷七《邨館寒夜當句對》，《簡齋詩集箋註》卷十六《道中書事》，《慶湖遺老集》卷六《冠氏縣齋書事》，《陵陽先生詩》卷三《和李上舍〈冬日書事〉》，《茶山集》卷一《王巖起樂齋》，《灊山集》卷二《遣興》，《浪語集》卷十一《春愁詩》，《白石道人歌曲》卷三《齊天樂詠蟋蟀》)。周邦彦《宴清都》、向子諲《生查子》、方千里《掃花遊》、劉鎮《水龍吟》、李彭老《踏莎行》、周密《長亭怨慢》、劉辰翁《蘭陵王》等詞裏都把《愁賦》跟江淹《恨賦》或《別賦》並提；陳人傑《沁園春》又把它和張衡《四愁詩》並提。辛棄疾《稼軒詞》丁集《鷓鴣天》："欲上高樓本避愁，愁還隨我上高樓"，正用庾信語意。宋以後的作者就很少知道那篇賦了。

醉　眠

山靜似太古，日長如小年。
餘花猶可醉①，好鳥不妨眠。
世味門常掩，時光簟已便②。
夢中頻得句，拈筆又忘筌③。

---

① 還有些殘花，可以喝酒來欣賞。

② “便”是合宜、當景的意思。那時候唐庚得罪貶斥在廣東，怕惹出是非，跟人很少往來，所以有“世味”這一句。參看《眉山唐先生文集》卷二《白鷺》：“説與門前白鷺羣，也宜從此斷知聞；諸君有意除鈎黨，甲乙推求恐到君！”

③ 提起筆來寫又忘掉怎樣説了。“筌”借作“詮”。

黄庭堅

黄庭堅（一〇四五 — 一一〇五）字魯直，自號山谷老人，又號涪翁，分寧人，有《山谷内集》、《外集》、《别集》。他是“江西詩社宗派”的開創人，生前跟蘇軾齊名，死後給他的徒子法孫推崇爲杜甫的繼承者。自唐以來，欽佩杜甫的人很多，而大吹大擂地向他學習的恐怕以黄庭堅爲最早。他對杜詩的哪一點最醉心呢？他説：“老杜作詩，退之作文，無一字無來處；蓋後人讀書少，故謂韓杜自作此語耳。古之能爲文章者，真能陶冶萬物，雖取古人之陳言入於翰墨，如靈丹一粒，點鐵成金也。”① 在他的許多關於詩文的議論裏，這一段話最起影響，最足以解釋他自己的風格，也算得江西詩派的綱領。他有些論詩的話，玄虚神秘，據説連江西派裏的人都莫名其妙的。②

杜詩是否處處有來歷，没有半個字杜撰，且撇開不談。至少黄庭堅是那樣看它，要學它那樣的。元稹賞識杜詩的白描直説，不用古典成語：“憐渠直道當時語，不著心源傍古人”③；劉禹錫講“業詩即須有據”，舉了一句杜詩爲例，只限於“爲詩用僻字須有來處”④，在涵意上還比黄庭堅的話狹得多。“無一字無來處”就是鍾嶸《詩品》所謂“句無虚語，語無虚字”。鍾嶸早就反對的這種“貴用事”、“殆同書抄”的形式主義，到了宋代，在王安石的詩裏又透露跡象，在“點瓦爲金”的蘇軾的詩裏愈加發達，而在“點鐵成金”的黄庭堅的詩裏登峯造極。“讀書多”的人或者看得出他句句都是把“古人陳言”點鐵成金，明白他講些什麽；“讀書少”的人只覺得碰頭絆脚無非古典成語，彷彿眼睛裏擱了金沙鐵屑，張都張不開，别想看東西了。當然，以前像李商隱和師法他的西崑體作者都愛把古典成語鑲嵌繡織到詩裏去的，不過他們跟黄庭堅有極大的不同。李商隱的最起影響的詩和西崑體主要都寫華麗的事物和綺艷的情景，所採用的字眼和詞藻也偏在這一方面。黄庭堅歌詠的内容，比起這種詩的内容來，要繁富得多，詞句的性質也就複雜得多，來源也就廣博冷僻得多。在李商隱、尤其在西崑體的詩裏，意思往往似有若無，欲吐又吞，不可捉摸⑤；他們用的典故詞藻也常常只爲了製造些氣氛，牽引些情調，彷彿餐廳裏吃飯時的音樂，所以會給人一種“華而不實”、“文浮於意”的印象。黄庭堅有着着實實的意思，也喜歡説教發議論；不管意思如何平凡、議論怎樣迂腐，只要讀者瞭解他用的那些古典成語，就會確切知道他的心思，所以他的詩給人的印象是生硬晦澀，語言不够透明，彷彿冬天的玻璃窗蒙上一層水汽、凍成一片冰花。黄庭堅曾經把道聽塗説的藝術批評比於“隔簾聽琵琶”⑥，這句話正可以形容他自己的詩。讀者知道他詩裏確有意思，可是給他的語言像簾子般的障隔住了，弄得咫尺千里，聞聲不見面。正像《文心雕龍·隱秀》篇所説：“晦塞爲深，雖奥非隱”；這種“耐人思索”是費解，不是含蓄。

南宋初年，任淵註解了《山谷内集》；南宋中葉，史容註了《外集》，史季温註了《别集》，都趕不上任淵的精博。此外，陳逢寅也作了《山谷詩註》⑦，任驥和鄧公立又分别註了《外集》⑧，可惜這三家的註本没有流傳。看來“讀書多”的人對黄庭堅的詩都疑神疑鬼，只提防極平常的字句裏有什麽埋伏着的古典，草木皆兵，你張我望。例如任淵滿以爲把《和答錢穆父詠猩猩毛筆》的出典註明白了，可是楊萬里又搜查出來兩句暗藏的“古人陳言”⑨。甚至黄庭堅明明是默寫白居易的詩，記錯了些字句⑩，他的崇拜者也以爲他把白鐵點成黄金，“可爲作詩之法”，替他加上了一個“謫居黔南”的題目，編入他的詩集裏⑪。

---

① 《豫章黄先生文集》卷十九《答洪駒父書》。參看《山谷老人刀筆》卷三《答曹荀龍》論讀書時該留心“佳句善字”備自己創作之用；吕本中《紫微詩話》：“范元實既從山谷學詩，要字字有來歷”；惠洪《冷齋夜話》卷一記黄庭堅講“換骨”和“奪胎”。當時反對黄庭堅的人像魏泰在《臨漢隱居詩話》裏也看準這一點是他的特色：“好用南朝人語，專求古人未使之事、又一二奇字，綴葺而成詩。”

② 李彌遜《筠谿集》卷二十一《跋趙見獨詩後》，楊萬里《誠齋集》卷三十二《戲用禪觀答曾無逸問山谷語》。

③ 《酬孝甫見贈》第二首。

④ 韋絢《劉賓客嘉話録》。

⑤ 參看元好問《論詩》：“詩家總愛西崑好，只恨無人作鄭箋”；王士禎《戲效元遺山〈論詩〉絶句》：“一篇‘錦瑟’解人難”；毛奇齡《西河合集·詩話》卷七記張杉論李商隱詩：“半明半暗，近通近塞，迷悶不得決。”

⑥ 《豫章黄先生文集》卷二十八《跋翟公巽所藏石刻》。李商隱《楚宫》第二首：“月姊曾逢下彩蟾，傾城消息隔重簾；已聞佩響知腰細，更辨絃聲覺指纖。”——也許可以解釋黄庭堅這個比喻。

⑦ 《宋史》卷二百八《藝文志》七。

⑧ 魏了翁《鶴山大全集》卷五十五《註黄詩〈外集〉序》，洪咨夔《平齋文集》卷十《豫章〈外集〉詩註序》。

⑨ 《内集》註卷三，《誠齋集》卷一百十四《詩話》。

⑩ 王暐《道山清話》記范寥述黄庭堅語。

⑪ 《内集》註卷十。

病起荆江亭即事[1]

翰墨場中老伏波，菩提坊裏病維摩[2]。
近人積水無鷗鷺，時有歸牛浮鼻過[3]。

閉門覓句陳無己，對客揮毫秦少游；
正字不知温飽未？西風吹淚古藤州[4]！

---

① 這是宋徽宗趙佶建中靖國元年（公元一一〇一年）黄庭堅貶斥在湖北江陵時所作。

② 漢代伏波將軍馬援到六十二歲還能够上戰場；佛經裏説如來佛在菩提道場得道，又講起維摩詰害病。黄庭堅參禪信佛，做過戒絶女色和葷酒的《發願文》（《豫章黄先生文集》卷二十一，參看宋濂《宋文憲公全集》卷四十六《題黄山谷手帖》），作詩時年紀五十六歲，生了個疽剛好。這兩句説自己是位文壇老將，也像個寺院裏的病和尚。

③ 這兩句説住處很逼仄，没有風景。唐人陳詠詩句："隔岸水牛浮鼻渡"（孫光憲《北夢瑣言》卷七），黄庭堅來了個"點鐵成金"，他在《跨牛菴銘》（《豫章黄先生文集》卷十三）裏又説：

“浮鼻渡河。”

④ 這一首採用杜甫“存殁口號”的作法，一首詩裏兩句講一個死去的朋友，兩句講一個生存的朋友。那時陳師道正做“正字”這個小官，秦觀已在廣西藤州身故。陳師道家裏很窮困，做詩的時候怕聲音擾亂，把孩子和貓狗都攆出門，所以黄庭堅説他“閉門覓句”，又説“不知温飽未”。秦觀的詩文很細緻講究，也許筆下不會很快，所以朱熹覺得黄庭堅的話需要引申：“少游詩甚巧，亦謂之‘對客揮毫’者，想他合下得句便巧。”（《朱子語類》卷一百四十）

雨中登岳陽樓望君山[①]

投荒萬死鬢毛斑，生入瞿塘灔澦關[②]。
未到江南先一笑，岳陽樓上對君山。

滿川風雨獨憑欄，綰結湘娥十二鬟。
可惜不當湖水面，銀山堆裏看青山[③]。

---

① 這是宋徽宗崇寧元年（公元一一〇二年）春天的詩。黄庭堅被赦，可以回到江西故鄉，從江陵動身，這時候正經過湖南岳陽。岳陽樓是唐以來的名勝。君山一稱洞庭山，在岳陽西南洞庭湖裏。

② 瞿塘峽和灔澦堆都在四川，是航行的危險地帶，古人詩裏常常歌詠的。黄庭堅本來貶斥到四川黔州，後來遷移到四川戎州，留在四川近六年。這句和下一句都是寫心裏的欣幸；張舜民貶斥出去，也路過岳陽樓，做了一首《賣花聲》詞，裏面説："醉袖撫危欄，天淡雲閒，何人此路得生還？回首夕陽紅盡處，應是長安！"（《畫墁集》卷四）跟黄庭堅這首詩恰是個鮮明的對照。

③《楚辭》裹所謂湘夫人的神靈相傳住在君山，山的形狀像十二個髮髻。“銀山”指波浪。這兩句申説“望”字，表示只在高處遠眺山姿，未能在湖面兼看山姿水態。

新喻道中寄元明[1]

中年畏病不舉酒，孤負東來數百觴。
喚客煎茶山店遠，看人穫稻午風涼。
但知家里俱無恙，不用書來細作行。
一百八盤携手上，至今猶夢遶羊腸[2]。

---

① 新喻在江西；黄大臨字元明，是黄庭堅的哥哥。

② 黄庭堅貶斥到黔州去的時候，大臨一直送到地頭，路上經過一百八盤和四十八渡等險境（《内集》註卷十二《竹枝詞》）。這首是黄庭堅的比較樸質輕快的詩，後來曾幾等就每每學黄庭堅這一體。

陳師道

陳師道（一〇五三 — 一一〇二）字無己，又字履常，自號後山居士，彭城人，有《後山集》。黄庭堅是江西人；北宋後期，吕本中把受他影響的詩家羅列一起，稱爲“江西詩社宗派”。在這些人裏，陳師道的年輩最長，聲望也最高，所以任淵就把《後山集》和《山谷集》一起註了。

陳師道摹仿杜甫句法的痕跡比黄庭堅來得顯著。他想做到“每下一俗間言語”也“無字無來處”①，可是本錢似乎没有黄庭堅那樣雄厚，學問没有他那樣雜博，常常見得竭蹶寒窘。他曾經説自己做詩好像“拆東補西裳作帶”，又説：“拆補新詩擬獻酬”②，這也許是老實的招供。因此，儘管他瞧不起那些把杜甫詩“一句之内至竊取數字”的作者，他的作品就很犯這種嫌疑③。他的情感和心思都比黄庭堅深刻，可惜表達得很勉强，往往格格不吐，可能也是他那種減省字句以求“語簡而益工”的理論害了他④。假如讀《山谷集》好像聽異鄉人講他們的方言，聽他們講得滔滔滚滚，只是不大懂，那末讀《後山集》就彷彿聽口吃的人或病得一絲兩氣的人説話，瞧着他滿肚子的話説不暢快，替他乾着急。只要陳師道不是一味把成語古句東拆西補或者過分把字句簡縮的時候，他可以寫出極樸摯的詩。

① 陳長方《步里客談》卷下。

② 《後山詩註》卷三《次韻〈西湖徙魚〉》、卷八《隱者郊居》。

③ 張表臣《珊瑚鈎詩話》卷二“陳無己先生語余”條，葛立方《韻語陽秋》卷二“客爲余言後山詩”條。

④ 《後山先生文集》卷二十三《詩話》論杜甫“秋月解傷神”、“千崖秋氣高”兩條，《後山詩註》卷一《妾薄命》的註解。

别三子[①]

夫婦死同穴[②]，父子貧賤離。
天下寧有此？昔聞今見之！
母前三子後，熟視不得追。
嗟乎胡不仁，使我至於斯！
有女初束髮，已知生離悲；
枕我不肯起，畏我從此辭[③]。
大兒學語言，拜揖未勝衣；
喚“爺我欲去！”此語那可思！
小兒襁褓間，抱負有母慈；
汝哭猶在耳，我懷人得知[④]！

---

① 陳師道很窮，養不活家，所以他丈人郭槩到四川去做官，就把女兒和外孫全帶走了，撇下女婿一個人。

② 《詩經》裏《王風》的《大車》篇説夫婦“死則同穴”。陳師道的意思説，自己一對夫婦活生生地拆開，只有等死後埋在一起了。

③ 怕從今以後見不到我的面。

④ 等於“不得知”或“那得知”。

陳師道

示三子

去遠即相忘，歸近不可忍①。
兒女已在眼，眉目略不省②。
喜極不得語，淚盡方一哂。
了知不是夢，忽忽心未穩。

---

① 知道子女就要回家了，快活得按捺不住。

② 子女長大得見面不相識。

田　家

雞鳴人當行，犬鳴人當歸。
秋來公事急，出處不待時①。
昨夜三尺雨，竈下已生泥。
人言田家樂，爾苦人得知！

絶　句

書當快意讀易盡，客有可人期不來；
世事相違每如此，好懷百歲幾回開②！

① 不等雄雞報曉，農人早已出門；天黑以後，狗都看門叫吠，農人還没回家。

② 陳師道《寄黄元》也説："俗子推不去，可人費招呼；世事每如此，我生亦何娱！"

陳師道

春懷示鄰里[①]

斷牆着雨蝸成字[②]，老屋無僧燕作家。
剩欲出門追語笑，却嫌歸鬢着塵沙。
風翻蛛網開三面，雷動蜂窠趁兩衙[③]。
屢失南鄰春事約，只今容有未開花。

---

① 這是陳師道的名作，也誤收入清末翁同龢《瓶廬詩稿》的“補輯”裏。第一聯形容自己寓處的破爛；第二聯説外面土大，所以懶得出去跟街坊應酬；第三聯寫春氣和暖中的物態；第七八句説也許鄰家園裏的花還有没開過的，涵意是看見春色那樣暄妍，也静極思動，想出門看花了。

② 古人常把蝸牛行動時留下的痕跡比爲篆書，所以蝸牛有“篆愁君”的稱號。（陶穀《清異録》卷三）

③ “衙”是排列成行，據説蜂衙有早晚兩次；“網開三面”是借用商湯的故事，只等於説風吹得蜘蛛結不成網。

徐　俯

徐俯（一〇七五——一一四一）字師川，自號東湖居士，分寧人，有《東湖居士詩集》，據説共"三大卷"，上卷是古體，中卷是五言近體，下卷是七言近體①，現在已經失傳了。清代厲鶚的《宋詩紀事》卷三十三和陸心源的《宋詩紀事補遺》卷四十八都搜輯了他的詩篇和斷句，當然還可以從宋人的筆記、詩話、類書、選集、集句詩裏添補好些。徐俯是黄庭堅的外甥，列入江西派。吕本中的"江西詩社宗派圖"惹起許多是非，當時有些列入江西派的人親自抗議，後世也有人認爲某某不應當收在裏面，而某某該補進去。列入江西派的二十多位詩人裏，有一大半留下足夠數量的作品，讓我們辨别得出他們的風格。根據這些作品而論，他們受黄庭堅的影響是無可諱言的，只是有暫有久，有深有淺，淺的像比較有才情的韓駒，深的像平庸拘謹的李彭。黄庭堅的聲勢很浩大，有許多給他熏陶感染的詩人都没有搜羅在江西派裏，這也是無可諱言的，例如跟李彭差不多的吴則禮、張擴之類。至於那些人列在江西派裏而否認受過黄庭堅的影響，也許有兩種原因。第一是政治嫌疑。宋徽宗趙佶即位以後，蔡京專政，把反對過王安石"新法"的人開了一張名單，通令全國把這些"姦黨"的姓名刻石立碑。蘇軾、孔平仲、張舜民、張耒、秦觀、黄庭堅都名掛黑榜，蘇黄的詩文書畫一律是違禁品，必須銷毀。因此摹仿蘇黄詩體或字體的人往往遮遮掩掩，要到宋高宗趙構的時候，纔敢露出真相②。第二是好勝的心理。孫行者怕闖了禍牽累到先生，"只説是自家會的"本領；有些人成名之後，也不肯供出老師來，總要説自己獨創一派，好教别人來拜他爲開山祖師。徐俯晚年説不知道舅舅的詩好在哪裏，而且極口否認受過舅舅的啓發："涪翁之妙天下，君其問諸水濱；斯道之大域中，我獨知之濠上。"③不過他舅舅文集裏分明有指示他作詩的書信④；在他自己的作品裏也找得着他承襲黄庭堅的詩句的證據；在他年輕的時候，同派的李彭稱讚他是外甥不出舅家⑤，他好像並没有抗議。他雖然回復上門請教的人説自己看不出黄庭堅詩歌的好處，但是喜歡黄詩黄字的宋高宗分付他題跋黄庭堅的墨迹，他就會説"黄庭堅文章妙天下"，承皇帝陛下賞識，"備於乙覽"，真是雖死猶榮⑥！他這種看人打發、相機行事的批評是《儒林外史》的資料，不能算文學史的根據。只是他晚年的確想擺脱江西派的風格，不堆砌雕琢，而求"平易自然"⑦，看來流爲另一個偏向，變成草率油滑。

元代以後，《東湖居士詩集》失傳，徐俯也就冷落無聞。但是在南宋的作品裏，我們往往碰見從他那裏脱胎的詩句；例如他的名句："一百五日寒食雨，二十四番花信風"⑧，不但陸游、樓鑰、敖陶孫、錢厚等人都摹仿過⑨，而且流傳入金，給當時與南宋成爲敵國的詩人侵佔去了⑩。

① 《瀛奎律髓》卷二十一。

② 參看周必大《省齋文稿》卷十七《跋初寮先生帖》、《平園續稿》卷十三《初寮先生前後集序》，楊萬里《誠齋集》卷九十九《跋尚帳幹所藏王初寮帖》，曾敏行《獨醒雜志》卷十，方回《瀛奎律髓》卷二十四、卷二十七。

③ 周輝《清波雜志》卷五。參看《永樂大典》卷三千一百四十三“陳”字引《陳了翁年譜》宣和三年下記徐俯自説對“舅氏……不免有所非議”。

④ 《豫章黄先生文集》卷十九。

⑤ 《日涉園集》卷三《題洪駒父、徐師川詩後》；又《錦繡萬花谷》前集卷二十六“哀輓”門引李彭《讀山谷文》，那是《日涉園集》和《補遺》裏都漏收的。參看周紫芝《太倉稊米集》卷十《小蔡許借徐詩未至》。

⑥ 《豫章先生遺文》卷九《書嵇叔夜詩與姪榎》後附載徐俯“昧死謹書”；參看王明清《揮麈後録》卷二載宋高宗手札命令朝臣打聽徐俯在哪裏，因爲“比觀黄庭堅集，稱道其甥徐俯”。

⑦ 《獨醒雜志》卷十。

⑧ 胡仔《苕溪漁隱叢話》後集卷十七、祝穆《事文類聚》前集卷八、又陳元靚《歲時廣記》卷一引。

⑨ 《劍南詩稿》卷五十三《春日絶句》，《攻媿集》卷九《山行》，《江湖後集》卷十九《清明日湖上晚步》，《〈宋詩紀事〉補遺》卷六十《寄鍾子充》。

⑩ 元好問《中州集》卷二載張公藥詩。

徐俯

春遊湖[①]

雙飛燕子幾時回？夾岸桃花蘸水開。
春雨斷橋人不度[②]，小舟撐出柳陰來。

① 詩見《後村千家詩》卷十五，似乎一時傳誦，所以趙鼎臣《竹隱畸士集》卷七《和默菴喜雨述懷》說："解道春江斷橋句，舊時聞說徐師川。"

② "度"原作"渡"，疑心是印錯的。這兩句說，雨後水漲，把橋淹没了，行人走不過去，只能坐船擺渡。"度"就是宋之問《靈隱寺》詩所謂"看余度石橋"的"度"。南宋詞家張炎有首描寫春水的《南浦》詞，號稱"古今絶唱"（鄧牧《伯牙琴·張叔夏詞集序》），裏面的名句："荒橋斷浦，柳陰撐出扁舟小"，就是從徐俯這首詩蜕化的。

洪　炎

洪炎（生年死年不詳）字玉父，南昌人，有《西渡集》。他也是黄庭堅的外甥，列入江西派。他存詩不多，看來雖然没有擺脱《山谷集》的圈套，還不至於像鸚哥學舌，頗能够説自己的話而口齒清楚。

洪　炎

山中聞杜鵑[1]

山中二月聞杜鵑，百草爭芳已消歇[2]。
緑陰初不待薰風[3]，啼鳥區區自流血。
北窗移燈欲三更，南山高林時一聲[4]。
言“歸”汝亦無歸處，何用多言傷我情[5]！

---

① 這是金兵侵宋，洪炎逃難時所作。

② 《離騷》説：“恐鶗鴂之先鳴兮，使夫百草爲之不芳。”鶗鴂就是杜鵑，相傳這種鳥到農曆三月開始啼叫，日夜不停，直到嘴裏流血纔不作聲；又相傳古代四川一個君王，流亡在外，變成杜鵑，叫的是“不如歸去”，所以這種鳥一名“催歸”。洪炎從這些故事成語生發，意思説，没到暮春初夏，百花已過，緑葉成陰，杜鵑早叫起來了。

③ 温和的風，借指早夏。

④ 這兩句説杜鵑日夜不停地叫。

⑤ 唐無名氏詩：“早是有家歸未得，杜鵑休向耳邊啼”（《全唐詩》第十一函第八册無名氏卷一《雜詩》第十三首）；《雲仙雜

記》卷五記石誼聞杜鵑歎曰："此物催人使歸，使我何所歸耶?"洪炎的寫法又進了一層。參看楊萬里《誠齋集》卷十三《出永豐縣西石橋上聞子規》："自出錦江歸未得，至今猶勸別人歸!"

洪　炎

四月二十三日晚同太沖表之公實野步

四山矗矗野田田，近是人煙遠是邨。
鳥外疎鐘靈隱寺，花邊流水武陵源①。
有逢即畫元非筆，所見皆詩本不言②。
看插秧栽欲忘返，杖藜徙倚至黄昏。

---

① 武陵源見王安石《即事》註①；靈隱寺是杭州的名勝。

② 意思説，到處都是畫境和詩意，天然現成，不需要而且也許不能够用筆墨和語言來描寫形容。上句就是黄庭堅的《王厚頌》第二首所謂“天開圖畫即江山”，《題胡逸老〈致虚菴〉》所謂“山隨燕坐畫圖出”，都是他的得意之句；下句參看唐庚《春日郊外》註④。整個一聯參看陸游《舟中作》：“村村皆畫本，處處有詩材。”

江端友

江端友（生年死年不詳）字子我，陳留人。他也列入江西派，詩集已經失傳。在宋人筆記、詩話、選集等保存的江端友的作品裏，以兩首刻劃官場醜態的詩爲最重要，一首就是下面選的，語言還算利落，所諷刺的事情也好像前人詩裏没寫過。另有一首《玉延行》，比較沉悶，所以没有選。

江端友

牛酥行[①]

有客有客官長安[②]，牛酥百斤親自煎。
倍道奔馳少師府，望塵且欲迎歸軒[③]。
守閽[④]呼語“不必出，已有人居第一先[⑤]；
其多乃復倍於此，台顏顧視初怡然[⑥]。
昨朝所獻雖第二，桶以純漆麗且堅。
今君來遲數又少，青紙題封難勝前[⑦]。”
持歸空慙遼東豕[⑧]，努力明年趁頭市[⑨]。

---

① 見吴曾《能改齋漫録》卷十一。那時候宋徽宗寵幸的太監梁師成權勢大得跟宰相差不多，號稱“隱相”，大小官吏都向他送禮獻媚，有個姓鄧的正做洛陽留守，演了這首詩裏寫的一場醜戲。《玉延行》也見《能改齋漫録》卷十一，從開頭“觀文學士留都守，中常侍門如役走”這兩句看來，也是寫這個姓鄧的向梁師成送禮。這兩首詩可以和宗臣《宗子相集》卷七《報劉一丈》、李伯元《官場現形記》三編卷二十五“買古董借徑謁權門”合看，分别揭露了宋、明、清三代權貴納賄的醜態和不同方式。

② 長安是漢唐的“西京”，洛陽是北宋的“西京”，所以借長

安來指洛陽。

③ 梁師成不在家，送禮的在門口恭候他回來，準備迎上去當面陳述主人的孝敬之心。

④ 看門的。

⑤ 等於“搶先第一”。

⑥ “台”等於“大人”。“初怡然”的涵意是，梁師成本來對第一筆禮很喜歡，可是收到了第二筆禮，就覺得第一筆禮平常了。

⑦ 你送的禮只用青紙包紮，遠比不上漆桶裝的。

⑧ 後漢朱浮《與彭寵書》說，遼東有個人，家裏的母豬養了一頭“白頭豕”，稀罕得了不得，要拿去進貢，一到河東，看見全是“白頭豕”，就掃興而回。

⑨ 等於說“趕早集”，搶先第一個到市場去。

韓　駒

韓駒（？— 一一三五）字子蒼，四川仙井監人，有《陵陽先生詩》。他早年學蘇軾，蒙蘇轍賞識説："恍然重見儲光羲"①，就此得名，然後由徐俯介紹，認識黄庭堅，受了些影響，列入江西派；晚年對蘇黄都不滿意，認爲"學古人尚恐不至，況學今人哉!"②所以有人説他"非坡非谷自一家"③。至於蘇轍那句品評，我們實在不懂；看來蘇轍動不動把人比儲光羲④，也許這是一頂照例的高帽子，並非量了韓駒的腦瓜的尺寸定做的。

韓駒十分講究"字字有來歷"，據説他的草稿上都詳細註明字句的出處⑤。所以他跟其他江西派作家一樣，都注重怎樣把故典成語點化運用，只是他比較高明，知道每首詩的意思應當通體貫串，每句詩的語氣應當承上啓下，故典可用則用，不應當把意思去遷就故典⑥。他的作品也就不很給人以堆砌的印象。他的同派彷彿只把磚頭石塊横七豎八地疊成一堵牆，他不但疊得整整齊齊，還抹上一層灰泥，看來光潔、順溜、打成一片，不像他們那樣的雜凑。

---

① 《欒城後集》卷四《題韓駒秀才詩卷》。

② 蘇籀《欒城遺言》，曾季貍《艇齋詩話》，周輝《清波雜志》卷八，惠洪

《石門文字禪》卷二十七《跋韓子蒼帖後》，周必大《省齋文稿》卷十九《題山谷與韓子蒼帖》、《平園續稿》卷十二《蘇文定公遺言後序》，魏慶之《詩人玉屑》卷五引《陵陽室中語》論“有客多讀東坡詩”。

③ 王十朋《梅溪先生文集》後集卷二《陳郎中贈韓子蒼集》。

④ 朱弁《風月堂詩話》卷下記蘇轍稱讚參寥的詩“酷似儲光羲”，參寥回答說：“某平生未聞光羲名，況其詩乎?”

⑤ 陸游《渭南文集》卷二十七《跋陵陽先生詩草》；參看《詩人玉屑》卷六引《陵陽室中語》記韓駒講自己的詩句“船擁青溪尚一樽”。

⑥ 《詩人玉屑》卷五、卷六、卷七引《陵陽室中語》。

韓　駒

夜泊寧陵①

汴水日馳三百里，扁舟東下更開帆。
旦辭杞國②風微北，夜泊寧陵月正南。
老樹挾霜鳴窣窣，寒花垂露落毶毶。
茫然不悟身何處，水色天光共蔚藍。

① 在河南。

② 河南杞縣。

吕本中

吕本中（一〇八四— 一一四五）字居仁，壽州人，有《東萊先生詩集》。他是《江西詩社宗派圖》的作者，雖然没把自己算在裏面，後世少不了補他進去[①]。不過他後來不但懊悔做了這個《宗派圖》，而且認爲黄庭堅也有“短處”，所以他説專學杜甫和黄庭堅是不够的，應該師法李白和蘇軾，尤其是蘇軾；他《題東坡詩》甚至説：“命代風騷第一功，斯文倒底爲誰雄。太山北斗攀韓愈，琨玉秋霜敵孔融。”[②]他的詩始終没擺脱黄庭堅和陳師道的影響，卻還清醒輕鬆，不像一般江西派的艱澀。

---

① 劉克莊《後村大全集》卷九十五《江西詩派小序》。

② 《東萊先生詩外集》卷三。參觀曾季貍《艇齋詩話》記吕本中“喜令人讀東坡詩”，陳鵠《耆舊續聞》卷二載吕本中給他表弟的信，胡仔《苕溪漁隱叢話》前集卷四十九和何谿汶《竹莊詩話》卷一載吕本中給曾幾的信。

吕本中

春日即事

病起多情白日遲①，强來庭下探花期②。
雪消池館初春後，人倚闌干欲暮時③。
亂蝶狂蜂俱有意，兔葵燕麥自無知④。
池邊垂柳腰支活，折盡長條爲寄誰？

---

① “多情”指“白日”，意思説“春日遲遲”，留戀不忍西落。

補註 參觀蘇軾《蝶戀花·暮春》：“白日多情還照坐”。也有從反面來説這個意思的，像王安石《漁家傲》：“燈火已收正月半，西看窗日猶嫌短”；清人黄任《秋江集》卷二《春日雜思》之一：“夕陽大是無情物，又送牆東一日春”，也許是最傳誦的反面落筆。

② 看看花開得怎樣。

③ 張九成《横浦日新》極讚歎這一聯：“可入畫；人之情意，物之容態，二句盡之。”

④ 這一聯很像李商隱《二月二日》：“花鬚柳眼各無賴，紫蝶

黄蜂俱有情”；參看杜甫《風雨看舟前落花》：“蜜蜂胡蝶生情性”，又《白絲行》：“落絮游絲亦有情”。劉禹錫《再遊玄都觀》詩的“引”裏説：“蕩然無復一樹，唯兔葵燕麥動摇於春風耳”；“自無知”是説“兔葵燕麥”没有花那樣的秀氣“解語”。

呂本中

兵亂後雜詩[①]

晚逢戎馬際，處處聚兵時。
後死翻爲累，偷生未有期。
積憂全少睡，經劫抱長饑[②]。
欲逐[③]范仔輩，同盟起義師[❶]。

萬事多翻覆，蕭蘭不辨真[④]。
汝爲誤國賊，我作破家人！
求飽羹無糝，澆愁爵有塵。
往來梁上燕，相顧却情親。

蝸舍嗟蕪没，孤城亂定初。
籬根留敝屨，屋角得殘書。
雲路慚高鳥，淵潛羨巨魚[⑤]。
客來缺佳致[⑥]，親爲摘山蔬。

❶ 近聞河北布衣范仔起義師。

① 詩見慶元五年黄汝嘉刻本《東萊先生詩外集》卷三。《外

集》流傳極少，通常只在方回《瀛奎律髓》卷三十二裏見到原作二十九首中的五首。宋欽宗趙桓靖康元年（公元一一二六年）冬天金人打破北宋的國都汴梁，二年春天把徽宗欽宗父子兩位皇帝都擄去。這些詩大約是靖康二年四月裏金兵退盡後，吕本中回到汴梁時所作。方回選了五首，還舉出些沉痛的斷句，像“報國寧無策，全軀各有詞”這一聯，把“曲綫救國”者的醜態寫得惟妙惟肖。這些詩的風格顯然學杜甫，“報國”這一聯也就從杜甫《有感》第五首的“領郡輒無色，之官皆有詞”脱胎，真可算“點鐵成金”了!

② 據徐夢莘《三朝北盟會編》裏“靖康中帙”卷七十一和卷七十四所引當時目擊身經者的記載，汴梁破城以後，糧食缺乏，餓死的人不少，金兵退了，二麥已熟，也没人去割。

③ 追隨。

④ 《離騷》説：“扈服艾以盈要兮，謂幽蘭其不可佩……何昔日之芳草兮，今直爲此蕭艾也!”從此以後，中國詩文裏常把蘭、蕙來象徵好人，蕭、艾來象徵壞人——尤其是混在好人隊裏的壞人。

⑤ 看着天空海闊，鳥可以飛，魚可以游，只有自己無路可走。句式就像《詩經・四月》：“匪鶉匪鳶，翰飛戾天，匪鱣匪鮪，潛逃於淵”，又《旱麓》：“鳶飛戾天，魚躍於淵”；陶潛《始作鎮軍參軍經曲阿作》：“望雲慚高鳥，臨水愧游魚”；杜甫《中宵》：“擇木知幽鳥，潛波想巨魚。”參看段成式《酉陽雜俎》卷十二載僧玄覽題竹：“大海從魚躍，長空任鳥飛”，《全唐诗》未收。

⑥ 拿不出好吃的東西來。

柳州開元寺夏雨[1]

風雨瀟瀟似晚秋，鴉歸門掩伴僧幽。
雲深不見千巖秀，水漲初聞萬壑流[2]。
鐘喚夢回空悵望，人傳書至竟沈浮[3]。
面如田字非吾相，莫羨班超封列侯[4]。

連州陽山歸路[5]

稍離煙瘴近湘潭，疾病衰頹已不堪。
兒女不知來避地，强言風物勝江南[6]。

① 見《東萊外集》卷一。這是他離開了北方，避亂在廣西時所作。

② 《外集》誤“流”字作“留”字，句遂無意義。《瀛奎律髓》卷十七選此時，作“流”字，批語云：“刊本誤，余爲改定。”

補註 這一聯運用《世説·言語》記顧愷之讚會稽“山川之

美”：“千巖競秀，萬壑爭流。”方回“刊定”，碻有根據。

③ 這一聯極真切細膩地寫出來流亡者想念家鄉和盼望信息的情境。“竟沈浮”等於説不料捎信的人會把信遺失了。

④ 班超是漢代的名將，《後漢書》卷七十七説他“燕頷虎頸……此萬里侯相也”；六朝有個名將叫李安民，《南齊書》卷二十七説他“面方如田，封侯狀也”。吕本中把這兩椿故事合在一起，説自己不是飛黄騰達的材料。

⑤ 這也是流亡時期從廣東到湖南去所作。

⑥ 參看同時人陳與義《簡齋集》卷二十一《細雨》：“避寇煩三老，那知是勝遊！”

宗　澤

宗澤（一〇五九 — 一一二八）字汝霖，義烏人，有《宗忠簡公集》。他是個抵抗金人侵略的民族英雄，宋代把他跟岳飛並稱①。他的詩平平實實，並不在文字上用工夫。

① 例如陸游《劍南詩稿》卷二十五《夜讀范致能〈攬轡録〉》、卷二十七《書憤》，參看吴芾《湖山集》卷四《哭元帥宗公澤》。

早　發

繖幄[①]垂垂馬踏沙，水長山遠路多花。
眼中形勢胸中策[②]，緩步徐行靜不譁。

① 從晉代起，官員出門，儀仗隊裏都有傘。

② 策略、戰略。

汪　藻

汪藻（一〇七九 — 一一五四）字彦章，德興人，有《浮溪集》。他早年蒙江西派的徐俯、洪炎等人賞識①，據説還向徐俯請教過“作詩法門”②，他中年以後寫信給韓駒説願意拜他爲老師③。可是從他的作品看來，主要是受蘇軾的影響。北宋末南宋初的詩壇差不多是黄庭堅的世界，蘇軾的兒子蘇過以外，像孫覿、葉夢得等不捲入江西派的風氣裏而傾向於蘇軾的名家，寥寥可數，汪藻是其中最出色的。

① 孫覿《鴻慶居士集》卷三十四《汪君墓誌銘》。
② 曾敏行《獨醒雜志》卷四。
③ 見吴曾《能改齋漫録》卷十四。

春　日[1]

一春略無十日晴，處處浮雲將雨行。
野田春水碧於鏡，人影渡傍鷗不驚。
桃花嫣然出籬笑，似開未開最有情。
茅茨煙暝客衣濕，破夢午雞啼一聲。

① 這是一首傳誦的詩（張世南《遊宦紀聞》卷三），當時就有人把第一句作爲詩題（楊冠卿《客亭類稿》卷十一）。

汪　藻

己酉亂後寄常州使君姪①

草草官軍渡，悠悠虜騎旋②。
方嘗勾踐膽，已補女媧天③。
諸將爭陰拱，蒼生忍倒懸④。
乾坤滿羣盜，何日是歸年⑤！

---

① “己酉”是宋高宗趙構建炎三年（公元一一二九年）。那年金兵過長江，十一月佔領建康，十二月攻常州，給岳飛打退。這首詩也學杜甫體，比前面所選呂本中的三首，風格來得完整。

② 宋兵忙忙亂亂向江南退却，而金兵打過了江，還不知道何年何月肯退回北方。武英殿叢書本《浮溪集》中“虜”字作“敵”字，康熙時吴之振重刊《瀛奎律髓》卷三十二選此詩，“騎”字上是墨釘，故推斷原爲“虜”字。

補注　戴鴻森同志指出，“悠悠虜騎旋”當解爲金人從容不迫地退兵，與“草草”反襯，且切“亂後”。

③ 越王勾踐臥薪嘗膽，立志報仇，終能滅掉吴國；女媧氏看見天缺東南，煉石補天。這一聯説，抗敵雪恥的信心和行動已經

挽回國家滅亡的命運，在東南又建立了政府；涵意是只要堅決努力下去，恢復失地並不難。

④ 可是大將都冷眼旁觀，按兵不動，淪陷地區的人民只能忍受着不可忍耐的痛苦。“陰拱”是用《漢書》卷三十三《英布列傳》裏的話，“倒懸”是用《孟子·公孫丑》裏的話。

⑤ 李白《奔亡道中》第一首：“萬重關塞斷，何日是歸年!”杜甫《絶句二首》第二首：“今春看又過，何日是歸年!”這句呼應第二句：敵人的撤退既然“悠悠”無日，流亡者的回鄉也就遥遥無期。

汪藻

即事

燕子將雛語夏深，綠槐庭院不多陰。
西窗一雨無人見，展盡芭蕉數尺心①。

雙鷺能忙翻白雪，平疇許遠漲清波②。
鈎簾百頃風煙上，臥看青雲載雨過。

---

① 等於“一雨，西窗芭蕉展盡數尺心，無人見”。這種形式上是一句而按文法和意義説來，難加標點符號的例子，舊詩裏常見。像唐人王翰《涼州詞》的“蒲桃美酒夜光杯，欲飲琵琶馬上催”，按理應當是：“蒲桃美酒夜光杯欲飲，琵琶馬上催”；又像宋人樓鑰《小溪道中》的“簇簇蒼山隱夕暉，遥看野雁著行歸；久之不動方知是，一搭碎雲寒不飛”（《攻媿集》卷九），按理應當是：“久之不動，方知是一搭碎雲寒不飛。”詞曲裏這種例子更是平常。

② “能”和“許”都是“那麼”、“這樣”的意思。

王庭珪

王庭珪（一〇八〇 — 一一七二）字民瞻，安福人，有《瀘溪集》。北宋末、南宋初的詩人裏，有些是瞧不起江西派而對黄庭堅卻另眼看待的，例如葉夢得和王庭珪①；他們的態度恰好像元好問的《論詩》絶句所説："論詩寧下涪翁拜，未作江西社裏人。"王庭珪的詩明白曉暢，可是好些地方摹仿黄庭堅的格調，承襲他的詞句，運用經他運用而流行的成語故典。

① 陶宗儀《説郛》卷二十載吴萃《視聽鈔》，《瀘溪集》卷一《贈别黄超然》、卷十六《跋劉伯山詩》。

王庭珪

和周秀實[①]田家行

旱田氣逢六月尾，天公爲叱羣龍起；
連宵作雨知豐年，老妻飽飯兒童喜。
向來辛苦躬鋤荒，剜肌不補眼下瘡[②]；
先輸官倉足兵食，餘粟尚可瓶中藏[③]。
邊頭將軍耀威武，捷書夜報擒龍虎[❶]；
便令壯士挽天河，不使腥羶汙后土[⑤]。
咸池洗日當青天，漢家自有中興年[⑥]；
大臣鼻息如雷吼，玉帳無憂方熟眠[⑦]！

❶ 近報殺退龍虎大王。④

---

① 周芑字秀實，詞家周邦彦的姪兒。

② 用聶夷中《傷田家》裏的名句："醫得眼前瘡，剜却心頭肉。"

③ 這是形容田家存糧的少。陶潛《歸去來詞》序說："瓶無儲粟"；蘇軾讀了感慨說："使瓶有儲粟，亦甚微矣！此翁平生只於瓶中見粟也耶?"（《津逮秘書》本《東坡題跋》卷一《書淵明〈歸去來兮序〉》）王庭珪暗用這個意思。但是古代所謂"瓶"和後世的"甕"

差不多，揚雄《酒箴》所謂“觀瓶之居，居井之湄”的“瓶”就是“抱甕灌園”的“甕”；陶潛那句話等於古樂府《東門行》的“盎中無斗儲”，並非指現在所謂花瓶、酒瓶那類小東西。

④ 龍虎大王是金兀朮手下的大將；這大約指宋高宗紹興十年初秋岳飛大破金兵的事。也就在這一年，秦檜賣國求和，疊二連三地下了十二道金牌勒令岳飛退兵。

⑤ 杜甫慶祝“破敵收京”的《洗兵馬》詩說：“安得壯士挽天河，淨洗甲兵長不用!”是希望從此不再打仗。王庭珪借用他的句子而一反他的用意，希望破敵的英雄乘勝直追，把外國人掃蕩出去，恢復一片乾淨土。

⑥ 相傳咸池是日浴處。意思說北宋滅亡後又有南宋，也像西漢滅亡後又有東漢，好比太陽到池子裏洗了個澡又高高昇在天上。

⑦ 這兩句是諷刺朝廷上的執政；王庭珪因反對秦檜賣國苟安，已在紹興八年冬天貶斥到湖南瀘溪。

王庭珪

移居東村作

避地東村深幾許？青山窟裏起炊煙。
敢嫌茅屋絶低小，淨掃土牀堪醉眠。
鳥不住啼天更靜，花多晚發地應偏❶①。
遥看翠竹娟娟好，猶隔西泉數畝田。

❶ 山中有西泉寺故基。

① 上句可以參看六朝時王籍《入若邪溪》的“蟬噪林逾靜，鳥鳴山更幽”；下句説邊遠地方的氣候不正。

二月二日出郊

日頭欲出未出時，霧失江城雨脚微。
天忽作晴山捲幔，雲猶含態石披衣[①]。
煙村南北黄鸝語，麥隴高低紫燕飛。
誰似田家知此樂，呼兒吹笛跨牛歸？

---

① 清初潘耒的名句“過雲山似褰帷出”（《遂初堂詩集》卷十《江行雜詠》）跟這一聯的上句相彷彿；這一聯的下句可以參看包賀的《霧爲山巾子》（《北夢瑣言》卷七、《全唐詩》第十二函第八册“諧謔”類三），和蘇軾《新城道中》詩的“嶺上晴雲披絮帽”。（蘇轍《欒城集》卷十三《初到績溪》第一首，就仿哥哥的句子：“雨餘嶺上雲披絮。”）

曾幾

曾幾（一〇八四—一一六六）字吉甫，自號茶山居士，贛州人，有《茶山集》。他極口推重黄庭堅，自己説把《山谷集》讀得爛熟[①]，又曾經向韓駒和吕本中請教過詩法，所以後人也想把他附屬在江西派裏[②]。他的風格比吕本中的還要輕快，尤其是一部分近體詩，活潑不費力，已經做了楊萬里的先聲。

---

① 《茶山集》卷五《寓居有招客者戲成》。

② 劉克莊《後村大全集》卷九十七《茶山誠齋詩選序》，方回《瀛奎律髓》卷十六陳與義《道中寒食》詩批語；參看楊萬里《誠齋集》卷二十三《題徐衡仲〈西窗詩編〉》。

蘇秀[1]道中自七月二十五日夜大雨三日秋苗以蘇喜而有作

一夕驕陽轉作霖，夢回涼冷潤衣襟。
不愁屋漏牀牀濕，且喜溪流岸岸深[2]。
千里稻花應秀色，五更桐葉最佳音[3]。
無田似我猶欣舞，何況田間望歲心！

三衢[4]道中

梅子黄時日日晴，小溪泛盡却山行。
緑陰不減來時路，添得黄鸝四五聲。

---

① 蘇州和嘉興。

② 這一聯用杜甫《茅屋爲秋風所破歌》的“牀牀屋漏無乾處”和《春日江村》第一首的“春流岸岸深”。

③ 上句與唐殷堯藩《喜雨》詩裏一句全同。在古代詩歌裏，

曾　幾

秋夜聽雨打梧桐照例是個教人失眠添悶的境界，像唐人劉媛的《長門怨》説："雨滴梧桐秋夜長，愁心和雨斷昭陽；淚痕不學君恩斷，拭却千行更萬行。"又如温庭筠的《更漏子》詞説："梧桐樹，三更雨，不道離情正苦；一葉葉，一聲聲，空堦滴到明。"元人白仁甫的《梧桐雨》第四折後半折，尤其把這種情景描寫個暢。曾幾這裏來了個舊調翻新：聽見梧桐上的瀟瀟冷雨，就想像莊稼的欣欣生意；假使他睡不着，那也是"喜而不寐"，就像他的《夏夜聞雨》詩所説："凉風急雨夜蕭蕭，便恐江南草木彫；自爲豐年喜無寐，不關窗外有芭蕉。"

④　浙江衢州。

李　綱

李綱（一〇八五 — 一一四〇）字伯紀，邵武人，有《梁溪集》。這位政治家主張抵抗金人、規劃革新内政，跟宗澤一樣的不得志，終算没有像岳飛那樣慘死。他詩篇很多，頗爲冗長拖沓，也搬弄些詞藻，偶然有真率感人的作品。

李　綱

病　牛[①]

耕犁千畝實千箱，力盡筋疲誰復傷？
但得衆生皆得飽，不辭羸病臥殘陽。

① 紹興二年（公元一一三二年）所作，那時候李綱貶斥在武昌。這首詩見《梁溪全集》卷二十，在卷十九裏有一首《建炎行》寫他做了七十七天宰相被人排擠的事。看來這頭“病牛”正象徵他自己，跟前面所選孔平仲的《禾熟》詩裏那頭“老牛”貌同心異。

李彌遜

李彌遜（一〇八五 — 一一五三）字似之，吴縣人，有《筠谿集》。他和李綱是好朋友，政治主張相同，詩歌酬答也很多。他的詩不受蘇軾和黄庭堅的影響，命意造句都新鮮輕巧，在當時可算獨來獨往。

李彌遜

雲門[1]道中晚步

層林疊巘暗東西，山轉崗[2]回路更迷。
望與遊雲奔落日，步隨流水赴前溪[3]。
樵歸野燒孤煙盡，牛臥春犁小麥低。
獨繞輞川[4]圖畫裏，醉扶白叟[5]杖青藜。

---

① 在浙江紹興。

② “崗”一作“江”。

③ 這一聯說目力所及比腳力所及來得闊遠。

④ 在陝西藍田，唐詩人王維的别墅所在；王維曾畫過一幅《輞川圖》。

⑤ “白叟”一作“黄髮”。“白叟”就是作者自己，申說上句所謂“獨繞”；意思說扶那喝醉了酒的老頭兒的是一根拐棍。

東崗晚步

飯飽東崗晚杖藜，石梁橫渡緑秧畦。
深行徑險從牛後，小立臺高出鳥棲。
問舍誰人村遠近，喚船别浦水東西。
自憐頭白江山裏，回首中原正鼓鼙①！

① 李彌遜因爲反對秦檜向金人求和，貶斥歸田，隱居在福建連江的西山。這一首是那時期的詩。

李彌遜

春日即事

小雨絲絲欲網春①，落花狼藉近黄昏。
車塵不到張羅地②，宿鳥聲中自掩門。

① 雨絲像網絲，彷佛撒下一個漫天大網，要把春色罩住。

② 門前冷落，没有車馬來。《史記》卷一百二十《汲黯、鄭當時列傳》説有位翟公，做官得意的時候，門上熱鬧得很，失勢以後，客人都不來了，“門外可設雀羅”。

陳與義

陳與義（一〇九〇 — 一一三八）字去非，自號簡齋，洛陽人，有《簡齋集》。在北宋南宋之交，也許要算他是最傑出的詩人。他雖然推重蘇軾和黄庭堅①，却更佩服陳師道②，把對這些近代人的揣摩作爲學杜甫的階梯；同時他跟江西派不很相同，因爲他聽説過“天下書雖不可不讀，然慎不可以有意於用事”③。我們看他前期的作品，古體詩主要受了黄、陳的影響，近體詩往往要從黄、陳的風格過渡到杜甫的風格。杜甫律詩的聲調音節是公推爲唐代律詩裏最弘亮而又沉着的，黄庭堅和陳師道費心用力地學杜甫，忽略了這一點。陳與義却注意到了，所以他的詩儘管意思不深，可是詞句明淨，而且音調響亮，比江西派的討人喜歡。靖康之難發生，宋代詩人遭遇到天崩地塌的大變動，在流離顛沛之中，纔深切體會出杜甫詩裏所寫安史之亂的境界，起了國破家亡、天涯淪落的同感，先前只以爲杜甫“風雅可師”，這時候更認識他是個患難中的知心伴侣。王銍《别孝先》就説：“平生嘗歎少陵詩，豈謂殘生盡見之”④；後來逃難到襄陽去的北方人題光孝寺壁也説：“踪跡大綱王粲傳，情懷小樣杜陵詩”⑤。都可以證明身經離亂的宋人對杜甫發生了一種心心相印的新關係。詩人要抒寫家國之痛，就常常自然而然效法杜甫這類蒼涼悲壯的作品，前面所選吕本中和汪藻的幾首五律就是例子，何況陳與義本來是個師法杜甫的人。他逃難的第一首詩《發商水道中》可以説是他後期詩歌的開宗明義："草草檀公策，茫茫杜老詩！"他的《正月十二日自房州城遇虜至》又説："但恨平生意，輕了少陵詩"，表示他經歷了兵荒馬亂纔明白以前對杜甫還領會不深。他的詩進了一步，有了雄闊慷慨的風格。在他以前，這種風格在李商隱學杜甫的時候偶然出現；在他以後，明代的"七子"像李夢陽等專學杜甫這種調門，而意思很空洞，詞句也雜湊，幾乎像有聲無字的吊嗓子，比不上陳與義的作品⑥。雖然如此，就因爲這點類似，那些推崇盛唐詩的明代批評家對"蘇門"和江西派不甚許可，而看陳與義倒還覺得順眼⑦。

陳與義在南宋詩名極高，當時有幾個學他的人，像他的表姪張嵲和朱熹的父親朱松。然而他的影響看來並不大，也没有人歸他在江西派裏，張嵲講他的詩學的時候，就半個字没提起黄庭堅⑧。南宋末期，嚴羽説陳與義"亦江西之派而小異"⑨，劉辰翁更把他和黄庭堅、陳師道講成一脈相承⑩；方回尤其彷彿高攀闊人作親戚似的，一口咬定他是江西派⑪，從此淆惑了後世文學史家的耳目。

《簡齋集》有胡穉的註本，在宋人註的宋詩裏恐怕是最簡陋的一種。

---

① 《簡齋外集》晦齋引。

② 方勺《泊宅編》卷九，徐度《郤掃編》卷中。

③ 《郤掃編》卷中。

④ 曹庭棟《宋百家詩存》卷九《雪溪集》。

⑤ 張端義《貴耳集》卷下。

⑥ 參看吴喬《圍爐詩話》卷一論“七子”的“瞎盛唐詩”“有詞無意”，而宋人“不勦説，故無此病”。

⑦ 例如宋濂《宋文憲公全集》卷三十七《答章秀才論詩書》，李開先《中麓閒居集》自序，胡應麟《少室山房類稿》卷一百十八《與顧叔時論宋元二代詩書》之二、《詩藪》外編卷五。

⑧ 《紫微集》卷四《贈陳符寶去非》、卷三十五《陳公資政墓誌銘》；參看劉克莊《後村大全集》卷一百七十六載張嵲《讀黄山谷集》，那是《紫微集》漏收的。

⑨ 《滄浪詩話·詩體》。

⑩ 《簡齋詩集序》。

⑪ 散見方回的著作裏，例如《桐江集》卷五《劉元暉詩評》，《瀛奎律髓》卷十六陳與義《道中寒食》詩批語等。

陳與義

襄邑[①]道中

飛花兩岸照船紅，百里榆堤半日風[②]。
臥看滿天雲不動，不知雲與我俱東。

① 在河南。

② 船趁着順風，半天就走了一百里；沿堤都是榆樹。

中牟[1]道中

雨意欲成還未成，歸雲却作伴人行。
依然壞郭中牟縣，千尺浮屠管送迎[2]。

楊柳招人不待媒，蜻蜓近馬忽相猜[3]。
如何得與涼風約，不共塵沙一併來！

---

① 在河南。

② 陳與義《至陳留》也説：“煙際亭亭塔，招人可得回?”“浮屠”就是寶塔。參看蘇軾的《南鄉子》詞：“誰似臨平山上塔，亭亭，迎客西來送客行?”

③ 風裏柳條向人飄裊，彷彿輕狂得很，没等人介紹就來討好的樣子；蜻蜓飛近，忽然似有猜疑，又飛遠去了。

清　明

卷地風拋市井聲，病夫危坐了清明。
一簾晚日看收盡，楊柳微風百媚生。

雨　晴

天缺西南江面清，纖雲不動小灘横①。
牆頭語鵲衣猶濕，樓外殘雷氣未平。
盡取微涼供穩睡②，急搜奇句報新晴③。
今宵絶勝無人共，臥看星河盡意明。

---

① 天空一小塊雲像江面一個小灘。陳與義在《晚步》詩裏也説：“停雲甚可愛，重疊如沙汀。”《山谷内集》卷六《詠雪和廣平公》：“連空春雪明如洗，忽憶江清水見沙”，任淵註：“沙以喻雪”；手法相同。

② 採用杜甫一個詩題裏的字面：“七月三日亭午已後較熱退，

晚加小涼，穩睡有詩。”

③“報”是答報、酬報、不辜負的意思，就是杜甫《江畔獨步尋花》所謂“報答春光知有處”的“報”；可以參看陳與義《清明》的“只將詩句答年華”，范成大《八月二十二日寓直玉堂雨後頓涼》的“題詩弄筆北窗下，將此工夫報答涼”。（《石湖詩集》卷十一）

登岳陽樓[1]

洞庭之東江水西，簾旌不動夕陽遲。
登臨吴蜀横分地[2]，徙倚湖山欲暮時。
萬里來遊還望遠，三年多難更憑危[3]。
白頭吊古風霜裏，老木蒼波無限悲！

---

① 見黄庭堅《雨中登岳陽樓望君山》註①。

② 三國時吴和蜀奪取荆州，吴將魯肅曾率兵萬人駐紮在岳陽。

③ 這是建炎二年（公元一一二八年）秋天的詩，陳與義從靖康元年（公元一一二六年）春天開始逃難，所以説“三年”。要是明代的“七子”作起來，準會學杜甫的《送鄭十八虔》、《登高》、《春日江村》第一首等詩，把“百年”來對“萬里”，正像他們自己一夥人所説：“‘百年’‘萬里’何其層見而疊出也！”（李夢陽《空同子集》卷六十二《再與何氏書》）

春　寒

二月巴陵[1]日日風，春寒未了怯園公❶。
海棠不惜胭脂色，獨立濛濛細雨中[2]。

❶ 借居小園，遂自號“園公”。

① 就是岳陽。

② 陳與義《陪粹翁舉酒君子亭下》說：“暮雨霏霏濕海棠”，不過像杜甫《曲江對雨》所謂“林花著雨胭脂濕”，比不上這首詩的意境。宋祁《錦纏道》詞的“海棠經雨胭脂透”和王雱《倦尋芳》詞的“海棠著雨胭脂透”，也只是就杜甫的成句加上鍊字的工夫，沒有陳與義這首詩的風致。

陳與義

雨中對酒庭下海棠經雨不謝

巴陵二月客添衣，草草杯觴恨醉遲。
燕子不禁連夜雨，海棠猶待老夫詩。
天翻地覆傷春色①，齒豁頭童祝聖時。
白竹籬前湖海闊，茫茫身世兩堪悲。

① 這裏的“傷春色”，跟下面選的《傷春》，都是杜甫《傷春》第一首所謂“天下兵雖滿，春光日自濃”或者《春望》所謂“國破山河在，城春草木深”的意思。

傷　春

廟堂無策可平戎，坐使甘泉照夕烽①。
初怪上都聞戰馬，豈知窮海看飛龍②！
孤臣霜髮三千丈，每歲煙花一萬重③。
稍喜長沙向延閣④，疲兵敢犯犬羊鋒。

---

① 邊疆上告急的烽火信號把皇帝的宫殿都照得紅了。《史記·匈奴列傳》："邊烽火通於甘泉"，漢帝行宫在陝西甘泉山。

② 這是建炎四年（公元一一三〇年）春天的詩；建炎三年冬天金兵過長江，打下南京，宋高宗航海逃亡。

③ 李白《秋浦歌》第十五首説："白髮三千丈，緣愁似個長"，杜甫《傷春》第一首説："關塞三千里，煙花一萬重"；陳與義把兩句古人名句合成一聯。

④ 向子諲字伯共，是李綱的政友，反對秦檜賣國求和。他這時候正做長沙太守，組織軍民去抵禦金兵。他原直秘閣，所以陳與義借用漢代史官的延閣，作爲他的頭銜。陳與義在岳陽時有《以玉剛卯爲向伯共生朝》、《再别伯共》等詩，都勉勵他學張巡，好好保衛國家。

陳與義

牡　丹

一自胡塵入漢關，十年伊洛①路漫漫。
青墩溪②畔龍鍾客，獨立東風看牡丹③。

---

① 河南的伊河洛水。這是紹興六年（公元一一三六年）所作；靖康二年（公元一一二六年）金人攻破汴京到此時整整十年。

② 在浙江桐鄉北。

③ 洛陽是北宋的西京，也是陳與義的故鄉，以牡丹花聞名，參看歐陽脩《戲答元珍》註④。陳與義這首詩的意思在南宋詩詞裏常常出現，例如陸游《劍南詩稿》卷八十二《賞山園牡丹有感》也是看見牡丹花而懷念起洛陽鄜畤等地方來，還說："周漢故都亦豈遠？安得尺箠驅羣胡!"劉克莊《後村大全集》卷一百八十七《六州歌頭》、《木蘭花慢》、《昭君怨》等詠牡丹詞用意略同。

早　行[1]

露侵駝褐曉寒輕，星斗闌干[2]分外明。
寂寞小橋和夢過，稻田深處草蟲鳴。

① 《南宋羣賢小集》第十册張良臣《雪牕小集》裏有首《曉行》詩，也選入《詩家鼎臠》卷上，跟這首詩大同小異："千山萬山星斗落，一聲兩聲鐘磬清。路入小橋和夢過，豆花深處草蟲鳴。"韋居安《梅磵詩話》卷上引了李元膺的一首詩，跟這首只差兩個字："露"作"霧"，"分"作"野"。

② 横斜貌。

朱　弁

朱弁（一〇八五 — 一一四四）字少章，自號觀如居士，婺源人。他在宋高宗建炎元年冬天出使金國，拒絶金人的威脅利誘，不肯屈服，因此拘留了整整十五年，在宋高宗紹興十三年秋天纔回到故國。他只有一部分拘留時期的詩歌收在元好問《中州集》卷十裏，程敏政《新安文獻志》甲集卷五十一上也收他的《别百一姪寄念二兄》五古一首，此外没傳下來多少。他的《風月堂詩話》對蘇軾、黄庭堅都很推重，却不贊成當時詩人那種“無字無來歷”的風氣，以爲這是誤解了杜甫。他的識見那樣高明，可惜作品裏依然喜歡搬弄典故成語，也許是他“酷嗜李義山”的流弊①，只有想念故國的詩往往婉轉纏綿，彷彿晚唐人的風格和情調。

① 見朱熹《朱子大全》卷九十八《奉使直秘閣朱公行狀》，朱熹是朱弁的姪孫。

送　春[1]

風煙節物眼中稀，三月人猶戀褚衣[2]。
結就客愁雲片段，喚回鄉夢雨霏微。
小桃山下花初見，弱柳沙頭絮未飛。
把酒送春無別語，羨君纔到便成歸！

---

① 農曆三月末就算春天完了，古人常有留春、送春的詩。朱弁這首詩説塞北差不多没有春天，氣候寒冷，没來得及容許花明柳媚；用意是把塞北春天的短促來襯出自己在塞北拘留的長久。

② 棉衣。

朱 弁

春 陰

關河迢遞繞黄沙，慘慘陰風塞柳斜。
花帶露寒無戲蝶，草連雲暗有藏鴉①。
詩窮莫寫愁如海，酒薄難將夢到家②。
絶域東風竟何事，祇應催我鬢邊華③！

---

① 意思説北方的春色寒窘得很，既没有“娟娟戲蝶”，也没“語燕啼鶯”。下一句的涵意也許相同於北宋江休復《雜志》所記的一聯詩：“三春花發惟樗樹，二月鶯啼是老鴉。”

② “窮”是“技窮”的意思；自己的詩没本領把浩蕩愁懷盡情抒寫出來。“將”是扶助、攜帶的意思，參看唐人李端《贈岐山姜明府》：“雁影將魂去，蟲聲與淚期。”這句分三層：要回故國除非在夢裏；可是又睡不着，要做夢除非喝醉了酒；可是酒力又不够，一場春夢還没到家早已醉退人醒了。唐人孟郊《秋夕貧居述懷》詩的“臥冷無遠夢”和《再下第》詩的“夢短不到家”，劉威《冬夜旅懷》詩的“酒無通夜力”，方干《思江南》詩的“夜來有夢登歸路，不到桐廬已及明！”宋人韓﨟《浪淘沙》詞的“相逢只

有夢魂間，可奈夢隨春漏短，不到江南!”似乎都不及朱弁這七個字的曲折淒摯。這些詩句也都算得岑參《春夢》的翻案：“枕上片時春夢中，行盡江南數千里。”

③“華”字雙關；東風是把花吹開的，可是塞北没有多少花朵，只把作者的頭髮吹得“花白”了。唐人李益《度破訥沙》的“莫言塞北無春到，總有春來何處知?”或者劉商《胡笳十八拍》裏第六拍的“怪得春光不來久，胡中風土無花柳!”似乎都不及朱弁的説法來得深婉。

曹勛

曹勛（一〇九八 — 一一七四）字公顯，陽翟人，有《松隱文集》。他的詩不算少，都是平庸淺率的東西，只除了幾首，就是他在紹興十一至十二年出使金國的詩。那時候的出使比不得北宋的出使了，從交聘的儀節就看得出來①。北宋對遼低頭，却還沒有屈膝，覺得自己力量小，就裝得氣量很大；從蘇洵的《送石昌言使北引》推測②，奉命到遼國去的人大多暗暗揑着一把汗，會賠小心而説大話就算是外交能手，所謂“‘説大人，則藐之’，况於夷狄?”蘇軾所記富弼對遼主打的官話和朱弁所記富弼回國後講的私話③是個鮮明的對照，也是這種外交的具體例證；他對遼主説，中國的“精兵以百萬計”，而心裏明白本國“將不知兵，兵不習戰”，只有“忍恥增幣”一個辦法。歐陽脩、韓琦、王安石、劉敞、蘇轍、彭汝礪等人都有出使的詩，蘇頌作得最多④；都不外乎想念家鄉，描摹北地的風物，或者嗤笑遼人的起居服食不文明，詩裏的政治内容比較貧薄。燕雲十六州割讓給契丹已經是北宋建國以前的舊事，蘇轍在燕山的詩也許可以代表北宋人一般的感想：“漢人何年被流徙，衣服漸變存語言……漢奚單弱契丹橫，目視漢使心淒然。石瑭竊位不傳子，遺患燕薊逾百年。仰頭呼天問何罪，自恨遠祖從祿山”。⑤換句話説，五代的那筆陳年宿賬北宋人當然引爲缺憾，不過並未覺得恥辱。有的人記載那裏的人民對兒子説："爾不得爲漢民，命也!"或者對逃回去的宋人説："爾歸矣！他年南朝官家來收幽州，愼無殺吾漢兒也!"⑥有的人想激發他們就地響應："念汝幽薊之奇士兮……忍遂反衽偷生爲？吾民就不願左袒，汝其共取燕支歸!"⑦假如那裏的人民向使者訴説過："我本漢人，陷於塗炭，朝廷不加拯救，無路自歸"⑧，這些話至少没有反映在詩歌裏。靖康之變以後，南宋跟金不像北宋跟遼那樣，不是"兄弟"，而是"父子"、"叔姪"——老實説，竟是主僕了；出使的人連把銀樣蠟槍頭對付鐵拳頭的那點兒外交手法都使不出來了。金人給整個宋朝的奇恥大辱以及給各個宋人的深創鉅痛，這些使者都記得牢牢切切，現在奉了君命，只好憋着一肚子氣去哀懇軟求。淮河以北的土地人民是剜肉似的忍痛割掉的，傷痕還没有收口，這些使者一路上分明認得是老家裏，現在自己倒變成外客，分明認得是一家人，眼睜睜看他們在異族手裏討生活。這種慚憤哀痛交攙在一起的情緒産生了一種新的詩境，而曹勛是第一個把它寫出來的人，比他出使早十年的洪皓的《鄱陽集》裏就還没有這一類的詩。

① 趙翼《廿二史劄記》卷二十五《宋、遼、金、夏交際儀》。

② 《嘉祐集》卷十四。

③ 《東坡集》卷三十七《富鄭公神道碑》，《曲洧舊聞》卷二，《朱子語類》卷一百三十。

④ 《蘇魏公集》卷十三《前後使遼詩》。

⑤ 《欒城集》卷十六《出山》。

⑥　江少虞《皇朝類苑》卷七十七載路振《乘軺録》，晁載之《續談助》卷三所載《乘軺録》把這些話都删掉。

⑦　張方平《樂全先生集》卷四《幽薊行》。

⑧　徐夢莘《三朝北盟會編·政宣上帙》載洪中孚奏疏。《竹莊詩話》卷十八引洪邁《夷堅庚志》記許彦國作《燕薊餘民思漢歌》，長近千言，可惜只引了結尾幾句，全詩失傳。

僕持節①朔庭，自燕山向北。部落以三分爲率，南人居其二；聞南使過，駢肩引頸，氣哽不得語，但泣數行下，或以慨歎，僕每爲揮涕憚見也。因作“出入塞”紀其事，用示有志節、憫國難者云。

入　塞

妾②在靖康初，胡塵蒙京師。
城陷撞軍入，掠去隨胡兒。
忽聞南使過，羞頂羖羊皮③；
立向最高處，圖見漢官儀。
數❶④日望回騎，薦⑤致臨風悲。

❶ 上聲。

---

① 上古出使的人都拿一根金屬或竹頭做的東西，末梢有羽毛等粧飾，叫做“節”。事實上，宋代的外交人員只有印章，没有“節”（朱熹《朱子大全》卷九十八《奉使直秘閣朱公行狀》）。曹勛這次的使命是去迎接宋高宗的母親韋太后回國，《松隱文集》卷一有《迎鑾七賦》詳細記載這件事。

② 據詩序看來，“妾”象徵一切俘虜去或者淪陷的人民，不分男女老幼。這一體的詩當然從漢武帝時嫁給烏孫王的劉細君的

思鄉作歌開始，可是劉細君没有成爲一個代表性的人物，倒是在她以後的王昭君和蔡文姬變了淪落異國的婦女的典型。晉唐以來的《昭君怨》、《明妃曲》、《胡笳十八拍》這類的詩大多免不了説王嫱、蔡琰的“玉顔”“紅頰”或者“盛年”“嬌小”，怎樣“昔爲匣中玉”，而現在跟“戎虜”在一起，過粗野的生活，“今爲糞上英”。曹勛没有用這種套語；落難的全是同胞，不必去强調家世、年齡和相貌。同時人曾季貍有一首《秦女行》（韋居安《梅磵詩話》卷上），寫秦觀的女兒給金兵擄去的事；劉子翬有一首《怨女行》（《屏山全集》卷十一），設想一個給金兵擄去的嬌貴女子感傷身世；這些不過像晁補之的《芳儀曲》寫南唐公主流落在遼國一樣（《雞肋集》卷十），都是描寫“宋板”的王嫱、蔡琰，跟曹勛的手法不同。

③ 金國“婦人以羔皮帽爲飾”（洪皓《松漠紀聞》卷下），所以曹勛説“頂”，並非泛泛地沿襲蔡琰《胡笳十八拍》第三拍所謂：“氈裘爲裳兮，骨肉震驚，羯羶爲味兮，枉遏我情”；或者劉商《胡笳十八拍》第五拍所謂：“羔子皮裘領仍左，狐襟貉袖腥復羶。”劉細君的歌裏早説：“穹廬爲室兮氈爲牆，以肉爲食兮酪爲漿。”這一類的話變成後來這一體裏的照例文章。曹勛没有用這些套語，他詩裏的人已經隨鄉入鄉，將就過胡人的生活了，可是一聽見漢人來到，不禁“羞”慚起來——這是很入情入理的描寫。

④ 計算。

⑤ 重復、再來一下。

出塞

聞道南使歸，路從城中去。
豈如車上缾[1]，猶掛歸去路！
引首恐過盡，馬疾忽無處。
吞聲送百感，南望淚如雨。

① 車上掛瓶，内盛油膏，供滑潤車軸之用。參看《詩經·泉水》："載脂載舝"，又《何人斯》："遑脂爾車"；《史記·田敬仲完世家》："狶膏棘軸，所以爲滑也。"

曹　勛

望太行

落月如老婦，蒼蒼無顏色。
稍覺林影疎，已見東方白。
一生困塵土，半世走阡陌；
臨老復兹遊①，喜見太行碧。

---

① 曹勛在北宋長大，而且宋徽宗欽宗給金人俘虜，他也跟去，後來又逃到江南；所以北方是他舊遊之地。

董　穎

董穎（生年死年不詳）字仲達，德興人。根據洪邁《夷堅乙志》卷十六的記載，他是個窮愁潦倒的詩人，跟韓駒、徐俯、汪藻等人往來，有《霜傑集》。這部詩集看來在當時頗爲傳誦①，後來全部遺失，下面選的一首是保存在南宋人陳起所編《前賢小集拾遺》卷四裏的。也許可以順便提起，在中國戲曲發展史上，董穎還值得注意，因爲他留下來十首敍述西施事跡的《道宫薄媚》詞②，銜接連貫，成爲一套，是詞正在蜕變爲曲的極少數例子之一。

---

①　章甫《自鳴集》卷二《簡李牧之》、朱熹《大全集》卷十《題霜傑集》。集名大約出於陶潛《和郭主簿》第二首："卓爲霜下傑。"

②　曾慥《樂府雅詞》卷上。

董　穎

江　上

萬頃滄江萬頃秋，鏡天飛雪一雙鷗。

摩挲數尺沙邊柳，待汝成陰繫釣舟①。

---

① 對草、木、蟲、魚以及没有生命的東西像山、酒等等這樣親切生動的稱呼，是杜甫詩裏的習慣，孫奕《履齋示兒編》卷十所謂“‘爾’‘汝’羣物”；盧仝《村醉》：“摩挲青莓苔，莫嗔驚着汝！”也是一個有名的例。宋人很喜歡學這一點，像王安石《與微之同賦梅花》：“少陵爲爾牽詩興，可是無心賦海棠？”鄭樵《夾漈遺稿》卷一《靈龜潭》：“着手摩挲溪上石，他年來訪汝爲家。”

吴　濤

吴濤（生年死年不詳）字德劭，崇仁人。在歷代的詩話裏，南北宋之交的吴沆《環溪詩話》是部奇特的著作，因爲它主要是標榜作者自己的詩。也許他非得自稱自讚不可，因爲那些詩的妙處實在看不出來。吴沆筆歌墨舞地自我表揚之後，想到哥哥，於是在卷下裏引了吴濤幾首詩，下面這一首寫春深夏淺、乍暖忽寒的情味，倒是極新穎的。

吴　濤

絶　句

遊子春衫已試單，桃花飛盡野梅酸。
怪來一夜蛙聲歇，又作東風十日寒。

周紫芝

周紫芝（一〇八二 — ?）字少隱，自號竹坡居士，宣城人，有《太倉稊米集》。他向張耒請教過詩法，所作《竹坡詩話》頗爲流傳，可是對詩歌的鑒别並不高明，有人甚至説它是宋代“最劣”的詩話①。假如我們就此滿以爲周紫芝的創作一定也不行，那末他的詩和詞會使我們快意地失望。他佩服黄庭堅、陳師道、陳與義等人，尤其推崇張耒②，沾染江西派的習氣不很深，還爽利不堆砌典故。

---

① 謝肇淛《文海披沙》卷二。

② 《太倉稊米集》卷五十一《詩八珍序》。

周紫芝

禽言[1]

婆餅焦[2]

雲穰穰，麥穗黄[3]。
婆餅欲焦新麥香，今年麥熟不敢嘗，
斗量車載傾囷倉，化作三軍馬上糧。

提壺蘆

提壺蘆，樹頭勸酒聲相呼，
勸人沽酒無處沽。
太歲何年當在酉，敲門問漿還得酒[4]；
田中禾穗處處黄，甕頭新緑家家有。

思歸樂

山花冥冥山欲雨，杜鵑聲酸客無語。
客欲去山邊，賊營夜鳴鼓。
誰言杜宇歸去樂？歸來處處無城郭！
春日暖，春雲薄；
飛來日落還未落，春山相呼亦不惡。

布　穀

田中水涓涓，布穀催種田。
賊今在邑農在山。
但願今年賊去早，春田處處無荒草；
農夫呼婦出山來，深種春秧答飛鳥。

---

① 在中國古代文學作品裏，“禽言”跟“鳥言”有點分別。“鳥言”這個名詞見於《周禮》的《秋官司寇》上篇，想像鳥兒叫聲就是在説它們鳥類的方言土話。像《詩經》裏《豳風》的《鴟鴞》和皇侃《論語集解義疏》卷三所引《論釋》裏的“雀鳴嘖嘖唶唶”，不論是別有寄託，或者是全出附會，都是翻譯“鳥言”而成的詩歌。

“禽言”是宋之問《陸渾山莊》和《謁禹廟》兩首詩裹所謂：“山鳥自呼名”，“禽言常自呼”，也是梅堯臣《和歐陽永叔〈啼鳥〉》詩所謂：“滿壑呼嘯誰識名，但依音響得其字”，想像鳥兒叫聲是在説我們人類的方言土語。同樣的鳥叫，各地方的人因自然環境和生活情況的不同而聽成各種不同的説話，有的是“擊穀”，有的是“布穀”，有的是“脱却破袴”，有的是“一百八個”，有的是“催工做活”等等（參看揚雄《方言》卷八，陳造《江湖長翁文集》卷七《布穀吟》，姚椿《通藝閣詩續録》卷五《採茶播穀謡》）。《山海經》裏寫禽類、獸類以至魚類（像《東山經》的鮯鮯），常説“其鳴自呼”或“其名自號”等等，可是後世詩人只把禽鳥的叫聲作爲題材。摹仿着叫聲給鳥兒起一個有意義的名字，再從這個名字上引申生發，來抒寫情感，就是“禽言”詩，像元稹的《思歸樂》和白居易的《和〈思歸樂〉》，或清人樂鈞《青芝山館詩集》卷一多至三十八首的《禽言》。宋人裏梅堯臣這類詩頗多（《宛陵集》卷四《禽言》、《提壺鳥》、卷十四《啼禽》、卷二十《啼鳥》、卷四十八《聞禽》等），蘇軾也學梅堯臣做了《五禽言》，黄庭堅做了《戲和答禽語》，而周紫芝的《禽言》比他們的都寫得好。

② “婆餅焦”等等都是象聲取義的鳥名。

③ 古詩裏常把待割的熟麥比爲“黄雲”。

④ 不知道什麽時候會年成豐收，酒賤得像水。袁準《正書》説：“太歲在酉，乞漿得酒；太歲在巳，販妻鬻子”（見蘇軾《次韻孔毅父〈久旱已而甚雨〉》詩第一首施元之註引，嚴可均《全晉文》卷五十五作“歲在申酉，乞漿得酒；歲在辰巳，嫁妻賣子”；《史通·書志》篇引“語曰”全同施註引《正書》文）。

劉子翬

劉子翬（一一〇一 — 一一四七）字彥沖，自號病翁，崇安人，有《屏山全集》。他也是位道學家或理學家，宋代最大的道學家朱熹就是他的門生。批評家認爲道學是“作詩第一對病”①，在講宋詩——還有明詩——的時候，也許應該提一下這個問題。哲學家對詩歌的排斥和敵視在歷史上原是常事，西洋美學史一開頭就接觸到柏拉圖所謂“詩歌和哲學之間的舊仇宿怨”②，但是宋代道學家對詩歌的態度特别微妙。

程頤說：“作文害道”，文章是“俳優”；又說：“學詩用功甚妨事”，像杜甫的寫景名句都是“閒言語，道他做甚!”③輕輕兩句話變了成文的法律，嚇得人家作不成詩文。不但道學家像朱熹要說：“頃以多言害道，絶不作詩”④，甚至七十八天裏做一百首詩的陸游也一再警告自己說：“文詞終與道相妨”，“文詞害道第一事，子能去之其庶幾!”⑤當然也有反駁的人⑥。不過這種清規戒律根本上行不通。詩依然一首又一首地作個無休無歇，妙的是歪詩惡詩反而因此增添，就出於反對作詩的道學家的手筆。因爲道學家還是手癢癢地要作幾首詩的，前門攆走的詩歌會從後窗裏爬進來，只添了些狼狽的形狀。就像程頤罷，他剛說完作詩“害事”，馬上引一首自己作的《謝王子真》七絶；又像朱熹罷，他剛説“絶不作詩”，忙忙“蓋不得已而言”地來了一首《讀〈大學·誠意〉章有感》五古⑦。也許這不算言行不符，因爲道學家作的有時簡直不是詩。形式上用功夫既然要“害道”，那末就可以粗製濫造，所謂：“自知無紀律，安得謂之詩?”⑧或者：“平生意思春風裏，信手題詩不用工。”⑨内容抒情寫景既然是“閒言語”，那末就得借講道學的藉口來吟詩或者借吟詩的機會來講道學，遊玩的詩要根據《周禮》來肯定山水⑩，賞月的詩要發揮《易經》來否定月亮⑪，看海棠的詩要分析主觀嗜好和客觀事物⑫。結果就像劉克莊所説：“近世貴理學而賤詩，間有篇詠，率是語録講義之押韻者耳”⑬。道學家要把宇宙和人生的一切現象安排總括起來，而在他的理論系統裏没有文學的地位，那彷彿造屋千間，缺了一間；他排斥了文學而又去寫文學作品，那彷彿家裏有屋子千間而上鄰家去睡午覺；寫了文學作品而藉口説反正寫得不好，所以並没有“害道”，那彷彿説自己只在鄰居的屋簷下打個地鋪，並没有升堂入室，所以還算得睡在家裏。這樣，他自以爲把矛盾統一了。

北宋中葉以後，道學家的聲勢愈來愈浩大；南宋前期雖然政府幾次三番下令禁止，並不能阻擋道學的流行和減削它的聲望。不管道學家是無能力而寫不好詩或者是有原則地不寫好詩，他們那種迂腐粗糙的詩開了一個特殊風氣，影響到許多詩人。有名的像黄庭堅、賀鑄、陸游、辛棄疾還有劉克莊本人都寫了些“講義語録之押韻者”，小家像吴錫疇、吴龍翰、陳杰、陳起、宋自適、毛珝、羅與之等等也是這樣⑭。就像描摹道學家醜態的周密⑮也免不了寫這一類的詩⑯，甚至取個“草窗”的筆名，還是根據周敦頤和程顥等道學家不拔掉窗前野草的故事。又像朱淑真這樣一位工愁善怨的女詩人，也有時候會在詩裏做出岸然道貌，放射出濃郁的“頭巾氣”⑰；有人講她是朱熹的姪女兒，那句查無實據的歷史傳説倒也不失爲含有真理的文學批評。

假如一位道學家的詩集裏，“講義語録”的比例還不大，肯容許些“閒言語”，他就算得道學家中間的大詩人，例如朱熹。劉子翬却是詩人裏的一位道學家，並非只在道學家裏充個詩人。他沾染“講義語録”的習氣最少，就是講心理學倫理學的時候，也能够用鮮明的比喻，使抽象的東西有了形象⑱。極口鄙棄道學家作詩的人也不得不説:“臯比若道多陳腐，請誦屏山集裏詩”⑲。他跟曾幾、吕本中、韓駒等人唱和，而並不學江西派，風格很明朗豪爽，尤其是那些憤慨國事的作品。

---

① 鄭方坤《全閩詩話》卷四引謝肇淛《小草齋詩話》；參看胡應麟《詩藪》内編近體中論“儒生氣象一毫不得著詩，儒者語言一字不可入詩”。

② 《理想國》第六百〇七乙。

③ 《二程遺書》卷十八《伊川語》四。參看《伊川文集》卷五《答朱長文書》：“無用之贅言”；邵雍《擊壤集》卷十二《答人吟》：“林下閒言語，何須更問爲?”卷十六《答甯秀才求詩吟》：“林下閒言語，何須要許多?”晁説之《晁氏客語》記石子殖説唐人詩是“無益語”；《皇朝文鑒》卷二十八吕大臨《送劉户曹》：“文似相如反類俳”；楊簡《慈湖遺書》卷十五《家記》九批評杜甫韓愈“巧言”、“謬用其心”；又卷六《偶作》第二首：“咄哉韓子休污我!”第五首：“勿學唐人李杜癡!”（此數首亦誤入曹彦約《昌谷集》卷三《偶成》）。李夢陽《空同子集》卷五十二《缶音序》、卷六十六《論學》上篇都有暗暗針對程頤批評杜甫的話而發的意見；方以智《通雅》卷首之三申説《表記》裏“詞欲巧”的一節差不多針對楊簡的話而發，其實《文心雕龍·徵聖》篇早引用《表記》那幾句話作爲孔子“貴文之徵”。

④ 《朱子大全》卷二《讀〈大學·誠意〉章有感》；参看《朱子語類》卷一百四十“作詩間以數句適懷亦不妨”條、“近世諸公作詩費工夫要何用”條等。

⑤ 《劍南詩稿》卷三十三《老學菴》、卷五十五《雜感》第四首。陸游那筆詩賬見劉克莊《後村大全集》卷九十九《跋仲弟詩》；参看《劍南詩稿》卷三十九《五月初病體益輕偶書》：“三日無詩自怪衰”，又卷七十九《醉書》：“無詩三日却堪憂”；陳著《本堂集》卷四十五《跋丁氏子詩後》：“近世陸放翁日課數詩，吾竊疑焉，姑置不敢議。”

⑥ 例如汪藻《浮溪集》卷十一《答吴知録書》，林亦之《網山集》卷三《伊川子程子論》。

⑦ 参看《擊壤集》卷二十《首尾吟》解釋“堯夫非是愛吟詩”。

⑧ 《擊壤集》卷十二《答人吟》。

⑨ 羅大經《鶴林玉露》卷二引游九言詩，《默齋遺稿》和《補遺》裏漏收。

⑩ 陳傅良《止齋先生文集》卷一《遊鼓山》。

⑪ 魏了翁《鶴山先生大全集》卷六《中秋有賦》。

⑫ 洪邁《夷堅三志》巳九“傅夢泉”條：“吾愛與吾惡，海棠自海棠。”

⑬ 《後村大全集》卷一百十一《吴恕齋詩稿跋》，参看卷九十四《竹溪詩序》，又吴泳《鶴林集》卷二十八《與魏鶴山第三書》。

⑭ 宋代金履祥的道學詩選《濂洛風雅》在道學家以外只收了三位詩人：曾幾、吕本中、趙蕃；趙蕃就是朱熹《語類》卷一百零四所説“好作詩，與語道理如水投石”的趙昌父。

⑮ 《齊東野語》卷十一、《癸辛雜識》續集卷上；據陸心源《儀顧堂續跋》卷十一，反對道學是周密家裏祖孫相傳的門風，参看黄式三《儆居集·讀子集》卷二《讀周氏雅談·野語》。

⑯ 《草窗韻語》卷六《藏書示兒》。

⑰ 《斷腸詩集》卷十《自責》第一首、《後集》卷四《新冬》、卷六《賀人移學東軒》。

⑱ 例如《屏山全集》卷十三《讀〈平險銘〉寄李漢老》。

⑲ 焦袁熹《此木軒詩》卷十《閲宋人詩集》第十一首。

江 上

江上潮來浪薄①天，隔江寒樹晚生煙。
北風三日無人渡，寂寞沙頭一簇船。

策 杖

策杖農家去，蕭條絶四鄰。
空田依壠②峻，斷藁③布窠④匀。
地薄惟供税，年豐尚苦貧。
平生飽官粟，愧爾力耕人。

---

① 逼近。

② 土墩子或者堤岸。

補註 戴鴻森同志指出，“壠”當解作田埂，“峻”謂“整修得斬齊”。

③ 稻草。

④ “布”等於鋪，“窠”指矮小的住房。

劉子翬

汴京紀事[①]

帝城王氣雜妖氛，胡虜何知屢易君！
猶有太平遺老在，時時灑淚向南雲[②]。

聯翩漕舸入神州，梁主經營授宋休；
一自胡兒來飲馬，春波惟見斷冰流[③]。

内苑珍林蔚絳霄，圍城不復禁芻蕘；
舳艫歲歲御清汴，纔足都人幾炬燒[④]。

空嗟覆鼎誤前朝，骨朽人間駡未銷。
夜月池臺王傅宅，春風楊柳太師橋[⑤]。

輦轂繁華事可傷，師師垂老過湖湘；
縷衣檀板無顔色，一曲當時動帝王[⑥]。

---

① 原有二十首，在南宋極爲傳誦，《宣和遺事》前集裏就引了一首，後集裏引了三首。從語氣看來，這是事過境遷，感慨靖

康之變，而且設想汴梁在淪陷中的景象。（參看《屏山全集》卷十七《北風》：“淮山已隔胡塵斷，汴水猶穿故苑來。”）跟前面所選吕本中《兵亂後雜詩》的情緒和手法都不相同。

② 這首慨歎宋高宗拋棄了“祖宗二百年基業”的汴京，而甘心在南方苟安；汴梁在建炎四年最後給金人佔領，成爲金國的南京。第二、三、四句的意思是：“胡虜”不懂“忠君愛國”的道理，屢次“易君”也不在乎，而淪陷區的北宋“遺老”可就不同，還一心嚮往南宋。

補註 戴鴻森同志指出，“易君”是説金人“無知”妄作，先後立張邦昌、劉豫爲傀儡之“君”。

③ “神州”指汴京；梁太祖朱温開平元年把原來的汴州升作東都，北宋繼承了作爲首都東京。北宋江淮一帶錢糧運解進京的主要水道是汴河。

④ 宋徽宗派官吏四面八方去搜採奇花異石，運到汴梁；程俱《採石賦》説：“山户蟻集，篙師雲屯，輸萬金之重載，走千里於通津”（《北山小集》卷十二），鄧肅《花石詩》自序説：“根莖之細，塊石之微，挽舟而來，動數千里。”（曹庭棟《宋百家詩存》卷八）這就是攪得人民破家喪命、雞犬不寧的“花石綱”，劉子翬《遊朱勔家園》詩所謂：“樓船載花石，里巷無袴襦。”（《屏山全集》卷十）參看龔明之《中吴紀聞》卷六“朱氏盛衰”條。宋徽宗把這些花石聚集起來，造了個“窮極巧妙”的萬歲山，一名艮嶽，裏面最雄壯富麗的建築物叫絳霄樓。靖康元年閏十一月，汴梁被圍，人民從萬歲山上打下石塊來當炮石去抵擋敵兵；到十二月底，汴梁城破，天冷多雪，人民没柴燒，就把萬歲山的房屋拆

毁，竹木統統砍掉（徐夢莘《三朝北盟會編·靖康中帙》卷四十一、卷四十七、卷四十八）。“御”是接二連三的意思。當時人描寫艮嶽的景物以及遭亂後的破敗，可看宋徽宗所作《艮嶽記》、曹組和李質“奉敕”所作《艮嶽賦》和《百詠詩》（王明清《揮麈後録》卷二載）、僧祖秀所作《華陽宫記》（王偁《東都事略》卷一百六載）。

補註 戴鴻森同志指出，“御清汴”的“御”字須補註；《禮記·王制》：“千里之内以爲御”，《疏》：“進御所須”。

⑤ “覆鼎”出於《易經》裏“鼎”卦的爻辭，指誤事失職的大臣，這裏指官封“太傅楚國公”的王黼和官封“太師魯國公”的蔡京這兩個禍國殃民的權奸。他們在汴梁都有週圍幾里的大住宅，不過蔡京的住宅早在靖康元年閏十一月八日燒掉（《三朝北盟會編·靖康中帙》卷六、卷四十七，周暉《清波别志》卷下），所以説“太師橋”，表示只是個遺址。

⑥ 這首講宋徽宗寵愛的妓女李師師（劉克莊《後村大全集》卷一百七十四）。她走紅的時候，是周邦彦、晁沖之等詩人詞人歌詠的對象（《片玉詞》卷上《少年遊感舊》，《具茨先生詩集》卷十三《都下追感往昔因成二首》；至於張先和秦觀所歌詠的師師，那是另一個人，參看丁紹儀《聽秋聲館詞話》卷十七）。宋無名氏的《李師師外傳》説汴梁城破以後，她不肯屈身金人，吞簪自殺。不過據這首詩以及《三朝北盟會編·靖康中帙》卷五、張邦基《墨莊漫録》卷八等看來，靖康元年正月宋政府抄没了她的家私以後，她就逃亡流落在湖南、浙江等地方。

楊萬里

楊萬里（一一二七 — 一二〇六）字廷秀，自號誠齋，吉水人，有《誠齋集》。南宋時所推重的“中興四大詩人”是尤袤、楊萬里、范成大和陸游四位互相佩服的朋友；楊和陸的聲名尤其大，儼然等於唐詩——李白和杜甫①。不過，十個指頭也有長短，同時齊名的兩位作家像李白和杜甫、元稹和白居易慢慢地總會分出個高低。宋代以後，楊萬里的讀者不但遠少於陸游的，而且比起范成大的來也數目上不如②。在當時，楊萬里却是詩歌轉變的主要樞紐，創闢了一種新鮮潑辣的寫法，襯得陸和范的風格都保守或者穩健。因此嚴羽《滄浪詩話》的“詩體”節裏只舉出“楊誠齋體”，没説起“陸放翁體”或“范石湖體”。

楊萬里的創作經歷見於《江湖集》和《荆溪集》的自序③。據他説，他最初學江西派，後來學王安石的絶句，又轉而學晚唐人的絶句，最後“忽若有悟”，誰也不學，“步後園，登古城，採擷杞菊，攀翻花竹，萬象畢來，獻余詩材”，從此作詩非常容易。同時人也讚歎他的“活法”、他的“死蛇弄活”和“生擒活捉”的本領④。這一段話可以分三方面來申説。

第一，楊萬里和江西派。江西詩一成了宗派，李格非、葉夢得等人就討厭它“腐熟竊襲”、“死聲活氣”、“以艱深之詞文之”、

“字字剽竊”⑤。楊萬里的老師王庭珪也是反對江西派的，雖然他和葉夢得一樣，很喜歡黄庭堅。楊萬里對江西派的批評没有明説，從他的創作看來，大概也是不很滿意那幾點，所以他不掉書袋，廢除古典，真能够做到平易自然，接近口語。不過他對黄庭堅、陳師道始終佩服⑥，雖説把受江西派影響的“少作千餘”都燒掉了，江西派的習氣也始終不曾除根，有機會就要發作⑦；他六十歲以後，不但爲江西派的總集作序，還要增補吕本中的《宗派圖》，來個“江西續派”，而且認爲江西派好比“南宗禪”，是詩裏最高的境界⑧。南宋人往往把他算在江西派裏⑨，並非無稽之談。我們進一步地追究，就發現楊萬里的詩跟黄庭堅的詩雖然一個是輕鬆明白，點綴些俗語常談，一個是引經據典，博奥艱深，可是楊萬里在理論上並没有跳出黄庭堅所謂“無字無來處”的圈套。請看他自己的話：“詩固有以俗爲雅，然亦須經前輩取鎔，乃可因承爾，如李之‘耐可’、杜之‘遮莫’、唐人之‘裏許’‘若箇’之類是也。……彼固未肯引里母田婦而坐之於平王之子、衛侯之妻之列也”⑩。這恰好符合陳長方的記載：“每下一俗間言語，無一字無來處，此陳無己、黄魯直作詩法也”⑪。换句話説，楊萬里對俗語常談還是很勢利的，並不平等看待、廣泛吸收；他只肯挑選牌子老、來頭大的口語，晉唐以來詩人文人用過的——至少是正史、小説、禪宗語録記載着的——口語。他誠然不堆砌古典了，而他用的俗語都有出典，是白話裏比較“古雅”的部分。讀者只看見他瀟灑自由，不知道他這樣謹嚴不馬虎，好比我們碰見一個老於世故的交際家，只覺得他豪爽好客，不知道他花錢待人都有分寸，一點兒不含糊。這就像唐僧寒山的詩，看上去很通俗，而他自己誇口說："我詩合典雅"⑫，後來的學者也發現他的詞句"涉獵廣博"⑬。

第二，楊萬里和晚唐詩。他說自己學江西派學膩了，就改學王安石的絕句，然後過渡到晚唐人的絕句⑭。我們知道，黃庭堅是極瞧不起晚唐詩的："學老杜詩，所謂'刻鵠不成尚類鶩'也；學晚唐諸人詩所謂'作法於涼，其敝猶貪，作法於貪，敝將若何!'"⑮所以一個學江西體的詩人先得反對晚唐詩；不過，假如他學膩了江西體而要另找門路，他也就很容易按照鐘擺運動的規律，趨向於晚唐詩人。楊萬里說："詩非文比也……而或者挾其深博之學、雄雋之文，於是檃栝其偉辭以爲詩"⑯。這透露了他轉變的理由，可以借劉克莊的話來做註腳："古詩出於情性，今詩出於記聞博而已，自杜子美未免此病。於是張籍、王建輩稍束起書帙，剗去繁縟，趨於切近。世喜其簡便，競起效顰，遂爲'晚唐體'"⑰。除掉李商隱、温庭筠、皮日休、陸龜蒙等以外，晚唐詩人一般都少用古典，而絕句又是五七言詩裏最不宜"繁縟"的體裁，就像温、李、皮、陸等人的絕句也比他們的古體律體來得清空；在講究"用事"的王安石的詩裏，絕句也比較明淨。楊萬里顯然想把空靈輕快的晚唐絕句作爲醫救填飽塞滿的江西體的藥。前面講過徐俯想擺脱江西派而寫"平易自然"的詩，他就說："荆公詩多學唐人，然百首不如晚唐人一首"⑱；另一個想脱離江西派的詩人韓駒也說："唐末人詩雖格致卑淺，然謂其非詩則不可；今人作詩雖句語軒昂，但可遠聽，其理略不可究"⑲。可以想見他們都跟楊萬里打相同的主意，要翻黃庭堅定下的鐵案。從楊萬里起，宋詩就劃分江西體和晚唐體兩派，這一點在評述“四靈”的時候還要細講。他不像“四靈”那樣又狹隘又呆板地學晚唐一兩個作家的詩：他欣賞的作家很多，有杜牧⑳，有陸龜蒙㉑，甚至有黃滔和李咸用，而且他也並不摹仿他們，只是借他們的幫助，承他們的啓示，從江西派的窠臼裏解脱出來。他的目的是作出活潑自然的詩，所以他後來只要發現誰有這種風格，他就喜歡，不管是晉代的陶潛或中唐的白居易或北宋的張耒㉒。

第三，楊萬里的活法。“活法”是江西派吕本中提出來的口號㉓，意思是要詩人又不破壞規矩，又能够變化不測，給讀者以圓轉而“不費力”的印象㉔。楊萬里所謂“活法”當然也包含這種規律和自由的統一㉕，但是還不僅如此。根據他的實踐以及“萬象畢來”、“生擒活捉”等話看來，可以説他努力要跟事物——主要是自然界——重新建立嫡親母子的骨肉關係㉖，要恢復耳目觀感的天真狀態。古代作家言情寫景的好句或者古人處在人生各種境地的有名軼事，都可以變成後世詩人看事物的有色眼鏡，或者竟離間了他們和現實的親密關係，支配了他們觀察的角度，限止了他們感受的範圍，使他們的作品“刻板”、“落套”、“公式化”。他們彷彿掛上口罩去聞東西，戴了手套去摸東西。譬如賞月作詩，他們不寫自己直接的印象和切身的情事，倒給古代的名句佳話牢籠住了，不想到杜老的鄜州對月或者張生的西廂待月，就想到“我欲乘風歸去，又恐瓊樓玉宇，高處不勝寒”或者“本是分明夜，翻成黯淡愁”。他們的心眼喪失了天真，跟事物接觸得不親切，也就不覺得它們新鮮，只知道把古人的描寫來印證和拍合，不是“樂莫樂兮新相知”而只是“他鄉遇故知”。六朝以來許多詩歌常使我們懷疑：作者真的領略到詩裏所寫的情景呢？還是他記性好，想起了關於這個情景的成語古典呢？沈約《宋書》卷六十七説："子建'函京'之作，仲宣'灞岸'之篇，子荆'零雨'之章，正長'朔風'之句，並直舉胸情，非傍詩史"㉗。鍾嶸《詩品》也説過："'思君如流水'，既是即目；'高臺多悲風'，亦惟所見；'清晨登隴首'，羌無故實；'明月照積雪'，詎出經史？"楊萬里也悟到這個道理，不讓活潑潑的事物做死書的犧牲品，把多看了古書而在眼睛上長的那層膜刮掉，用敏捷靈巧的手法，描寫了形形色色從没描寫過以及很難描寫的景象，因此姜夔稱讚他説："處處山川怕見君"——怕落在他眼睛裏，給他無微不至地刻劃在詩裏㉘。這一類的作品在楊萬里現存的詩裏一開頭就很多，也正像江西體在他晚年的詩裏還出現一樣㉙；他把自己的創作講得來層次過於整齊劃一，跟實際有點兒參差不合。

楊萬里的主要興趣是天然景物，關心國事的作品遠不及陸游的多而且好，同情民生疾苦的作品也不及范成大的多而且好；相形之下，内容上見得瑣屑。他的詩很聰明、很省力、很有風趣，可是不能沁入心靈；他那種一揮而就的"即景"寫法也害他寫了許多草率的作品。

---

① 劉克莊《後村大全集》卷一百七十四。

② 汪琬《鈍翁前後類稿》卷八《讀宋人詩》第二、第三首，田雯《古歡堂集》七言絶卷二《論詩絶句》第九首、序文卷二《鹿沙詩集序》、《雜著》卷一，姚椿《通藝閣詩續録》卷三《偶成》、《三録》卷二《題劍南集後》第四首《書誠齋集後》。

③ 《誠齋集》卷八十。

④ 周必大《平園續稿》卷一《次韻楊廷秀〈寄題渙然書院〉》，張鎡《南湖集》卷七《有懷新筠州楊秘監》、《携楊秘監詩一編登舟因成》，又方回《桐江續集》卷八《讀南湖集》引張鎡嘉定庚午自序，《南宋羣賢小集》第十册葛天民《葛無懷小集·寄楊誠齋》，項安世《平菴悔稿》卷三《題劉都幹所藏楊秘監詩卷》。

⑤ 劉壎《隱居通議》卷六"本之詩"條引李格非語，陶宗儀《説郛》卷二十載吴萃《視聽鈔》引葉夢得語。

⑥ 《誠齋集》卷一《仲良見和再和謝焉》、卷四《和李天麟〈秋懷〉》、卷七《燈下讀山谷詩》、卷三十八《書黄廬陵伯庸詩卷》。

⑦ 早的例像卷一《和仲良〈春晚即事〉》，晚的例像卷三十九《足痛無聊塊坐讀江西詩》。

⑧ 卷七十九《江西宗派詩序》、卷八十三《江西續派二曾居士詩集序》、卷三十八《送分寧主簿羅寵材》。

⑨ 王邁《臞軒集》卷十六《山中讀誠齋詩》，《後村大全集》卷六《湖南江西道中》第九首、卷三十六《題誠齋像》第一首、卷九十七《茶山誠齋詩選序》。

⑩ 卷六十六《答盧誼伯書》，參看周必大《平園續稿》卷九《跋楊廷秀〈石人峯〉長篇》；"以俗爲雅"見《後山先生集》卷二十三"詩話"引梅堯臣答"閩中有好詩者"語、《津逮秘書》本《東坡題跋》卷二《題柳子厚詩》第二則、《山谷内集註》卷十二《再次韻楊明叔》自序。

⑪ 《步里客談》卷下記章憲語。

⑫ 第三百零三首。

⑬ 王應麟《困學紀聞》卷十八，當然還没有看出他用佛典的地方。

⑭ 參看卷八《讀唐人及半山詩》、卷三十五《答徐子材談絶句》、卷八十三《頤菴詩稿序》、卷一百十四《詩話》。

⑮ 《山谷老人刀筆》卷四《與趙伯充》。

⑯ 卷七十九《黄御史集序》。

⑰ 《後村大全集》卷九十六《韓隱君詩序》。

⑱ 曾季貍《艇齋詩話》引。

⑲ 《詩人玉屑》卷十六引《陵陽室中語》。

⑳ 卷二十《新晴讀樊川詩》。

㉑ 卷二十七《讀〈笠澤叢書〉》。

㉒ 卷二十《讀淵明詩》、卷三十九《讀白氏〈長慶集〉》、卷四十《讀張文潛詩》。

㉓ 《後村大全集》卷九十五《江西詩派小序》引吕本中作《夏均父詩集序》，張泰來《江西詩社宗派圖録》引吕本中作《詩社宗派圖序》，謝薖《謝幼槃文集》卷一《讀吕居仁詩》，陳起《前賢小集拾遺》卷四載曾幾《讀吕居仁舊詩有懷其人》，曾季貍《艇齋詩話》。劉克莊在那篇文章的"總序"裏還説楊萬里"真得"吕

本中“所謂活法”。

㉔ 張九成《横浦心傳録》卷上記吕本中語。

㉕ 參看《翰苑新書》續集卷二載王邁《賀林直院》：“筆有活法，珠走於盤而不出於盤”；那是《臞軒集》漏收的文章。這個比喻出於杜牧《樊川文集》卷十《孫子註序》：“猶盤中走丸：丸之走盤，横斜圓直，不可盡知；其必可知者，丸不能出於盤也。”

㉖ 參看達·芬奇《畫論》第七十八節論畫家不師法造化而摹仿傍人，就降爲大自然母親的孫子，算不得她的兒子。(羅馬合作出版社本第四十五頁)

㉗ 皎然《詩式》卷一“不用事第一格”條説：“沈約云：‘不傍經史，直率胸臆’，吾許其知詩者也。”雖然引徵的字句不符原文，而意思更明白。

㉘ 《白石道人詩集》卷下《送〈朝天續集〉歸誠齋》。杜甫《江上值水如海勢聊短述》：“老去詩篇渾漫與，春來花鳥莫深愁”，“怕”就是“深愁”；參看韓愈《薦士》詩：“勃興得李、杜，萬類困陵暴”；唐扶《使南海道長沙題道林岳麓寺》：“兩祠物色採拾盡，壁間杜甫真少恩”；王建《寄上韓愈侍郎》：“詠傷松桂青山瘦，取盡珠璣碧海愁”，又《哭孟東野》：“吟損秋山月不明，蘭無香氣鶴無聲。自從東野先生死，側近雲山得散行”；陸龜蒙《甫里文集》卷十八《書李賀小傳後》：“天物既不可暴，又可抉擿刻削，露其情狀乎？使自萌卵至於槁死，不能隱伏”；皮日休《魯望昨以五百言見貽因成一千言》：“萬象瘖復痏，百靈瘠且㾾”；吴融《贈廣利大師歌》：“昨來示我十數篇，詠殺江南風與月”；黄庭堅《山谷詩外集補》卷三《和答任仲微贈别》：“任君灑墨即成詩，萬物生愁困品題。”

㉙ 林希逸《竹溪鬳齋十一稿》續集卷十二《陳子寬詩集序》論楊萬里自言焚棄少作，因説：“然觀公見行諸集，此等句既變以後未嘗無之。豈變其可變者，其不可變者終在耶？”

過百家渡[1]

園花落盡路花開，白白紅紅各自媒。
莫問早行奇絶處，四方八面野香來。

柳子祠前春已殘，新晴特地却春寒。
疎籬不與花爲護，只爲蛛絲作網竿。

一晴一雨路乾濕，半淡半濃山疊重；
遠草平中見牛背，新秧疎處有人蹤。

---

① 在湖南永州。柳宗元做過永州司馬，所以那裏有他的祠堂，就是第二首裏的“柳子祠”。

憫 農

稻雲不雨不多黄，蕎麥空花早着霜。
已分①忍飢度殘歲，更堪歲裏閏添長②！

---

① 料定、早知道。

② “堪”等於“不堪”、“豈堪”，參看梅堯臣《田家語》註⑧。意思說：這個年頭兒真難過，度日如年，偏偏又碰到個閏年，日子比平常的年頭兒多。

楊萬里

閒居初夏午睡起

梅子留酸軟齒牙，芭蕉分緑與窗紗。
日長睡起無情思，閒看兒童捉柳花[①]。

① 這首詩裏的“留”字“分”字都精緻而不費力，參看楊炎正《訴衷情》詞：“露珠點點欲團霜，分冷與紗窗。”第四句參看白居易的《前日〈别柳枝〉絶句，夢得繼和，又復戲答》：“誰能更學孩童戲，尋逐春風捉柳花?”有人指摘這首詩説：“‘梅子留酸’、‘芭蕉分緑’已是初夏風景，安得復有柳花可捉乎?”（王端履《重論文齋筆録》卷九）可備一説。韓偓《幽窗》已有“齒軟越梅酸”。

插秧歌

田夫抛秧田婦接，小兒拔秧大兒插。
笠是兜鍪簑是甲，雨從頭上濕到胛①。
唤渠朝餐歇半霎，低頭折腰只不答。
秧根未牢蒔未匝②，照管③鵝兒與雛鴨。

---

① 儘管戴“盔”披“甲”，還淋得一身是水。

② 秧還没插得匀。

③ 小心提防。

楊萬里

春晴懷故園海棠

竹邊臺榭水邊亭，不要人隨只獨行。
乍暖柳條無氣力，淡晴花影不分明。
一番過雨來幽徑，無數新禽有喜聲。
只欠翠紗紅映肉①，兩年寒食負先生！❶②

❶ 予去年正月離家之官，蓋兩年不見海棠矣。

① 蘇軾《寓居定惠院之東雜花滿山有海棠一株》："朱唇得酒暈生臉，翠袖卷紗紅映肉。"這裏用他的比喻。

② 那時候楊萬里在廣州，"先生"是他自稱。

五月初二日苦熱

人言“長江無六月”①，我言六月無長江。
只今五月已如許，六月更來何可當！
船倉周圍各五尺，且道此中底寬窄！
上下東西與南北，一面是水五面日。
日光煮水復成湯，此外何處能清涼？
掀篷更無風半點，揮扇只有汗如漿。
吾曹避暑自無處，飛蠅投吾求避暑；
吾不解飛且此住，飛蠅解飛不飛去。

---

① 大家都説長江裏很涼快，等於没有夏天。這句諺語北宋初就有（《五燈會元》卷十六義懷語録引），參看洪適《漁家傲》詞："六月長江無暑氣”（《全宋詞》卷一百三十四）。

初入淮河[1]

船離洪澤岸頭沙，人到淮河意不佳。
何必桑乾方是遠，中流以北即天涯[2]！

兩岸舟船各背馳，波痕交涉亦難爲。
只餘鷗鷺無拘管，北去南來自在飛。

中原父老莫空談，逢着王人[3]訴不堪。
却是歸鴻不能語，一年一度到江南[4]。

---

① 南宋把淮河以北全割讓給金。宋光宗趙惇紹熙元年（公元一一九〇年）楊萬里奉命去迎接金國派來的“賀正使”，這幾首就是那時候做的。

② 唐詩像雍陶《渡桑乾水》説：“南客豈曾諳塞北，年年唯見雁飛回”，表示過了桑乾河纔是中國的“塞北”。在北宋，蘇轍出使回國，離開遼境，還可以説：“胡人送客不忍去，久安和好依中原；年年相送桑乾上，欲話白溝一惆悵。”（《欒城集》卷十六

《渡桑乾》）在南宋，出了洪澤湖、進了淮河已走到中國北面的邊境了！楊萬里的意思就像徐陵《爲始興王讓琅邪二郡太守表》："言瞻漢草，乃曰中州；遥望胡桑，已成邊郡"；白居易《西涼伎》："平時安西萬里疆，今日邊防在鳳翔"；或陸游《醉歌》："窮邊指淮淝，異域視京雒"。可比較王符《潛夫論》第二十二《救邊》篇的議論："無邊亡國。是故失涼州則三輔爲邊，三輔内入則弘農爲邊，弘農内入則洛陽爲邊。推此以往，雖盡東海，猶有邊也。"許多南宋詩人都跟楊萬里有同樣的感慨：例如陸游《劍南詩稿》卷二十一《送霍監丞出守盱眙》，姜特立《梅山續稿》卷一《渡淮喜而有作》，袁説友《東塘集》卷三《入淮》，陳造《江湖長翁文集》卷十一《都梁》第四首，許及之《涉齋集》卷七《元日登天長城》，戴復古《石屏集》卷七《江陰浮遠堂》、《盱眙北望》，《南宋羣賢小集》第三册毛珝《吾竹小稿·儀真》第三首，汪元量《水雲集·湖州歌》第二十四首，汪夢斗《北遊詩集》自序，《詩人玉屑》卷十九載路德章《盱眙旅舍》，《瀛奎律髓》卷四十七潘檉《上龜山寺》，《〈宋詩紀事〉補遺》卷四十五王信《第一山》、卷五十四蔣介《第一山》。參看劉因《靜修先生文集》卷九《白溝》："白溝移向江淮去"。

③ 天子的使臣；《春秋》三傳裏常用這個名詞。

④ 淪陷中的北方人民向南宋的使者訴苦也沒有用，倒不如不會説話的鴻雁能够每年從北方回南一次。宋人對中原的懷念，常常借年年北去南來的鴻雁來抒寫，總説："自恨不如雲際雁，南來猶得過中原！""何許中原惟雁見！"這一類的話（陸游《劍南詩稿》卷十《冬夜聞雁有感》、卷三十三《枕上偶成》、卷七十八

《聞新雁有感》，王質《雪山集》卷十二《問北雁賦》，韋居安《梅礀詩話》卷下引方回句；參看鄒浩《道鄉集》卷八《鄰家集射》，岳珂《玉楮集》卷四《九月一日聞雁》）。楊萬里反過來寫“中原父老”嚮往南宋。

過寶應縣新開湖

天上雲煙壓水來，湖中波浪打雲回；
中間不是①平林樹，水色天容拆不開。

---

① 等於“若不是”，現代口語裏也有這種説法；參看王建《贈王樞密》：“不是當家頻向説，九重爭遣外人知?”

桑茶坑[1]道中

田塍莫道細于椽，便是桑園與菜園。
嶺腳置錐留結屋[2]，盡驅柿栗上山巔。

晴明風日雨乾時，草滿花堤水滿溪。
童子柳陰眠正着，一牛喫過柳陰西。

過松源晨炊漆公店

莫言下嶺便無難，賺得行人錯喜歡；
正入萬山圈子裏，一山放出一山攔。

---

① 在安徽涇縣。

② 留下一小塊“立錐之地”，準備搭草屋。

陸 游

陸游（一一二五 — 一二一〇）字務觀，自號放翁，山陰人，有《劍南詩稿》。他的作品主要有兩方面：一方面是悲憤激昂，要爲國家報仇雪恥，恢復喪失的疆土，解放淪陷的人民；一方面是閒適細膩，咀嚼出日常生活的深永的滋味，熨貼出當前景物的曲折的情狀。他的學生稱讚他說："論詩何止高南渡，草檄相看了北征"①；一個宋代遺老表揚他說："前輩評宋渡南後詩，以陸務觀擬杜，意在寤寐不忘中原，與拜鵑心事實同"②。這兩個跟他時代接近的人注重他作品的第一方面。然而，除了在明代中葉他很受冷淡以外③，陸游全靠那第二方面去打動後世好幾百年的讀者，像清初楊大鶴的選本，方文、汪琬、王苹、徐釚、馮廷櫆、王霖等的摹仿④，像《紅樓夢》第四十八回裏香菱的摘句，像舊社會裏無數客堂、書房和花園中掛的陸游詩聯都是例證⑤。就此造成了陸游是個"老清客"的印象⑥。當然也有批評家反對這種一偏之見，說"忠憤"的詩纔是陸游集裏的骨幹和主腦，那些流連光景的"和粹"的詩只算次要⑦。可是，這個偏向要到清朝末年纔矯正過來；讀者痛心國勢的衰弱，憤恨帝國主義的壓迫，對陸游第一方面的作品有了極親切的體會，作了極熱烈的讚揚，例如："詩界千年靡靡風，兵魂銷盡國魂空；集中什九從軍樂，亙古男兒一放翁！”“辜負胸中十萬兵，百無聊賴以詩鳴；誰憐愛國千行淚，説到胡塵意不平！”⑧這幾句話彷彿是前面所引兩個宋人的意見的回聲，而且恰像山谷裏的回聲一樣，比原來的聲音洪大震蕩得多了。

“掃胡塵”、“靖國艱”的詩歌在北宋初年就出現過，像路振的《伐棘篇》⑨。靖康之變以後，宋人的愛國作品增加了數目，前面也選了一些。不過，陳與義、吕本中、汪藻、楊萬里等人在這方面跟陸游顯然不同。他們只表達了對國事的憂憤或希望，並没有投身在災難裏、把生命和力量都交給國家去支配的壯志和弘願；只束手無策地歎息或者伸手求助地呼籲，並没有説自己也要來動手，要“從戎”，要“上馬擊賊”，能够“慷慨欲忘身”或者“敢愛不貲身”，願意“擁馬横戈”、“手梟逆賊清舊京”。這就是陸游的特點，他不但寫愛國、憂國的情緒，並且聲明救國、衛國的膽量和決心。譬如劉子翬的詩裏説：“中興將士材無雙……胡兒胡兒莫窺江！”“低頭拔胡箭，却向胡軍射……男兒取封侯，赴敵如飢渴”⑩，語氣已經算比較雄壯了，然而講的是别人，是那些“將士”和“男兒”——正像李白、王維等等的《從軍行》講的是别人，儘管劉子翬對他的詩中人有更真切的現實感，抱更迫切的希望。試看陸游的一個例：“鴨緑桑乾盡漢天，傳烽自合過祁連；功名在子何殊我，惟恨無人快着鞭！”⑪儘管他把自己擱後，口吻已經很含蓄温和，然而明明在這一場英雄事業裏準備有自己的份兒的。這是《詩經·秦風》裏《無衣》的意境，是杜牧《聞慶州趙縱使君中箭身死長句》的意境，也是和陸游年輩相接的岳飛在《滿江紅》詞裏表現的意境；在北宋像蘇舜欽和郭祥正的詩裏，在南北宋之交像韓駒的詩裏，也偶然流露過這種“修我戈矛，與子同仇”、“誰知我亦輕生者”的氣魄和心情⑫，可是從没有人像陸游那樣把它發揮得淋漓酣暢。這也正是杜甫缺少的境界，所以説陸游“與拜鵑心事實同”還不算很確切，還没有認識他别開生面的地方。愛國情緒飽和在陸游的整個生命裏，洋溢在他的全部作品裏；他看到一幅畫馬⑬，碰見幾朵鮮花⑭，聽了一聲雁唳⑮，喝幾杯酒⑯，寫幾行草書⑰，都會惹起報國仇、雪國恥的心事，血液沸騰起來，而且這股熱潮衝出了他的白天清醒生活的邊界，還泛濫到他的夢境裏去⑱。這也是在傍人的詩集裏找不到的。

關於陸游的藝術，也有一點應該補充過去的批評。非常推重他的劉克莊説他記聞博，善於運用古典，組織成爲工緻的對偶，甚至説“古人好對偶被放翁用盡”⑲；後來許多批評家的意見也不約而同。這當然説得對，不過這忽視了他那些樸質清空的作品，更重要的是抹殺了他對這個問題的看法。我們發現他時常覺得尋章摘句的作詩方法是不妥的，儘管他自己改不掉那種習氣。他説：“組繡紛紛衒女工，詩家於此欲途窮”⑳；又説：“我初學詩日，但欲工藻繪；中年始少悟，漸若窺弘大。……汝果欲學詩，工夫在詩外”㉑；又針對着“杜詩無一字無來處”的議論説：“今人解杜詩，但尋出處……如《西崑酬唱集》中詩何嘗有一字無出處？……且今人作詩亦未嘗無出處……但不妨其爲惡詩耳！”㉒那就是説，字句有“出處”並不等於詩歌有出路；劉克莊賞識的恰恰是陸游認爲詩家的窮途末路——“組繡”、“藻繪”、

“出處”。什麽是詩家的生路、“詩外”的“工夫”呢？陸游作過幾種答覆。最值得注意而一向被人忽視的是下面的主張。他説：“法不孤生自古同，癡人乃欲鏤虚空！君詩妙處吾能識，正在山程水驛中”㉓；又説：“大抵此業在道途則愈工……願舟楫鞍馬間加意勿輟，他日絶塵邁往之作必得之此時爲多。”㉔換句話説，要做好詩，該跟外面的世界接觸，不用説，該走出書本的字裏行間，跳出蠹魚蛀孔那種陷人坑。“粧畫虚空”、“捫摸虚空”原是佛經裏的比喻㉕，“法不孤生仗境生”、“心不孤起，仗境方生”也是禪宗的口號㉖。陸游借這些話來説：詩人決不可以關起門來空想，只有從遊歷和閲歷裏，在生活的體驗裏，跟現實——“境”——碰面，纔會獲得新鮮的詩思——“法”。像他自己那種獨開生面的、具有英雄氣概的愛國詩歌，也是到西北去參預軍機以後開始寫的，第一首就是下面選的《山南行》㉗。至於他頗效法晚唐詩人而又痛駡他們，很講究“組繡”“藻繪”而最推重素樸平淡的梅堯臣，這些都表示他對自己的作品提出更嚴的要求，懸立更高的理想。

陸游雖然拜曾幾爲師，但是詩格没有受到很大影響；他的朋友早已指出他“不嗣江西”這一點㉘。楊萬里和范成大的詩裏保留的江西派作風的痕跡都比他的詩裏來得多。在唐代詩人裏，白居易對他也有極大的啓發，當然還有杜甫，一般宋人尊而不親的李白常常是他的七言古詩的楷模。

早在元初，聞仲和“於放翁詩註其事甚悉”，清代乾隆嘉慶年間，許美尊爲陸游的一部分詩篇曾作詳密的註解㉙；這兩個註本當時没有刻出來，現在也無從尋找了。

---

① 蘇泂《泠然齋詩集》卷五《壽陸放翁》；參看《劍南詩稿》卷十八《燕堂春夜》："草檄北征今二紀"句自註。

② 林景熙《霽山先生集》卷五《王脩竹詩集序》，參看卷三《書陸放翁詩卷後》。

③ 參看李夢陽《空同子集》卷六十二附載山陰周祚書，陶望齡《歇菴集》卷十二《徐文長傳》、卷十五《與袁六休書》之二。屠隆《鴻苞集》卷四《輿地要略下》講到各地的名人，例如南昌府一節提起黄庭堅，吉安府一節提起歐陽脩、楊萬里，但是紹興府一節不提起陸游。明中葉能作詩的書畫家倒往往師法陸游的詩，例如張弼、文徵明等（參看《張東海全集》卷二《詩欲學陸放翁賦此見志》，何良俊《四友齋叢説》卷二十六記文徵明語），尤其是沈周。

④ 方文《塗山續集》卷一《題劍南集》；汪琬尤其從《鈍翁前後類稿》卷七起；王苹《二十四泉草堂集》卷十《大水泊過門人於無學東始山房論詩》；徐釚《南州草堂集》卷十二馮廷櫆題絶句（《馮舍人遺詩》失收）；馮廷櫆《馮舍人遺詩》卷五《論詩》第十首；王霖《弇山詩鈔》卷十八《放翁先生生日》。

⑤ 例如汪康年《莊諧選録》卷六"聯語"條（亦見《汪穰卿遺書》卷七），恰好也是香菱愛的兩句。參看紀昀《〈瀛奎律髓〉刊誤》卷五陸游《入城至郡圃》詩的批語："竟是巷市春聯"；又李慈銘《越縵堂日記》同治八年十二月初六日摘陸游句："此等數百十聯皆宜於楹帖。"

⑥ 閻若璩《潛邱劄記》卷四《跋〈堯峯文鈔〉》。

⑦ 例如潘問奇、祖應世《宋詩啜醨集》卷三，孫枝蔚《溉堂續集》卷四《讀陸放翁詩》，姚範《援鶉堂筆記》卷四十，紀昀《〈瀛奎律髓〉刊誤》卷三十二，又《點論東坡詩集》卷十《病中遊祖塔院》評語，《四庫全書總目提要》卷一百六十，潘德輿《養一齋詩話》卷五。

⑧ 梁啓超《飲冰室全集》第四十五册《讀陸放翁集》。

⑨ 《皇朝文鑒》卷十三。

⑩ 《屏山全集》卷十一《胡兒莫窺江》、《防江行》。

⑪ 《劍南詩稿》卷五十八《書事》。

⑫ 《蘇學士文集》卷一《舟中感懷寄館中諸君》、卷二《吾聞》，卷七《覽照》，《青山集》卷四《東望》、卷二十七《原武按堤雜詩》，《陵陽先生詩》卷三"某已被旨移蔡，賊起傍郡，未果進發；今日上城，部分民兵，閲視戰艦，口號"。

⑬ 《劍南詩稿》卷五《龍眠畫馬》，《渭南文集》卷三十《跋韓幹馬》。

⑭ 《詩稿》卷三十九《白樂天詩云："夜合花前日又西"，此花以五六月開山中，爲賦小詩》、卷八十二《賞山園牡丹有感》。

⑮ 見楊萬里《初入淮河》註④引。

⑯ 《詩稿》卷五《長歌行》、卷六《江上對酒作》、卷十一《前有一樽酒》之二。

⑰ 《詩稿》卷七《題醉中所作草書卷後》、卷二十一《醉中作行草數紙》。

⑱ 《詩稿》卷四《九月十六夜夢駐軍河外》、卷十二《五月十一日夢從大駕親征》、卷二十七《枕上述夢》、卷六十三《紀夢》、卷七十七《異夢》。

⑲ 《後村大全集》卷一百七十四、卷一百七十九。

⑳ 《詩稿》卷十八《即事》。

㉑ 《詩稿》卷七十八《示子遹》。

㉒ 《老學菴筆記》卷七，參看《渭南文集》卷三十一《跋柳書蘇夫人墓志》。

㉓ 《詩稿》卷五十《題蕭彦毓詩卷後》。

㉔ 《廣西通志》卷二百二十四載桂林石刻陸游與杜思恭手札，《渭南文集》未收。參看《誠齋集》卷二十六《下横山灘望金華山》："閉門覓句非詩法，只是征行自有詩。"

㉕ 《雜阿含經》卷十五之三百七十七、卷四十一之一千一百三十六。

㉖ 智昭《人天眼目》卷四載石佛忠《相生頌》，延壽《宗鏡録》卷四論"心法"，卷七十一論"心仗境起"、卷七十二論"攝受因"。參觀《後村大全集》卷一百六十六《實謨寺丞詩境方公行狀》："嘗從山陰陸公游問詩，陸公爲大書'詩境'二字。"《苕溪漁隱叢話》前集卷四十七引黄庭堅語也説："詩文不可鑿空强作，待境而生，便自工耳"；曾敏行《獨醒雜志》卷四和曾季貍《艇齋詩話》記徐俯論作詩也説"切不可閉門合目作鎸空妄實之想"，"若無是景而作，即謂之脱空詩，不足貴也"。

㉗ 《詩稿》卷三；參看葉紹翁《四朝聞見録》乙集記陸游"具知西北事"。

㉘ 姜特立《梅山續稿》卷二《陸嚴州惠劍外集》、卷五《送應致遠謁放翁》；參看方回《瀛奎律髓》卷四、卷十六，又《桐江集》卷一《滄浪會稽十詠序》。

㉙ 陳著《本堂集》卷四十六跋《聞仲和註陸放翁劍南句圖》；周鎬《犢山類稿》卷三《陸詩選註序》，嵇承咸《書畫傳習録》癸集《梁溪書畫徵》。

度浮橋至南臺[1]

客中多病廢登臨，聞説南臺試一尋。
九軌徐行怒濤上，千艘横繫大江心[2]。
寺樓鐘鼓催昏曉，墟落雲煙自古今。
白髮未除豪氣在，醉吹横笛坐榕陰[3]。

---

① 一稱釣臺山，在閩江中。這首是陸游做福州寧德主簿時所作。

② “九軌”句寫浮橋的“用”，“千艘”句寫浮橋的“體”；浮橋是把一條條船在水面並列起來，上面加板。

③ 福州産生榕樹，所以一名榕城。

陸　游

遊山西村

莫笑農家臘酒渾，豐年留客足雞豚。
山重水複疑無路，柳暗花明又一村①。
簫鼓追隨春社②近，衣冠簡樸古風存。
從今若許閒乘月，拄杖無時③夜叩門。

---

① 這種景象前人也描摹過，例如王維《藍田山石門精舍》："遥愛雲木秀，初疑路不同；安知清流轉，忽與前山通"；柳宗元《袁家渴記》："舟行若窮，忽又無際"；盧綸《送吉中孚歸楚州》："暗入無路山，心知有花處"；耿湋《仙山行》："花落尋無徑，雞鳴覺有村"；周暉《清波雜志》卷中載强彦文詩："遠山初見疑無路，曲徑徐行漸有村"；還有前面選的王安石《江上》。不過要到陸游這一聯纔把它寫得"題無剩義"。

② 立春以後向土地神——"社公"——祭獻的日子。

③ 隨時。

山南行[①]

我行山南已三日，如繩大路東西出。
平川沃野望不盡，麥隴青青桑鬱鬱。
地近函秦[②]氣俗豪，鞦韆蹴踘分朋曹[③]；
苜蓿[④]連雲馬蹄健，楊柳夾道車聲高。
古來歷歷興亡處，舉目山川尚如故；
將軍壇上冷雲低，丞相祠前春日暮[⑤]。
國家四紀失中原，師出江淮未易吞[⑥]；
會看金鼓從天下，却用關中作本根。

---

① 陝西南鄭一帶。這時候陸游在漢中，當宣撫使王炎的幕僚。山指終南山。

② 指函谷關和咸陽。

③ 分了隊伍盪鞦韆和騎在馬上打球。陸游詩裏一再講到山南的鞦韆蹴踘，例如《劍南詩稿》卷十一《憶山南》第二首："打毬駿馬千金買"；卷三十七《春晚感事》第二首："寒食梁州十萬家，鞦韆蹴踘尚豪華"；《感舊》第三首："路入梁州似掌平，鞦韆蹴踘

逞清明”等等。每年春天，從寒食清明節起，開始玩這兩種遊戲，這是極古的風俗（陳元靚《歲時廣記》卷十六）。杜甫《清明》第二首說：“十年蹴踘將雛遠，萬里鞦韆習俗同”；從《劍南詩稿》裏也看得出這個“習俗”當時在各處都“同”，例如卷十二《三月二十一日作》：“蹴踘牆東一市譁，鞦韆樓外兩旗斜”——這是講撫州，卷十八《旬日公事頗簡喜而有賦》：“日射塵紅擊踘場”和《晚春園中作》：“毬場立馬漏聲靜……鞦韆未拆已寥寞”——這是講嚴州。

④ 馬愛吃的一種蔬類植物。

⑤ 漢高祖拜韓信爲大將的壇和蜀漢後主紀念諸葛亮的廟，都是那裏的古跡；見《劍南詩稿》卷三《南鄭馬上作》和卷三十七《感舊》第一首的自註。

⑥ 長江淮河缺乏地利，所以從那裏出兵不能掃蕩敵人。一紀是十二年；這首詩作於宋孝宗乾道八年（公元一一七二年），上溯靖康之變約四十六年。

劍門[1]道中遇微雨

衣上征塵雜酒痕，遠遊無處不消魂。
此身合是詩人未？細雨騎驢入劍門[2]。

① 劍門關在四川劍閣東北。這時候陸游到成都去做參議。

② 韓愈《城南聯句》說："蜀雄李杜拔"，早把李白杜甫在四川的居住和他們在詩歌裏的造詣聯繫起來；宋代也都以爲杜甫和黄庭堅入蜀以後，詩歌就登峯造極（例如《豫章黄先生文集》卷十九《與王觀復書》，《苕溪漁隱叢話》後集卷二十二引《豫章先生傳讚》）——這是一方面。李白在華陰縣騎驢，杜甫《上韋左丞丈》自説"騎驢三十載"，唐以後流傳他們兩人的騎驢圖（王琦《李太白全集註》卷三十六，《苕溪漁隱叢話》後集卷八，施國祁《遺山詩集箋註》卷十二）；此外像賈島騎驢賦詩的故事、鄭綮的"詩思在驢子上"的名言等等（《唐詩紀事》卷四十、卷六十五），也彷彿使驢子變爲詩人特有的坐騎——這是又一方面。兩方面合湊起來，於是入蜀道中、驢子背上的陸游就得自問一下，究竟是

不是詩人的材料。參看《劍南詩稿》卷十《岳陽樓上再賦一絶》："不向岳陽樓上望，定知未可作詩人"——心目中當然有杜甫《登岳陽樓》、孟浩然《望洞庭湖》等名作。

九月十六日夜夢駐軍河外遣使招降諸城覺而有作

殺氣昏昏横塞上，東並黄河開玉帳。
晝飛羽檄下列城，夜脱貂裘撫降將。
將軍櫪上汗血馬，猛士腰間虎文韔①。
階前白刃明如霜，門外長戟森相向。
朔風捲地吹急雪，轉盼玉花深一丈。
誰言鐵衣冷徹骨，感義懷恩如挾纊②！
腥臊窟穴一洗空，太行北嶽原無恙。
更呼斗酒作長歌，要使天山健兒唱③。

---

① 弓袋。

② “如挾纊”出於《左傳》宣公十二年，説楚王關懷軍士的受寒挨凍，所以軍士心裏都感到温暖，彷彿穿了綿衣。《劍南詩稿》卷四裏從這首詩倒數第十二首是《夜讀岑嘉州詩集》：“常想從軍時，氣無玉關路（公詩多從戎西邊時所作）……我後四百年，清夢奉巾屨……羣胡自魚肉，明主方北顧，誦公《天山》篇，流

涕思一遇。”這一首紀夢的詩可以算跟岑參“夢中神遇”，内容和風格都極像岑參的《白雪歌》、《輪臺歌》、《天山雪歌》、《走馬川行》等等。岑參《白雪歌》説：“都護鐵衣冷猶著”，歐陽脩得罪晏殊的《西園賀雪歌》説：“須憐鐵甲冷徹骨，四十馀萬屯邊兵”（本事見魏泰《東軒筆録》卷十一），這可以解釋“誰言”兩個字。

③ 承蔡美彪教授指出，此處天山，似非遠在西域之天山，而是金朝天山，即古之陰山，今之青山（大青山）。《金史》卷二十四《地理志上》述金朝西北邊疆：“跨慶、桓、撫、昌、淨州之北，出天山外，包東勝，接西夏。”太行山縱貫南北，爲北宋故地。恒山横跨東西，在遼宋邊疆，爲北宋舊界，天山則是金朝北疆。詩人遐想，由南而北，經太行、恒山，招降諸城，直抵天山，降服整個金國，於義爲順。

秋聲

人言悲秋難爲情，我喜枕上聞秋聲；
快鷹下韝爪觜健，壯士撫劍精神生①。
我亦奮迅起衰病，唾手便有擒胡興；
弦開雁落詩亦成，筆力未饒②弓力勁。
五原草枯苜蓿空，青海蕭蕭風卷蓬；
草罷捷書重上馬，却從鑾駕下遼東。

① 參看劉禹錫《始聞秋風》："馬思邊草拳毛動，雕眄青雲倦眼開。"

② 不讓、不亞於。

春　殘

石鏡山前送落暉[1]，春殘回首倍依依。
時平壯士無功老，鄉遠征人有夢歸。
苜蓿苗侵官道合，蕪菁[2]花入麥畦稀。
倦遊自笑摧頹甚，誰記飛鷹醉打圍！

---

① 石鏡山在浙江臨安。這一句是第二句“回首”的對象；陸游那時候還在成都。

② 一稱蔓菁，有黄花；參看司空圖《獨望》：“緑樹連村暗，黄花入麥稀。”

夜寒

斗帳重茵香霧重①，膏粱②那可共功名！
三更騎報河冰合，鐵馬何人從我行？

---

① 第一個“重”字是重疊的意思，平聲；第二個“重”字是輕重的意思，上聲。

② 享受奢侈的公子哥兒。“斗帳”句正是寫這類人怎樣消磨寒夜。

陸　游

大風登城[①]

風從北來不可當，街中横吹人馬僵。
西家女兒午未妝，帳底爐紅愁下牀。
東家喚客宴畫堂，兩行玉指調絲簧；
錦繡四合如垣牆，微風不動金猊香。
我欲登城望大荒，勇欲爲國平河湟；
才疎志大不自量，東家西家笑我狂。

---

① 這詩裹寫“西家”“東家”一段可以算《夜寒》第一二句的引申。

初發夷陵[①]

雷動江邊鼓吹雄，百灘過盡失塗窮。
山平水遠蒼茫外，地闢天開指顧中。
俊鶻横飛遥掠岸，大魚騰出欲凌空。
今朝喜處君知否？三丈黄旗舞便風。

① 見歐陽脩《戲答元珍》註①；這是陸游離開四川回浙江路上所作。

夏夜不寐有賦

急雨初過天宇濕，大星磊落纔數十。
飢鶻掠簷飛磔磔，冷螢墮水光熠熠。
丈夫無成忽老大，箭羽凋零劍鋒澀。
徘徊欲睡還復行，三更猶憑闌干立。

五月十一日夜且半夢從大駕親征盡復漢唐故地見城邑人物繁麗云西涼府也喜甚馬上作長句未終篇而覺乃足成之

天寶胡兵陷兩京，北庭安西無漢營①；
五百年間置不問，聖主下詔初親征。
熊羆百萬從鑾駕，故地不勞傳檄下；
築城絶塞進新圖，排仗行宫宣大赦。
岡巒極目漢山川，文書初用淳熙年②；
駕前六軍錯錦繡，秋風鼓角聲滿天。
苜蓿峯前盡亭障③，平安火④在交河上；
涼州女兒滿高樓，梳頭已學京都樣⑤。

---

① “天寶”句指安禄山之變，唐代在現在新疆境内設立“北庭都護府”和“安西都護府”；《劍南詩稿》卷二十九《涼州行》也説：“安西北庭皆郡縣，四夷朝貢無征戰。”參看楊萬里《初入淮河》註②引白居易詩。

② 這首詩是在宋孝宗淳熙七年做的。

③ 保衛國家邊境的守望亭和堡壘。"苜蓿峯"從岑參詩裏來，岑參有《題苜蓿峯寄家人》七絶。

④ 唐代在邊塞上每三十里置一烽候，夜裏舉火爲信，報告平安無事。

⑤ 漢唐在現在甘肅境内置涼州，北宋初改西涼府，後爲西夏佔領。末句參看朱祖謀校《雲謡集》載唐人《内家嬌》第二首："及時衣著，梳頭京樣。"

小　園[①]

小園煙草接鄰家，桑柘陰陰一徑斜。
臥讀陶詩未終卷，又乘微雨去鋤瓜[②]。

村南村北鵓鳩聲，刺水新秧漫漫平。
行徧天涯千萬里，却從鄰父學春耕。

---

① 原有四首，見《劍南詩稿》卷十三；同卷還有《蔬圃絶句》七首、《蔬圃》、《灌園》、《蔬園雜詠》等都是同時所作。宋庠《元憲集》卷十五也有這四首詩，那是誤收進去的。

② 《劍南詩稿》卷二十七《讀陶詩》："我詩慕淵明，恨不造其微；雨餘鋤瓜壟，月上坐釣磯。"

臨安春雨初霽[①]

世味年來薄似紗，誰令騎馬客京華。
小樓一夜聽春雨，深巷明朝賣杏花[②]。
矮紙斜行閒作草，晴窗細乳戲分茶[③]。
素衣莫起風塵歎[④]，猶及清明可到家。

① 南宋有個傳說，説陸游少年時做了這首詩，蒙宋高宗賞識。那是無稽之談，陸游做這首詩的時候已經六十二歲了（方回《桐江集》卷四《跋所抄陸放翁詩後》、《瀛奎律髓》卷十七）。也許因爲宋高宗稱賞註②裏所引陳與義的名句（《朱子語類》卷一百四十），而陸游這首詩裏也講杏花，傳説就此把兩件事混起來了。宋遺老陳著《本堂集》卷三十一有一首七古，題爲《夜夢在舊京忽聞賣花聲，有感至於慟哭，覺而淚滿枕上，因趁筆記之》；也可見賣花聲是臨安的本地風光。

② 這一聯彷彿是引申陳與義《懷天經智老因訪之》的名句："杏花消息雨聲中"；陸游的朋友王季夷《夜行船》詞説："小窗人静，春在賣花聲裏"（《絶妙好詞箋》卷二），意境也相近。

③ 據説草書大家張芝“下筆必爲楷則，號‘怱怱不暇草書’”（嚴可均《全晉文》卷三十衛恆《四體書勢》），北宋也流行兩句諺語説：“信速不及草書，家貧難爲素食”（江少虞《皇朝類苑》卷五十引，而李之儀《姑溪居士前集》卷三十九《跋山谷草書〈漁父詞〉》和方回《桐江續集》卷二十六《七月十五日書》都引作“事忙不及草書”），所以陸游説“閒作草”（陸游《錦堂春》詞也説“弄筆斜行小草”）。“分茶”是宋代流行的一種“茶道”，詩文筆記裏常常説起，如王明清《揮麈餘話》卷一載蔡京《延福宫曲宴記》、楊萬里《誠齋集》卷二《澹菴坐上觀顯上人分茶》；宋徽宗《大觀茶論》也有描寫。黄遵憲《日本國志·物産志》自註説日本“點茶”即“同宋人之法”：“碾茶爲末，注之於湯，以筅擊拂”云云，可以參觀。據康熙時徐葆光《中山傳信録》、嘉慶時李鼎元《使琉球記》等書，這種“宋人之法”，也在琉球應用。

④ 陸機《爲顧彦先贈婦》：“京洛多風塵，素衣化作緇”；意思説京城裏骯髒勢力，把人品都玷污了。

陸　游

病　起

山村病起帽圍寬①，春盡江南尚薄寒。
志士淒涼閒處老，名花零落雨中看。
斷香漠漠便支枕②，芳草離離悔倚闌③。
收拾吟牋停酒椀，年來觸事動憂端。

---

① 極言病後的面容消瘦，就是另一首《貧述》明白説出的“瘦減頭圍覺帽寬”。《劍南詩稿》卷三《成都歲暮始微寒小酌遣興》、卷七《病起書懷》、卷六十五《戲遣老懷》之二等都把“紗帽寬”來形容“支離”、“清羸”。

② “便”是方便、合宜的意思，參看唐庚《醉眠》註②；這一句的景象就是《劍南詩稿》卷一《新夏感事》所謂“漠漠爐香睡晚晴”。

③ 在古人詩裏，“春草年年綠”、“離離原上草”等等都可以牽愁惹恨——《劍南詩稿》卷十九《芳草曲》就説“芳草愁人春復秋”，所以陸游説“悔”。“芳草離離”跟“名花零落”呼應，“悔”跟“志士淒涼”呼應；五六句一方面寫出第三句“閒處老”

的境況——“倚闌”、“支枕”，一方面把“悔”字引進第八句的“觸事動憂端”。也許《劍南詩稿》卷十六《感憤》的“京洛雪消春又動，永昌陵上草芊芊”，卷十八《書憤》的“清汴逶迤貫舊京，宮牆春草幾回生”，《渭南文集》卷四十九《好事近》的“漢家宮殿劫灰中，春草幾回綠”等句子可以解釋第六句。

陸　游

書　憤

早歲那知世事艱，中原北望氣如山①。
樓船夜雪瓜洲渡，鐵馬秋風大散關②。
塞上長城空自許③，鏡中衰鬢已先斑！
《出師》一表真名世，千載誰堪伯仲間④！

---

① 這首詩是陸游六十一歲所作，想起少年時要恢復中原，“氣涌如山”。

② 這一聯拈出兩個自己的舊遊之地，恰恰也是國防重地，一個在東南，一個在西北。下一句的情景在陸游的舊作裏屢次出現，例如《劍南詩稿》卷三《歸次漢中境上》：“馬蹄初喜蹋梁州……大散關頭又一秋”，隱隱指宋高宗紹興三十一年秋宋人和金人在大散關的爭奪戰。上一句的情景陸游從前没描寫過，也没經歷過，隱隱指紹興三十一年十一月宋人在瓜洲、采石一帶抵禦金兵那件事，這是宋人誇張爲大獲勝利的戰役（宋詩裏關於這個戰役的最詳細的記述是員興宗《九華集》卷二《歌兩淮》）。陸游到四川去和離開四川，行程都經過瓜洲、采石，季候是夏天和秋天，那場

戰爭已經是十年前的舊事；《劍南詩稿》卷十《過采石有感》說："快心初見萬樓船"，可以跟"樓船夜雪瓜洲渡"這句參照。

補註 吴宗海同志指出，焦山碑林有陸游隆興二年閏十一月二十九日題名："置酒上方，望風檣戰艦，慨然盡醉。"可以補註上句。

③ 六朝名將檀道濟自比萬里長城，唐代名將李勣被唐太宗比爲長城。(《宋書》卷四十三，《舊唐書》卷六十七)

④ 陸游反復稱道諸葛亮的《出師表》，例如《劍南詩稿》卷七《病起書懷》："《出師》一表通今古，夜半挑燈更細看"；卷九《遊諸葛武侯書臺》："《出師》一表千載無"，卷三十五《七十二歲吟》："一表何人繼《出師》!"卷三十七《感秋》："凛然《出師表》，一字不可删。"《出師表》裏像"獎率三軍，北定中原……興復漢室，還於舊都"那些話，可以算代陸游說出了心事。"伯仲間"是現成用杜甫《詠懷古跡》第五首稱讚諸葛亮的話："伯仲之間見伊吕"。

陸　游

雪中忽起從戎之興戲作

鐵馬渡河風破肉，雲梯攻壘雪平壕。
獸奔鳥散何勞逐？直斬單于釁[①]寶刀。

羣胡束手仗[②]天亡，棄甲縱橫滿戰場。
雪上急追奔馬跡，官軍夜半入遼陽。

---

① 《水滸傳》第三十回："刀却是好，到我手裏，不曾發市……先把這道童祭刀。"這幾句話可借作"釁"字的解釋。

② 等候。

冬夜聞角聲

嫋嫋清笳入雪雲，白頭老守[1]臥中軍。
自憐到老懷遺恨，不向居延塞[2]外聞！

① 那時候陸游正做嚴州太守。

② 甘肅西北境；漢代在那裏造了一個“遮虜障”。

陸　游

秋夜將曉出籬門迎涼有感

迢迢天漢西南落，喔喔鄰雞一再鳴。
壯志病來消欲盡，出門搔首愴平生。

三萬里河東入海，五千仞嶽上摩天①。
遺民淚盡胡塵裏，南望王師又一年②。

---

① 分別指黄河華山；參看《劍南詩稿》卷十四《哀北》、卷三十四《寒夜歌》、卷三十五《北望》、卷三十七《太息》第二首、卷四十《秋懷》第十首，嚮往於這個地區的"名將相"、"名臣"。參看《鑒誡録》卷九載李山甫長歌："華山秀作英雄骨，黄河瀉出縱横才"（《全唐詩》漏收此歌，又以這一聯誤作張孜斷句）。

② 《劍南詩稿》卷八《關山月》也説："遺民忍死望恢復，幾處今宵垂淚痕。"參看陳亮《龍川文集》卷十七《水調歌頭·送章德茂大卿使虜》："堯之都、舜之壤、禹之封，於中應有一箇半箇恥臣戎；萬里腥羶如許，千古英靈安在，磅礴幾時通?"又范成大《州橋》註②。白居易《西涼伎》曾説："遺民腸斷在涼州，將卒相看無意收。"這種語意在南宋人詩詞裏變得更爲痛切了。

十一月四日風雨大作

僵臥孤村不自哀，尚思爲國戍輪臺①。
夜闌臥聽風吹雨，鐵馬冰河入夢來②。

① 在新疆；漢代在那裏駐兵屯田。

② 《劍南詩稿》卷十五《秋雨漸涼有懷興元》第三首："忽聞雨掠蓬窗過，猶作當時鐵馬看。"

沈　園[①]

夢斷香銷四十年，沈園柳老不飛綿。
此身行作稽山土，猶弔遺蹤一泫然[②]。

城上斜陽畫角哀，沈園無復舊池臺。
傷心橋下春波緑，曾是驚鴻照影來[③]！

---

① 陸游原娶的唐氏，因姑媳不和，離婚改嫁，嫁人後曾在沈園偶然跟陸游碰見。這首詩以及《劍南詩稿》卷二十五《禹蹟寺南有沈氏小園》、卷六十五《十二月二日夜夢遊沈氏園亭》、卷六十八《城南》、《渭南文集》卷四十九《釵頭鳳》都是寫那件事。本事詳見陳鵠《耆舊續聞》卷十、劉克莊《後村大全集》卷一百七十八、周密《齊東野語》卷一。

② 這時候陸游七十五歲。“病骨未爲山下土，尚尋遺墨話興亡！”是北宋李邦直題《江干初雪圖》的名句（葉夢得《石林詩話》卷上引），陸游多次用這個意思。參觀《詩稿》卷二十五《石

門瀑布圖》，卷十九《韓无咎下世》，卷六十五《夢遊沈氏園亭》之二，卷七十五《春遊》之四。

③ “翩若驚鴻”是曹植《洛神賦》裏描寫“凌波仙子”那種輕盈體態的名句。

陸　游

溪上作

傴僂溪頭白髮翁，暮年心事[①]一枝笻。
山銜落日青横野，鴉起平沙黑蔽空。
天下可憂非一事，書生無地效孤忠。
《東山》《七月》猶關念，未忍浮沉酒醆中[②]。

---

① 最緊要的東西，“心事一枝笻”就像謝靈運《遊南亭》所謂“藥餌情所止”。

② 《東山》《七月》都是《詩經·豳風》裏的詩篇，一首講軍士，一首講農民。“浮沉酒醆”就是糊糊塗塗地喝酒過日。

初夏行平水[1]道中

老去人間樂事稀，一年容易又春歸。
市橋壓擔蓴絲滑，村店堆盤豆莢肥。
傍水風林鶯語語，滿園煙草蝶飛飛。
郊行已覺侵微暑，小立桐陰換夾衣。

西　村

亂山深處小桃源，往歲求漿憶叩門。
高柳簇橋初轉馬，數家臨水自成村。
茂林風送幽禽語，壞壁苔侵醉墨痕。
一首清詩記今夕，細雲新月耿[2]黄昏。

---

① 在紹興。

② 發光照耀。

追憶征西幕中[①]舊事

大散關頭北望秦，自期談笑掃胡塵。
收身死向農桑社，何止明明兩世人[②]！

小獵南山雪未消，繡旗斜卷玉驄驕[③]。
不如意事常千萬，空想先鋒宿渭橋。

---

① 見《山南行》註①。

② 參看《小園》第二首，又卷七《月下醉題》："閉門種菜英雄老"，卷十三《灌園》："少携一劍行天下，晚落空村學灌園"，卷六十三《秋思絶句》第四首："平生詩句傳天下，白首還家自灌園。"

③ 《劍南詩稿》卷三有《九月十日如漢州、小獵於新都、彌牟之間》詩，卷二十七有《癸丑重九追懷頃在興元、常以是日獵中梁山下》詩。

醉　歌

百騎河灘獵盛秋，至今血漬短貂裘。
誰知老臥江湖上，猶枕當年虎髑髏①。

---

①《西京雜記》卷五記李廣射了老虎，“斷其髑髏以爲枕”，顯然承襲《莊子·至樂》所謂“援髑髏枕而臥”。《劍南詩稿》卷四《聞虜亂有感》：“前年從軍南山南……赤手曳虎毛毵毵”；卷十一《建安遣興》：“刺虎騰身萬目前，白袍濺血尚依然”；卷十四《十月二十六夜夢行南鄭道中》：“雪中痛飲百榼空；蹴踏山林伐狐兔……奮戈直前虎人立，吼裂蒼崖血如注”；卷二十六《病起》：“少年射虎南山下，惡馬强弓看似無”；卷二十八《懷昔》：“昔者戍梁益，寢飯鞍馬間……挺劍刺乳虎，血濺貂裘殷”；卷三十八《三山杜門作歌》第三首：“南沮水邊秋射虎”。或説箭射，或説劍刺，或説血濺白袍，或説血濺貂裘，或説在秋，或説在冬。《劍南詩稿》卷一《畏虎》：“心寒道上跡，魄碎茆葉低，常恐不自免，一死均豬雞！”卷二《上巳臨川道中》：“平生怕路如怕虎”；此等簡直不像出於一人之手。因此後世師法陸游的詩人也要説：“一般不信先生處，學射山頭射虎時。”（曹貞吉《珂雪二集·讀陸放翁詩偶題》五首之三）

示　兒[①]

死去元知萬事空，但悲不見九州同。
王師北定中原日，家祭無忘告乃翁[②]！

---

① 這首是陸游的絶筆。

② 參看《劍南詩稿》卷九《感興》第一首："常恐先狗馬，不及清中原"；卷三十七《太息》："砥柱河流仙掌日，死前恨不見中原"；卷三十六《北望》："寧知墓木拱，不見塞塵清"；卷三十八《夜聞落葉》："死至人所同，此理何待評？但有一可恨，不見復兩京。"這首悲壯的絶句最後一次把將斷的氣息又來説未完的心事和無窮的希望。陸游死後二十四年宋和蒙古會師滅金，劉克莊《後村大全集》卷十一《端嘉雜詩》第四首就説："不及生前見虜亡，放翁易簀憤堂堂；遥知小陸羞時薦，定告王師入洛陽。"陸游死後六十六年元師滅宋，林景熙《霽山先生集》卷三《書陸放翁書卷後》又説："青山一髪愁濛濛，干戈況滿天南東；來孫却見九州同，家祭如何告乃翁？"

范成大

范成大（一一二六 — 一一九三）字致能，自號石湖居士，吴縣人，有《石湖詩集》。元末明初，他的《四時田園雜興》已經公認爲經典作品，忽然起了個傳説，説宋孝宗原想叫他做宰相，以爲他“不知稼穡之艱”，就此作罷，於是他寫了這些詩來替自己表白①。假如這個傳説靠得住，它只證明了宋孝宗没調查過范成大的詩，或者没把他的詩作準，那末再多寫些《四時田園雜興》和《臘月村田樂府》也不見得有效。因爲《石湖詩集》裏很早就有像《大暑舟行含山道中》那種“憂稼穡”、“憐老農”的作品②，而且不論是做官或退隱時的詩，都一貫表現出對老百姓痛苦的體會，對官吏横暴的憤慨。

他晚年所作的《四時田園雜興》不但是他的最傳誦、最有影響的詩篇，也算得中國古代田園詩的集大成。《詩經》裏《豳風》的《七月》是中國最古的“四時田園”詩，敍述了農民一年到頭的辛勤生産和艱苦生活。可是這首詩没有起示範的作用；後世的田園詩，正像江淹的《雜體》詩所表示，都是從陶潛那裏來的榜樣。陶潛當然有《西田穫早稻》、《下潠田舍穫》等寫自己“躬耕”、“作苦”的詩，然而王維的《渭川田家》、《偶然作》、《春中田園作》、《淇上田園即事》和儲光羲的《田家即事》（五古和七律)、《田家雜興》等等建立風氣的作品，是得了陶潛的《懷古田舍》、《歸田園居》等的啓示，著重在“隴畝民”的安定閒適、樂天知命，内容從勞動過渡到隱逸。宋代像歐陽脩和梅堯臣分詠的《歸田四時樂》更老實不客氣的是過膩了富貴生活，要換個新鮮。西洋文學裏牧歌的傳統老是形容草多麼又緑又軟，羊多麽既肥且馴，天真快樂的牧童牧女怎樣在塵世的乾淨土裏談情説愛；有人讀得膩了，就説這種詩裏漏掉了一件東西——狼③。我們看中國傳統的田園詩，也常常覺得遺漏了一件東西——狗，地保公差這一類統治階級的走狗以及他們所代表的剥削和壓迫農民的制度。誠然，很多古詩描寫到這種現象，例如柳宗元《田家》第二首、張籍《山農詞》、元稹《田家詞》、聶夷中《詠田家》等等，可是它們不屬於田園詩的系統。梅堯臣的例可以説明這個傳統的束縛力；上面選了他駁斥“田家樂”的《田家語》④，然而他不但作了《續永叔〈歸田樂〉》⑤，還作了《田家四時》⑥，只在第四首末尾輕描淡寫地説農民過不了年，此外依然沿襲王維、儲光羲以來的田園詩的情調和材料。秦觀的《田居四首》只提到了“明日輸絹租，鄰兒入城郭”和“得穀不敢儲，催科吏傍午”⑦，一點没有描畫發揮，整個格調也還是摹仿儲、王，並且修詞很有毛病⑧。到范成大的《四時田園雜興》六十首纔彷彿把《七月》、《懷古田舍》、《田家詞》這三條綫索打成一個總結，使脱離現實的田園詩有了泥土和血汗的氣息，根據他的親切的觀感，把一年四季的農村勞動和生活鮮明地刻劃出一個比較完全的面貌。田園詩又獲得了生命，擴大了境地，范成大就可以跟陶潛相提並稱，甚至比他後來居上：例如宋代遺老的“月泉吟社”的詩裏和信裏動不動把“栗里”、“彭澤”來對“石湖”；而賈政的清客就只知道：“非范石湖‘田家’之詠不足以盡其妙”⑨。最耐人尋味的是“月泉吟社”第四十八名那首詩的批語。詩題是：“春日田園雜興”；詩的結句是：“前村犬吠無他事，不是搜鹽定榷茶”；批語是：“此詩無一字不佳，末語雖似過直，若使采詩觀風，亦足以戒聞者。”換句話説，儘管范成大的《田園雜興》裏也諷刺過公差下鄉催租的行逕，頭腦保守的批評家總覺得田園詩裏提到官吏榨逼農民，那未免像音樂合奏時來一響手槍聲⑩，有點兒殺風景，所以要替第四十八名的兩句詩開脱一下。這證明范成大的手法真是當時一個大膽的創舉了。

范成大的風格很輕巧，用字造句比楊萬里來得規矩和華麗，却沒有陸游那樣匀稱妥貼。他也受了中晚唐人的影響，可是像在楊萬里的詩裏一樣，没有斷根的江西派習氣時常要還魂作怪。楊萬里和陸游運用的古典一般還是普通的，他就喜歡用些冷僻的故事成語，而且有江西派那種“多用釋氏語”的通病⑪，也許是黄庭堅以後、錢謙益以前用佛典最多、最内行的名詩人。例如他的《重九日行營壽藏之地》説：“縱有千年鐵門限，終須一箇土饅頭”⑫；這兩句曾爲《紅樓夢》第六十三回稱引的詩就是搬運王梵志的兩首詩而作成的，而且“鐵門限”那首詩經陳師道和曹組分别在詩詞裏採用過，“土饅頭”那首詩經黄庭堅稱讚過⑬。他是個多病的人，在講病情的詩裏也每每堆塞了許多僻典，我們對他的“奇博”也許增加欽佩⑭，但是對他的痛苦不免減少同情。

清代沈欽韓有《石湖詩集註》，頗爲疏略，引證還確鑿可靠。

范成大

---

① 宋長白《柳亭詩話》卷二十二引湯沐《公餘日録》記孫作語，都穆《題〈田園雜興〉手跡》。

② 《石湖詩集》卷二。

③ 聖佩韋《文學家寫真》論萊翁那牧歌，七星叢書版《聖佩韋集》第二册第三百六十五頁。

④ 《宛陵先生集》卷七。

⑤ 《石湖詩集》卷二十三。

⑥ 《石湖詩集》卷一。

⑦ 《淮海集》卷二。

⑧ 賀裳《載酒園詩話》卷五就批評第一首開頭幾句“有驢非驢馬非馬之恨”。

⑨ 《紅樓夢》第十七回。

⑩ 斯湯達《紅與黑》第二部二十二章講文藝裏攙入政治的比喻。

⑪ 《説郛》卷二十載吴萃《視聽鈔》。

⑫ 《石湖詩集》卷二十八。

⑬ 范攄《雲溪友議》卷下，費衮《梁溪漫志》卷十，胡仔《苕溪漁隱叢話》前集卷五十，任淵《後山詩註》卷四《臥疾絶句》，曾慥《樂府雅詞》卷六曹組《相思會》。

⑭ 方回《瀛奎律髓》卷四十四。

初　夏

清晨出郭更登臺，不見餘春只麽回①。
桑葉露枝蠶向老，菜花成莢蝶猶來。

晴絲千尺挽韶光，百舌無聲燕子忙。
永日屋頭槐影暗，微風扇裏麥花香。

① 就此罷休回去。“只麽”是禪宗語録裏常用的口語；黄庭堅《寄杜家父》也説：“閒情欲被春將去，鳥喚花驚只麽回。”

范成大

晚　潮

東風吹雨晚潮生，疊鼓催船鏡裏行。
底事今年春漲小？去年曾與畫橋平。

碧　瓦

碧瓦樓前繡幙遮，赤欄橋外綠溪斜。
無風楊柳漫天絮，不雨棠梨滿地花。

横　塘①

南浦春來緑一川，石橋朱塔兩依然。
年年送客横塘路，細雨垂楊繫畫船②。

① 在吴縣。第一句的南浦是借用屈原《九歌》的“送美人兮南浦”或江淹《别賦》的“送君南浦，傷如之何”，泛指和朋友分手的河邊，不是湖北江夏或福建浦城的南浦。

② 這首詩裏的景象可以跟前面所選鄭文寶《柳枝詞》裏的景象比較。范成大《謁金門》詞也説：“塘水碧……只欠柳絲千百尺，繫船弄春笛。”

催租行[①]效王建

輸租得鈔官更催，踉蹌里正敲門來。
手持文書雜嗔喜："我亦來營醉歸耳！"[②]

牀頭慳囊[③]大如拳，撲破正有三百錢；
不堪與君成一醉，聊復償君草鞋費[④]。

---

① 王建並沒有這個題目的詩，范成大不過學他那種樂府的風格。

② 這兩句活畫出一個做好做歹、借公濟私的地保；參看下面《四時田園雜興》末一首。

③ 指積錢罐，所謂"撲滿"。

④ 行腳僧有所謂"草鞋錢"，早見於唐代禪宗的語録（例如《五燈會元》卷三普願語録）。宋代以後，這三個字也變成公差、地保等勒索的小費的代名詞，就是《儒林外史》第一回所謂"差錢"。元曲裏岳百川的《鐵拐李》第一折寫差人張千向韓魏公說："有什麽草鞋錢與我些"，又寫韓魏公駡他說："則我老夫身上還要

錢買草鞋，休道別人手裏不要錢”；這可以註解范成大的詩句。參看柳宗元《田家》第二首：“里胥夜經過，雞黍事筵席”；李賀《感諷》第一首：“越婦通言語，小姑具黃粱；縣官踏飡去，簿吏更登堂”；唐彦謙《宿田家》：“忽聞扣門急，云是下鄉隸……老母出搪塞，老腳走顛躓……東鄰借種雞，西舍覓芳醑”。唐彦謙那樣具體細緻的刻劃也還不及范成大這首詩的筆墨輕快、口角生動。

補註　“輸租得鈔官更催。”戴鴻森同志指出，《宋史》卷一百七十四《食貨》上二“賦税”記紹興十五年户部議：“輸官物用四鈔”，其一爲“户鈔，付民收執”，即今所謂票據。詩言民已“輸租”得“鈔”，而“里正”仍然上門催租驗看“鈔”（即“文書”），藉此討索酒錢。

范成大

早發竹下①

結束晨粧破小寒，跨鞍聊得散疲頑。
行衝薄薄輕輕霧，看放重重疊疊山。
碧穗炊煙當樹直，綠紋溪水趁橋灣。
清禽百囀似迎客，正在有情無思間②。

---

① 在安徽休甯。

② 鳥兒的叫聲又像對人有情，又像並没有什麽含義。劉禹錫《柳花詞》説："無意似多情，千家萬家去"；李賀《昌谷北園新筍》第二首説："無情有恨何人見"；楊發《玩殘花》説："低枝似泥幽人醉，莫道無情却有情"；蘇軾描寫楊花的《水龍吟》也説："思量却似，無情有思"；這都是從《玉臺新詠》卷九梁簡文帝《和蕭侍中子顯〈春别〉》第一首又卷十《古絶句》第三首寫葡萄、荳蔻、菟絲的詩句推演而出。范成大又把前人形容草木的話移用在禽鳥上。

後催租行

老父[①]田荒秋雨裏，舊時高岸今江水；
傭耕[②]猶自抱長飢，的知無力輸租米。
自從鄉官新上來，黄紙放盡白紙催[③]。
賣衣得錢都納却，病骨雖寒聊免縛。
去年衣盡到家口[④]，大女臨岐兩分首；
今年次女已行媒，亦復驅將换升㪷[⑤]。
室中更有第三女，明年不怕催租苦！

---

① 老翁。

② 自己的田不能種，只好做人家的雇農。

③ “黄紙”是皇帝的詔書，“白紙”是縣官的公文。朝廷頒佈了一個官樣文章，豁免災區的賦税，可是當地官吏還是勒逼人民繳納。這種剥削人民的雙簧戲，蘇軾在北宋早向皇帝指出來：“四方皆有‘黄紙放而白紙收’之語”（《東坡集》卷二十八《應詔言四事狀》），可是始終扮演下去。參看米芾《催租》：“一司日日下賑濟，一司旦旦催租税”（《寶晉英光集》卷三）；趙汝績《無罪

言》："發粟通有無，寬逋已徵索"（《江湖後集》卷七）；朱繼芳《農桑》："淡黃竹紙説蠲逋，白紙仍科不稼租"（《南宋羣賢小集》第十二册）。

④ 衣服賣光，只好賣家裹的人口。

⑤ 二女兒已經配定人家了，也得賣掉。

州　橋[1] 南望朱雀門北望宣德樓皆舊御路也

州橋南北是天街，父老年年等駕迴；
忍淚失聲詢使者："幾時真有六軍來?"[2]

---

① 宋孝宗乾道六年（公元一一七〇年），范成大出使到金，因此經過了淮河以北的北宋故土，寫了七十二首七言絕句和一卷日記《攬轡録》。這首寫的是北宋舊京汴梁的州橋——《水滸》裏楊志賣刀的天漢州橋。

② 這首可歌可泣的好詩足以説明文藝作品裏的寫實不就等於埋没在瑣碎的表面現象裏。《攬轡録》裏寫汴梁只説："民亦久習胡俗，態度嗜好與之俱化"；寫相州也只説："遺黎往往垂涕嗟嘖，指使人曰：'此中華佛國人也！'"比范成大出使早一年的樓鑰的記載説："都人列觀……戴白之老多歎息掩泣，或指副使曰：'此宣和官員也！'"（《攻媿集》卷一百十一《北行日録》上）比范成大出使後三年的韓元吉的記載説："異時使者率畏風埃，避嫌疑，緊閉車内，一語不敢接，豈古之所謂'覘國'者哉！故自渡淮，雖駐車乞漿，下馬盥手，遇小兒婦女，率以言挑之，又使親故之從

行者反復私焉，然後知中原之人怨敵者故在而每恨吾人之不能舉也!”（《南澗甲乙稿》卷十六《書〈朔行日記〉後》；據《金史》卷六十一《交聘表》，韓元吉使金在大定十三年，就是乾道九年。）可見斷没有“遺老”敢在金國“南京”的大街上攔住宋朝使臣問爲什麽宋兵不打回老家來的，然而也可見范成大詩裏確確切切地傳達了他們藏在心裏的真正願望。寥寥二十八個字裏濾掉了渣滓，去掉了枝葉，乾浄直捷地表白了他們的愛國心來激發家裏人的愛國行動，我們讀來覺得完全入情入理。韓元吉《南澗甲乙稿》卷六《望靈壽致拜祖塋》：“白馬岡前眼漸開，黄龍府外首空回；殷勤父老如相識，只問‘天兵早晚來?’”和范成大這首詩用意相同。參看唐代劉元鼎《使吐蕃經見紀略》：“户皆唐人，見使者麾蓋，夾觀。至龍支城，耋老千人拜且泣……言：‘頃從軍没於此，今子孫未忍忘唐服，朝廷尚念之乎? 兵何日來?’言已皆嗚咽。”（《全唐文》卷七百十六）

夜坐有感

靜夜家家閉户眠，滿城風雨驟寒天。
號呼賣卜誰家子，想欠明朝糴米錢！

雪中聞牆外鬻魚菜者求售之聲甚苦有感

飯籮驅出敢偷閒，雪脛冰鬚慣忍寒；
豈是不能扃户坐？忍寒猶可忍飢難[①]！

① 范成大的《牆外賣藥者》詩也説："長鳴大咤欺風雪，不是甘心是苦心！"

范成大

詠河市歌者

豈是從容唱《渭城》[①]？箇中當有不平鳴。
可憐日晏忍飢面，强作春深求友聲！

① 《渭城》是唐人的一種歌曲，這裏是借用劉禹錫《與歌者》："更與殷勤唱《渭城》。"

四時田園雜興①

土膏欲動雨頻催，萬草千花一餉開。
舍後荒畦猶綠秀，鄰家鞭筍過牆來。

種園得果僅償勞，不奈兒童鳥雀搔②。
已插棘針樊③筍徑，更鋪漁網蓋櫻桃。

吉日初開種稻包，南山雷動雨連宵。
今年不欠秧田水，新漲看看拍小橋。

蝴蝶雙雙入菜花，日長無客到田家。
雞飛過籬犬吠竇，知有行商來賣茶。

三旬蠶忌閉門中，鄰曲都無步往蹤。
猶是曉晴風露下，采桑時節暫相逢④。

雨後山家起較遲，天窗新色半熹微。
老翁攲枕聽鶯囀，童子開門放燕飛。

范成大

梅子金黄杏子肥，麥花雪白菜花稀。
日長籬落無人過，惟有蜻蜓蛺蝶飛。

晝出耘田夜績麻，村莊兒女各當家。
童孫未解供耕織，也傍桑陰學種瓜。

黄塵行客汗如漿，少住儂家漱井香⑤。
借與門前盤石坐，柳陰亭午正風涼。

采菱辛苦廢犁鋤，血指流丹鬼質枯⑥。
無力買田聊種水，近來湖面亦收租！

朱門乞巧沸歡聲，田舍黄昏靜掩扃。
男解牽牛女能織，不須邀福渡河星⑦。

垂成穡事苦艱難，忌雨嫌風更怯寒。
牋訴天公⑧休掠剩，半償私債半輸官。

租船滿載候開倉，粒粒如珠白似霜。
不惜兩鍾輸一斛⑨，尚贏糠覈飽兒郎。

新築場泥鏡面平，家家打稻趁霜晴。
笑歌聲裏輕雷動，一夜連枷響到明⑩。

斜日低山片月高，睡餘行藥[11]繞江郊。
霜風掃盡千林葉，閒倚筇枝數鸛巢。

黄紙蠲租白紙催，皂衣旁午下鄉來。
"長官頭腦冬烘甚，乞汝青銅買酒迴。"[12]

---

① 原分"春日"、"晚春"、"夏日"、"秋日"、"冬日"五組，每組十二首。《永樂大典》卷九百"詩"字引顧世名《梅山集·題吴僧閑白雲註范石湖田園雜興詩》："一卷田園雜興詩，世人傳誦已多時；其中字字有來歷，不是箋來不得知。"這個註本似早失傳。

② 賈誼《新書·退讓》篇和劉向《新序·雜事》之四都記載楚人忌妒梁人種的瓜好，晚上偷偷去"搔瓜"，使瓜"死焦"。這裏"搔"字引申爲"損害"的意思。

③ 當籬笆來保護。

④ 養蠶的時候，忌陌生人進門。南宋人詩裏常寫這種風俗。例如項安世《建平縣道中》："村村煮酒開官坊，家家禁忌障蠶房"（《平菴悔稿》卷二）；趙汝鐩《耕織歎》："生氣熏陶蠶滿紙，采桑女兒鬨如市；晝飼夜餧時分盤，扃門謝客謹俗忌"；又《蠶舍》："每到蠶時候，村村多閉門；往來斷親黨，啼叫禁兒孫"（《野谷詩稿》卷一、卷五）；葉紹翁《田家三詠》："家爲蠶忙户緊關"（《南宋羣賢小集》第七册《靖逸小集》）。

⑤ 道書稱清淨水爲"華水"或"水華"（《雲笈七籤》卷六十

七《岷山丹法》、《東坡志林》卷一《雨井水》），此地又從“華”（通“花”）生發出“香”來；參看《禮記》裏《月令》：“仲冬之月……水泉必香”，歐陽脩《醉翁亭記》：“泉香而酒洌。”

⑥ 又《石湖詩集》卷二十《採菱》：“刺手朱殷鬼質青”。“鬼質”這個名詞很冷僻，根據《石湖詩集》卷十六《蛇倒退》裏“山民茅數把，鬼質犢子健”兩句看來，是瘦得像鬼的意思；大約從何承天和顏延之辯論“鬼宜有質”那句話來的（《弘明集》卷四《重釋何衡陽》、《重答顏光禄》），“質”就是形狀，如陸機《演連珠》：“覽影偶質，不能解獨”，《新唐書》卷二百二十三下説盧杞“鬼形藍面”，同卷“贊”裏就説他“鬼質”。

⑦ 這首講農民没工夫在七夕乞巧。

⑧ 祈求天老爺。六朝時劉謐之和喬道元都有《與天公牋》（嚴可均《全晉文》卷一百四十三、《全宋文》卷五十七），因此皮日休《苦雨雜言寄魯望》説：“不如直上天公牋，天公牋，方修次。”黄庭堅詩裏常常用這個成語。

⑨ 范成大《勞畬耕》那首詩裏敍述“吴農”的貧苦：“不辭春養禾，但畏秋輸官；姦吏大雀鼠，盜胥衆螟蝝。掠剩增釜區，取贏折緡錢；兩鍾致一斛，未免催租瘢。重以私債迫，逃屋無炊煙；晶晶雲子飯，生世不下咽。食者定遊手，種者長流涎。”宋代官家收租，規定農民每一石米得多繳六斗的“耗”——參看李覯《穫稻》註②；而事實上由於吏胥的舞弊勒索，農民得拿出近三石米，纔算繳納了一石的租。一鍾等於六斛四斗，“兩鍾輸一斛”是説一石租得實繳十二石八斗，極言官府剥削的狠、農民負擔的重。

⑩ 范成大還有一首《冬春行》描寫這種情景：“官租私債紛

如麻，有米冬舂能幾家！”

⑪ 吃了藥後散步。

⑫ 這首第一句的意思見《後催租行》註③；第二至第四句就是《催租行》裏寫的景象，“冬烘”等於糊塗。這個公差說：“縣官是糊塗不管事的，做好做歹都由得我，你們得孝敬我幾個錢買酒喝。”

尤　袤

尤袤（一一二七 — 一一九四）字延之，自號遂初居士，無錫人。他的詩集已經散失，後人幾次三番地搜輯，以《錫山尤氏叢刻》甲集裏的《梁谿遺稿》算比較完備，當然也還有增補的餘地。他那些流傳下來的詩都很平常，用的詞藻往往濫俗，實在趕不上楊、陸、范的作品。下面選的一首是他集裏壓卷之作。此外還有經楊萬里稱賞而保存的《寄友人》一聯好句："胸中襞積千般事，到得相逢一語無。"① 親友久別重逢，要談起來是話根兒剪不斷的，可是千絲萬緒，不知道拈起哪一個話頭兒纔好，情意的充沛反造成了語言的窘澀。尤袤的兩句把這種情景真切而又經濟地傳達出來了。全首詩已經失傳，斷句也因此埋没，直到它經過擴充和引申，變爲王實甫《西廂記》第五本第四折的《沉醉東風》："不見時準備著千言萬語……待伸訴，及至相逢，一語也無，剛則道個'先生萬福!'"② 彷彿一根折斷的楊柳枝兒，給人撿起來，插在好泥土裏，長成了一棵亭亭柳樹。

---

① 《誠齋集》卷一百十四《詩話》。

② 鄭振鐸《古本戲曲叢刊》第一集《元本題評西廂記》裏這一節的眉批引"古詩"兩句，就是尤袤這兩句。參看唐項斯(一作許彬)《荆州夜與友親相遇》："别來何限意，相見却無詞"；又裴休《喜友人再面》："相思長有事，及見却無言。"

淮民謡[1]

東府買舟船，西府買器械。
問儂欲何爲？團結[2]山水寨。
寨長過我廬，意氣甚雄粗。
青衫兩承局[3]，暮夜連勾呼。
勾呼且未已，椎剥到雞豖[4]。
供應稍不如，向前受笞箠。
驅東復驅西，棄却鋤與犁。
無錢買刀劍，典盡渾家[5]衣。
去年江南荒，趁熟[6]過江北；
江北不可住，江南歸未得！
父母生我時，教我學耕桑；
不識官府嚴，安能事戎行！
執槍不解刺，執弓不能射；
團結我何爲，徒勞定無益[7]。
流離重流離，忍凍復忍飢；
誰謂天地寬[8]，一身無所依！
淮南喪亂後，安集亦未久。
死者積如麻，生者能幾口！

尤 袤

荒村日西斜，破屋兩三家；
撫摩⑨力不給，將奈此擾何！

---

① 尤袤那時候是泰興知縣，這是他爲民請命的作品（徐夢莘《三朝北盟會編·炎興下帙》卷一百四十）。

② 組織成爲隊伍，參看梅堯臣《田家語》註①。

③ 公差；《水滸傳》裏常見，例如第六回兩個"承局"去叫林沖，第四十三回戴宗打扮做"承局"等。《全唐文》卷五百三十三李觀《代李圖南上蘇州韋使君論戴察書》："見有黄衣排闥直入，口稱里胥"；宋人著作中也常説"黄衣"，如郭彖《睽車志》卷五《李允升》："黄衣聲喏於庭下"；洪邁《夷堅志》支乙卷七"王牙儈"、支景卷四"寶積行者"、三志壬卷九"霍秀才歸土"等條只説"黄衫承局"、"黄衫公人"。

④ 參看范成大《催租行》註④。南宋時無名氏的《雞鳴》詩可以作爲這一句的註解："雞鳴喈喈，鴨鳴呷呷；縣尉下鄉，有獻則納。雞鳴於塒，鴨鳴於池；縣尉下鄉，靡有孑遺。雞既鳴矣，鴨既羹矣，鑼鼓鳴矣，縣尉行矣。"（陶宗儀《説郛》卷七載無名氏《豹隱記談》）

⑤ 全家，例如《敦煌掇瑣》之三《燕子賦》："渾家大小"、"渾家不殘"，韓愈《寄盧仝》："渾舍驚怕走折趾"。

⑥ 就是"逃荒"，一稱"逐熟"；《清平山堂話本》的《合同文字記》裏就用"趁熟"。黄震《黄氏日抄》卷六十七摘録范成大《再奏荒政劄子》裏這兩個字而解釋説："浙人鄉談……蓋謂荒處

之人於熟處趁求也。”但是據鄭俠《西塘文集》卷一《流民》看來，北宋時北方也早有“趁熟”的說法。

⑦ 意思說只“團結”而不“訓練”是没有用處的。

⑧ 用孟郊《贈別崔純亮》裏的名句：“出門即有礙，誰謂天地寬！”參看杜甫《送李校書》：“每愁悔吝作，如覺天地窄。”

⑨ 安定、救濟。

蕭德藻

蕭德藻（生年死年不詳）字東夫，自號千巖居士，長樂人。他在當時居然也跟尤、楊、范、陸並稱①，可是詩集流傳不廣②，早已散失，所存的作品都搜集在清代光聰諧的《有不爲齋隨筆》卷丁裏。他跟曾幾學過詩③，爲楊萬里所賞識，看來也想擺脱江西派的影響，所以他説："詩不讀書不可爲，然以書爲詩不可也。"④用字造句都要生硬新奇，顯得吃力。他有一篇"吴五百"的寓言⑤，爲中國的笑林裏添了個類型，後世轉輾摹仿⑥，而完全忘掉了他這位創始人；這一點也許可以提起。

① 楊萬里《誠齋集》卷三十九《謝張功父送近詩集》、卷四十《進退格寄張功父、姜堯章》、卷八十一《千巖摘稿序》、卷一百十四《詩話》，姜夔《白石道人詩集》自序一，樂雷發《雪磯叢稿》卷二《書蕭千巖集》。

② 方回《瀛奎律髓》卷六。

③ 張端義《貴耳集》卷上。

④ 范晞文《對牀夜話》卷二引。

⑤ 趙與時《賓退録》卷六引。

⑥ 例如耿定向《耿天台先生全書》卷八《雜俎·徹蔀篇》，蒲松齡《聊齋志異》卷一《成仙》等。

樵　夫

一擔乾柴古渡頭，盤纏一日頗優游[①]。
歸來磵底磨刀斧，又作全家明日謀。

① 賣掉一擔柴，够一天的開銷。

王　質

王質（一一二七 — 一一八九）字景文，自號雪山，興國人，有《雪山集》。他佩服蘇軾，甚至説："一百年前……有蘇子瞻……一百年後，有王景文。"① 他的詩很流暢爽快，有點兒蘇軾的氣派，還能够少用古典。他的朋友張孝祥也以第二個蘇軾自命，名聲比他響得多，而作品笨拙，遠不如他。至於他的《紹陶録》，那是表示他羡慕陶潛那樣的隱逸生活，並非效法陶潛的詩歌，而且"陶"字指陶潛、陶弘景兩個人，所謂："淵乎栗里，謐哉華陽"②。

① 《雪山集》卷十《自贊》。

② 《紹陶録》卷上《書栗里、華陽閑窩詞》。

山行即事

浮雲在空碧，來往議陰晴①。
荷雨灑衣濕，蘋風吹袖清。
鵲聲喧日出，鷗性狎波平。
山色不言語，喚醒三日酲。

---

① 天上的雲片忽聚忽散，彷彿在討論要不要下雨；第三句第五句是説一會兒下雨，一會兒又天晴。“議”等於“商量”，宋人詩詞裏描寫天氣時常用的，例如：“雲來嶺表商量雨，峯繞溪灣物色梅”（《後村千家詩》卷十四潘牥《郊行》）；“重陰未解，雲共雪商量不了”（曾慥《樂府雅詞拾遺》卷下王觀《天香》）；“斷雲歸去商量雨，黄葉飛來問訊秋”（林希逸《竹溪鬳齋十一稿》續集卷七《秋日鳳凰臺即事》）。

王　質

東流道中[①]

山高樹多日出遲，食時霧露且雰霏。
馬蹄已踏兩郵舍，人家漸開雙竹扉。
冬青匝路野蜂亂，蕎麥滿園山鵲飛。
明朝大江送吾去，萬里天風吹客衣。

① 一作《晚泊東流》。東流在安徽。

陳　造

陳造（一一三三 — 一二〇三）字唐卿，自號江湖長翁，高郵人，有《江湖長翁文集》。他是陸游、范成大、尤袤都賞識的詩人，跟范成大唱和的詩很多。自從楊萬里以後，一般詩人都想擺脱江西派的影響，陳造和敖陶孫兩人是顯著的例外。他敢批評當時的社會習尚，肯反映人民疾苦，只可惜堆砌和鑲嵌的古典成語太多，意思不够醒豁，把批評的鋒口弄得鈍了、反映的鏡面弄得昏了。

陳　造

田家謡

麥上場，蠶出筐，此時祇有田家忙。
半月天晴一夜雨，前日麥地皆青秧。
陰晴隨意①古難得，婦後夫先各努力。
倏涼驟暖繭易蛾，大婦絡絲中婦織。
中婦輟閒事鉛華②，不比大婦能憂家。
飯熟何曾趁時吃，辛苦僅得蠶事畢。
小婦初嫁當少寬，令伴阿姑頑❶③過日。
明年願得如今年，剩貯二麥饒絲綿。
小婦莫辭擔上肩，却放大婦當姑前④。

❶ 房謂嬉爲"頑"。

---

① 天晴天雨都恰恰合了農人的心願。參看蘇軾《泗州僧伽塔》："耕田欲雨刈欲晴"，又《江湖長翁集》卷九《田家歎》："秧欲雨，麥欲晴。"

② 二媳婦忙裏偷閒愛打扮。

③ 那時候陳造是湖北房陵的代理太守;《江湖長翁集》卷十九《房陵》第八首也說:“老稚不妨頑過日”,自註:“俗謂戲曰‘頑’。”

④ 小媳婦去勞動,讓大媳婦陪着婆婆。

陳　造

題趙秀才壁

日日危亭憑曲欄，幾層蒼翠擁煙鬟。
連朝策馬衝雲去，盡是亭中望處山。

章　甫

章甫（生年死年不詳）字冠之，自號易足居士，鄱陽人，有《自鳴集》。他是陸游的朋友，詩歌受杜甫和蘇軾的影響。

章　甫

田家苦[①]

何處行商因問路，歇肩聽説田家苦。
今年麥熟勝去年，賤價還人如糞土。
五月將次盡，早秧都未移；
雨師懶病藏不出，家家灼火鑽烏龜[②]。
前朝夏至還上廟，着衫奠酒乞杯珓[③]；
許我曾爲五日期，待得秋成敢忘報。
陰陽水旱由天公，憂雨憂風愁煞儂；
農商苦樂原不同，淮南不熟販江東[④]。

---

① 參看劉攽《江南田家》註②。這首跟那些詩的意思大致相同，只是添寫了農民憂旱愁澇、求神拜佛的苦惱。章甫對這種迷信是不贊成的——從《自鳴集》卷二《白露行》、卷三《憫農》、卷四《憂旱》、《白露》、卷五《苦旱》等詩裏都看得出——因此他愈覺得農民的處境可憐。

② 古代占卜法。

③ 也是一種占卜法。

④ 商人可以到年成豐收的地方去做買賣。

即　事[①]

天意誠難測，人言果有不[②]？
便令江漢竭，未厭虎狼求。
獨下傷時淚，誰陳活國謀[③]？
君王自神武，況乃富貔貅！

初失清河日，駸駸遂逼人。
餘生偷歲月，無地避風塵。
精鋭看諸將，謨謀仰大臣。
慎夫憂國淚，欲忍已沾巾。

---

① 原十首，大約是宋孝宗隆興二年（公元一一六四年）所作。那年金兵從清河口入淮，宋人要放棄淮河，退保長江，結果割地買和。詩的風格極像杜甫。

② 不知道皇帝究竟作什麼打算，只聽得外面盛傳要割地賠款——就是第三句所謂“便令江漢竭”。

③ 第七八句就是“活國謀”；意思説國家有的是士兵，爲什麼不抵抗。

姜　夔

姜夔（一一五五 — 一二二一）字堯章，自號白石道人，鄱陽人，有《白石道人詩集》。他是一位詞家，也很負詩名，在當時差不多趕得上尤、楊、范、陸的聲望①。他跟尤、楊、范也都有交情，詩篇唱和，只把陸漏掉了。詞家常常不會作詩，陸游曾經詫異過爲什麽“能此不能彼”②，姜夔是極少數的例外之一。他早年學江西派，後來又受了晚唐詩的影響；在一切關於他的詩歌的批評裏，也許他的朋友項安世的話比較切近實際：“古體黄陳家格律，短章温李氏才情”③。當然在他的近體裏還遺留着些黄、陳的習氣，七律却又受了楊萬里的熏陶，而且與其説温、李也還不如説皮、陸。他的字句很精心刻意，可是讀來很自然，不覺得纖巧，這尤其是詞家的詩裏所少有的。

---

① 方回《瀛奎律髓》卷三十六。

② 《渭南文集》卷三十《跋〈花間集〉》之二。

③ 《平菴悔稿》卷七《謝姜夔秀才示詩卷、從千巖蕭東夫學詩》。

昔遊詩

夔蚤歲孤貧，再走川陸；數年以來，始獲寧處。秋日無謂，追述舊遊可喜可愕者，吟爲五字古句。時欲展閱，自省生平，不足以爲詩也。

我乘五板船，將入沌河①口。
大江風浪起，夜黑不見手。
同行子周子，渠膽大如斗；
長竿插蘆席，船作野馬走。
不知何所詣，死生付之偶。
忽聞入草聲②，燈火亦稍有。
杙③船遂登岸，急買野家酒。

揚舲下大江，日日風雨雪。
留滯鼇背洲，十日不得發。
岸冰一尺厚，刀劍觸舟楫；
岸雪一尺深，屹如玉城堞。
同舟二三士，頗壯不恐懾；
蒙氈閉篷臥，波裏任傾側。
晨興視氈上，積雪何皎潔。

欲上不得梯，欲留岸頻裂；
攀援始得上，幸有人見接。
荒邨三兩家，寒苦衣食缺。
買豬祭波神，入市路已絶。
如今得安坐，閒對妻兒説。

濠梁[4]四無山，陂陀亘長野。
吾披紫茸氈，縱飲面無赭[5]。
自矜意氣豪，敢騎雪中馬[6]。
行行逆風去，初亦略霑灑；
疾風吹大片，忽若亂飄瓦。
側身當其衝，絲鞚袖中把。
重圍萬箭急，馳突更叱咤。
酒力不支吾[7]，數里進一斝。
燎茅烘濕衣，客有見留者。
徘徊望神州，沈歎英雄寡！

---

① 在湖北漢陽西南。

② 唐人柳中庸（一作姚崇）《夜渡江》的“聽草遥尋岸”，北宋詞家張先《題西溪無相院》詩的名句“小艇歸時聞草聲”（參看《安陸集》附録中葛朝陽按語），也都寫這種情景。

③ 把船拴住。

④ 在安徽鳳陽東北。

⑤ 喝的酒不上臉。

⑥ 姜夔《雪中六解》也説："塞草汀雲護玉鞍，連天花落路漫漫，如今却憶當時健，下馬題詩不怕寒。"這裏所寫回憶當年、顧盼自豪的神氣使我們聯想到陸游這類的詩和辛棄疾這類的詞（例如《稼軒詞》卷一《水調歌頭・舟次揚州和楊濟翁、周顯先韻》、卷三《鷓鴣天・有客慨然談功名因追念少年時事戲作》），整首詩的風格也很像陸游的。當然姜夔没有陸、辛兩人那種英雄老去、撫今感昔的牢騷，這因爲他雖然"沈歎英雄寡"，到底缺乏他們兩人的志事和抱負。

⑦ 等於"枝梧"，支持的意思；酒力漸消，自己覺得抵擋不住風寒。

姜　夔

除夜自石湖歸苕溪①

細草穿沙雪半銷，吴宫煙冷水迢迢。
梅花竹裏無人見，一夜吹香過石橋②。

黄帽③傳呼睡不成，投篙細細激流冰。
分明舊泊江南岸，舟尾春風颭客燈。

三生定是陸天隨④，又向吴淞作客歸。
已拚新年舟上過，倩人和雪洗征衣。

笠澤⑤茫茫鴈影微，玉峯⑥重疊護雲衣。
長橋寂寞春寒夜，只有詩人一舸歸。

---

① 石湖是蘇州和吴江之間的風景區，范成大的别墅所在；苕溪指湖州，姜夔住家所在。

② 姜夔詠梅花的《暗香》詞説：“但怪得竹外疏花，香冷入瑶席”，也是寫這種情景。參看范祖禹《范太史集》卷二的一個詩

題："黄魯直示千葉黄梅，余因憶蜀中冬月山行，江上聞香而不見花，此真梅也。"

③ 指船夫；漢代的船夫都戴黄帽子，號稱"黄頭郎"，見《史記》卷一百二十五《佞幸列傳》。

④ 陸龜蒙自號天隨子，隱居在吴淞江上；姜夔因爲自己在石湖小住，愛好那裏的風景，就説準是陸龜蒙的後身。參看他的《三高祠》詩："沉思只羡天隨子，蓑笠寒江過一生。"

⑤ 太湖下流的吴淞江。

⑥ 指積雪未銷的山，參看《昔遊詩》的"玉城堞"。下句"長橋"即垂虹橋，參看姜夔《慶宫春》詞小序。

姜　夔

湖上[1]寓居雜詠

處處虛堂望眼寬，荷花荷葉過闌干。
遊人去後無歌鼓，白水青山生晚寒[2]。

苑牆曲曲柳冥冥，人靜山空見一燈。
荷葉似雲香不斷，小船搖曳入西陵[3]。

① 指杭州西湖。

② 參看姜夔的朋友陳造的詩句"因循又耐笙歌聒"和"付與笙歌三萬指，平分綵舫聒湖山"（《江湖長翁文集》卷十二《早步湖上》、卷十八《都下春日》），可以想見白天西湖上"歌鼓"的熱鬧。

③ 即西泠，《玉臺新詠》卷十《錢塘蘇小歌》所謂"西陵松柏下"。

平甫[①]見招不欲往

老去無心聽管絃，病來杯酒不相便。
人生難得秋前雨，乞我虛堂自在眠[②]。

---

① 張鑒，字平甫，張鎡之弟。周密《齊東野語》卷十二載姜夔"自序"，稱："張兄平甫情甚骨肉。"

② 吕本中《紫微詩話》裏稱道吕希哲的一首絶句："老讀文書興易闌，須知養病不如閒。竹牀瓦枕虛堂上，卧看江南雨後山。"假如姜夔作這首詩的時候，没有記起那首詩，我們讀這首詩的時候，也會想到它。

徐璣

徐璣（一一六二 — 一二一四）字文淵，一字致中，號靈淵，永嘉人，有《二薇亭詩集》。他和他的三位同鄉好友——字靈暉的徐照，字靈舒的翁卷，號靈秀的趙師秀——並稱“四靈”，開創了所謂“江湖派”。

杜甫有首《白小》詩，説：“白小羣分命，天然二寸魚”，意思是這種細小微末的東西要大夥兒合起來纔湊得成一條性命。我們看到“四靈”這個稱號，也許想起麟、鳳、龜、龍，但是讀了“四靈”的作品，就覺得這種同一流派而彼此面貌極少差異的小家不過像白小。江湖派反對江西派運用古典成語、“資書以爲詩”，就要盡量白描、“捐書以爲詩”，“以不用事爲第一格”①；江西派自稱師法杜甫，江湖派就拋棄杜甫，擡出晚唐詩人來對抗。這種比楊萬里的主張更爲偏激的詩風從潘檉開始②，由葉適極力提倡，而在“四靈”的作品裏充分表現③，潘和葉也是永嘉人。葉適認爲：“慶曆、嘉祐以來，天下以杜甫爲師，始黜唐人之學，而江西宗派章焉”；“杜甫强作近體……當時爲律詩者不服，甚或絶口不道……王安石七言絶句人皆以爲特工，此亦後人貌似之論爾！七言絶句凡唐人所謂工者，今人皆不能到……若王氏徒有纖弱而已”④。朱熹批評過葉適，説他“説話只是杜撰”，又批評過葉適所隸屬的永嘉學派説：“譬如泰山之高，它不敢登，見個小土堆子，便上去，只是小。”⑤這些哲學和史學上的批評也可以應用在葉適的文藝理論上面。他説杜甫“强作近體”那一段話，正所謂“只是杜撰”；他排斥杜甫而尊崇晚唐，鄙視歐陽脩梅堯臣以來的詩而偏袒慶曆、嘉祐以前承襲晚唐風氣像林逋、潘閬、魏野等的詩，正所謂“只是小”。而且他心目中的晚唐也許比林逋、潘閬、魏野所承襲的——至少比楊萬里所喜愛的——狹隘得多，主要指姚合和賈島，兩個意境非常淡薄而瑣碎的詩人，就是趙師秀所選《二妙集》裏的“二妙”⑥。

經過葉適的鼓吹，有了“四靈”的榜樣，江湖派或者“唐體”風行一時，大大削弱了江西派或者“派家”的勢力⑦，幾乎奪取了它的地位，所謂“舊止四人爲律體，今通天下話頭行”⑧。名叫“江湖派”大約因爲這一體的作者一般都是布衣——像徐照和翁卷——或者是不得意的小官——像徐璣和趙師秀，當然也有幾個比較顯達的“鉅公”⑨，譬如葉適、趙汝談、劉克莊等。名叫“唐體”其實就是晚唐體，楊萬里已經把名稱用得混淆了⑩；江湖派不但把“唐”等於“晚唐”、“唐末”⑪，更把“晚唐”、“唐末”限於姚合、賈島，所以嚴羽抗議説這是惑亂觀聽的冒牌⑫，到清初的黄宗羲還得解釋“四靈”所謂“唐詩”是狹義的“唐詩”⑬。“四靈”的詩情詩意都枯窘貧薄，全集很少變化，一首也難得完整，似乎一兩句話以後，已經才盡氣竭；在這一夥裏稍微出色的趙師秀坦白地説：“一篇幸止四十字，更增一字，吾末如之何矣!”⑭可是這“四十字”寫得並不高明，開頭兩句往往死死扣住題目，像律賦或時文的“破題”⑮；而且詩裏的警聯常常依傍和摹仿姚合等的詩[16]，換句話説，還不免“資書以爲詩”，只是根據的書没有江西派根據的那樣多。

我們没有選葉適的詩。他號稱宋儒裏對詩文最講究的人，可是他的詩竭力鍊字琢句，而語氣不貫，意思不達，不及“四靈”還有那麽一點點靈秀的意致。所以，他儘管是位“大儒”，却並不能跟小詩人排列在一起；這彷彿麻雀雖然是個小鳥兒，飛得既不高又不遠，終不失爲飛禽，而那龐然昂然的鴕鳥，力氣很大，也生了一對翅膀，可是絶不會騰空離地，只好讓它跟善走的動物賽跑去罷。

---

① 參看劉克莊《後村大全集》卷九十六《韓隱君詩序》，戴復古《石屏詩集》卷首趙汝騰序、包恢序、王埜序，仇遠《山村遺集·書與元仁詩後》，袁桷《清容居士集》卷四十八《書湯西樓詩後》。

② 韋居安《梅磵詩話》卷中、方回《瀛奎律髓》卷三引葉適《轉菴集序》，那是《水心集》和《補遺》裏都没有的。

③ 韓淲《澗泉集》卷八《昌甫題徐山民詩集因和》：“眇眇三靈見，蕭蕭一葉知”，自註“三靈”指徐照以外的那三個人，“一葉”指葉適。

④ 《水心集》卷十二《徐斯遠文集序》；葉適《習學紀言序目》卷四十七。

⑤ 《語類》卷一百二十三。

⑥ 《瀛奎律髓》卷十。趙師秀另選《衆妙集》，共七十六家，從沈佺期起，没有姚合、賈島，也没有杜甫，選劉長卿的詩多至二十三首，可能是《二妙集》的補充。參看胡應麟《少室山房類稿》卷四十一《清源寺中戲效晚唐人近體》自序。

⑦ “派家”這個名稱見《後村大全集》卷九十四《劉圻父詩序》，方岳《秋崖小稿》文集卷四十三《跋陳平仲詩》，舒岳祥《閬風集》卷二《題潘少白詩》、卷十《劉士元詩序》等。

⑧ 《後村大全集》卷十六《題蔡炷主簿詩卷》，參看嚴羽《滄浪詩話·詩辨》説“四靈”“獨喜賈島姚合之詩……江湖詩人多效其體”。

⑨ 《瀛奎律髓》卷二十。參看趙文《青山集》卷一《蕭漢傑青原樵唱序》：“‘江湖’者、富貴利達之求而飢寒之務去，役役而不休者也。”

⑩ 《誠齋集》卷十六《送彭元忠縣丞北歸》、卷七十八《雙桂老人詩集後序》等。

⑪ 參看周南《山房後稿·讀唐詩》，吴泳《鶴林集》卷三十六《沈宏甫〈齊瑟録〉序》。

⑫ 《滄浪詩話·詩辨》，參看陳著《本堂集》卷四十七《題天臺潘少白續古集》。

⑬ 《南雷文案》三刻《撰杖集·張心友詩序》。

⑭ 《後村大全集》卷九十四《野谷集序》。林希逸《竹溪鬳齋十一稿》續集卷十二《方君節詩序》。

⑮ 例如徐璣《送趙靈秀赴筠州幕》："地以竹爲名，因知此地清"；翁卷《題常州獨孤桂》："此桂何時種，相傳是獨孤"；趙師秀《桃花寺》："舊有桃花樹，人呼寺故名。"

⑯ 參看魏慶之《詩人玉屑》卷十九引黄昇論趙師秀點化成句。

徐璣

新涼

水滿田疇稻葉齊，日光穿樹曉煙低。
黄鶯也愛新涼好，飛過青山影裏啼。

徐　照

徐照（？— 一二一一）字道暉，一字靈暉，號山民，永嘉人，有《芳蘭軒集》。

徐　照

促促詞[①]

促促復促促，東家歡欲歌，西家悲欲哭。
丈夫力耕長忍飢，老婦勤織長無衣。
東家鋪兵[②]不出户，父爲節級[③]兒抄簿；
一年兩度請官衣，每月請米一石五；
小兒作軍送文字[④]，一旬一輪怨辛苦。

---

① 唐人李益有《效古促促曲爲河上思婦作》，王建有《促促行》。“促促”是忙碌、困迫之意；參看張籍《促促詞》：“促促復促促，家貧夫婦歡不足”；又《南歸》：“促促念道路，四支不常寧。”

② “兵”一作“君”。“鋪兵”該到遠地去傳送文書，例如陸游《劍南詩稿》卷三十《閉户》自註：“蜀兵來得張季長歸唐安江原書。”可是這首詩裏的鋪兵是坐在家裏的。

③ 兵營裏的小官，《水滸》裏的戴宗就做過這個職位。

④ “作軍”指“鋪兵”，“送文字”指“抄簿”；這個兒子靠父親的庇護，頂了一名鋪兵的額子，而不必出去奔波跋涉，只要抄寫了文件去向公家繳回。

翁 卷

翁卷（生年死年不詳）字續古，一字靈舒，永嘉人，有《葦碧軒集》。

野望

一天秋色冷晴灣，無數峯巒遠近間。
閒上山來看野水，忽於水底見青山。

鄉村四月

緑遍山原白滿川，子規聲裏雨如煙。
鄉村四月閒人少，纔了蠶桑又插田。

趙師秀

趙師秀（生年死年不詳）字紫芝，號靈秀，永嘉人，有《清苑齋集》。

趙師秀

數　日

數日秋風欺病夫，盡吹黃葉下庭蕪。
林疏放得遥山出，又被雲遮一半無。

約　客

黄梅時節家家雨，青草池塘處處蛙；
有約不來過夜半，閒敲碁子落燈花。①

① 陳與義《夜雨》："碁局可觀浮世理，燈花應爲好詩開"，就見得拉扯做作，没有這樣乾淨完整。

裘萬頃

裘萬頃（？— 一二二二）字元量，自號竹齋，新建人，有《竹齋詩集》。當時人要把他歸入江西派①，後來的批評家又稱讚他是江西人而能不傳染江西派的習氣②。其實南宋從楊萬里開始，許多江西籍貫的詩人都要從江西派的影響裏掙扎出來，裘萬頃也是一個，可是還常常流露出江西派的套語，跟江湖派終不相同。

① 陳元晉《漁墅類稿》卷五《跋裘元量〈竹齋漫存詩〉》。

② 賀裳《載酒園詩話》卷五。

裘萬頃

雨　後

秋事雨已畢，秋容晴爲妍。
新香浮穲稏，餘潤溢潺湲①。
機杼蛩聲裏，犁鋤鷺影邊。
吾生一何幸，田裏又豐年！

① 上句説稻熟，下句説水漲。

早　作

井梧飛葉送秋聲，籬菊緘香[①]待晚晴。
斗柄横斜河欲没[②]，數山青處亂鴉鳴。

入京道中曝背

露濕芳桃午未乾，花時全似麥秋[③]寒。
征衫不敵東風力，試上郵亭曝背看。

① 菊花還没有曬到太陽，所以不香，彷彿把香氣包紮封鎖起來似的。

② 指北斗星和天河。

③ 見寇準《夏日》註①。

華　岳

華岳（生年死年不詳）字子西，自號翠微，貴池人，有《翠微南征録》。這個遭韓侂胄迫害、被史彌遠殘殺的愛國志士是“武學生”出身。宋代的武學“重墨義文學而後騎射”①，武學生也是文縐縐的，但是他總跟職業文人不同。華岳並不沾染當時詩壇上江西派和江湖派的風尚；他發牢騷，開頑笑，談情説愛，都很真率坦白地寫出來，不怕人家嫌他粗獷或笑他俚鄙。宋人説他的人品“倜儻”像陳亮②；我們看他那種“粗豪使氣”的詩格，同時人裏只有劉過和劉仙倫——所謂“廬陵二劉”③——的作風還相近，而他的内容比較充實，題材的花樣比較多。他的散文集《翠微北征録》卷一裏有篇《平戎十策》，勸皇帝四面八方搜羅“英雄豪傑”，别把國事全部交託給“書生學士”；他講英雄豪傑的八個來源——從“沉溺下僚”的小官一直到“輕犯刑法”的“黥配”和“隱於吏籍”的“胥靡”——簡直算得《水滸傳》的一篇總贊，這也許可以附帶一提的。

① 《貴池先哲遺書》本《翠微南征録》卷十一“附録”。

② 葉紹翁《四朝聞見録》甲。

③ 張端義《貴耳集》卷中。

驟 雨

牛尾烏雲潑濃墨，牛頭風雨翻車軸。
怒濤頃刻卷沙灘，十萬軍聲吼鳴瀑。
牧童家住溪西曲，侵早騎牛牧溪北；
慌忙冒雨急渡溪，雨勢驟晴山又綠。

江上雙舟催發

前帆風飽江天闊，後帆半出疎林闕。
後帆招手呼前帆，畫鼓輕敲總催發。
前帆雪浪驚飛湍，後帆舵尾披銀山。
前帆漸緩後帆急，相傍俱入蘆花灘。
島嶼瀠洄斷還續，沙尾夕陽明屬玉①；
望中醉眼昏欲花，誤作閒窗小橫軸。

---

① “屬玉”是一種水鳥。

華　岳

田　家

老農鋤水子收禾，老婦攀機女織梭；
苗絹[①]已成空對喜，納官還主外無多。

雞唱三聲天欲明，安排飯碗與茶瓶；
良人猶恐催耕早，自扯蓬窗看曉星。

拂曉呼兒去採樵，祝[②]妻早辦午炊燒；
日斜枵腹歸家看，尚有生枝炙未焦[③]。

---

① 苗是老農和兒子的勞動果實，絹是老婦和女兒的勞動果實。

② 請求。

③ 表示兒子採來的柴不好。

補註 “生枝”的“生”字就像《詩·小雅·白駒》所謂“生芻一束”的“生”字；新採折的柴枝不够乾燥，因而不易燃燒。參觀杜荀鶴《山中寡婦》：“旋斫生柴帶葉燒。”今語稱未乾的木料亦曰“生材”。《韓非子・外儲説右》、《吕覽・别類》、《淮南子・人間訓》等載匠人造室曰“木尚生”云云，可相發明。（參觀孫貽讓《札迻》卷四）

劉　宰

劉宰（一一六六 — 一二三九）字平國，自號漫塘病叟，金壇人，有《漫塘文集》。他以品節著名，詩歌不很出色，但是像下面選的兩首，在同時人的詩集裏倒也很難找到那樣樸摯的作品。

開禧紀事[①]

"泥滑滑"，"僕姑姑"，
喚晴喚雨無時無。
曉窗未曙聞啼呼，更勸沽酒"提壺蘆"。
年來米貴無酒沽！

"婆餅焦"，"車載板"，
餅焦有味婆可食，有板盈車死不晚。
君不見比來翁姥盡飢死，狐狸嚙骨烏啄眼！

① 宋寧宗趙擴開禧三年（公元一二〇七年）大旱歲饑。這兩首也是"禽言"體，參看周紫芝《禽言》註①。

劉宰

野犬行 嘉定己巳作①

野有犬，林有烏；
犬餓得食聲咿嗚，烏驅不去尾畢逋②。
田舍無煙人跡疎，我欲言之涕淚俱。
村南村北衢路隅，妻喚不省哭者夫；
父氣欲絶孤兒扶，夜半夫死兒亦殂。
屍横路隅一縷無；
烏啄眼，犬嚙鬚，身上那有全肌膚！
叫呼五百③煩里閭，淺土元不蓋頭顱。
過者且勿歎，聞者且莫吁；
生必有數死莫踰，飢凍而死非幸歟！
君不見荒祠之中荆棘裏，臠割不知誰氏子；
蒼天蒼天叫不聞，應羡道旁飢凍死④！

---

① 宋寧宗嘉定二年（公元一二〇九年）大旱歲饑。

② “城上烏，尾畢逋”是《後漢書》卷二十三記載的童謡；“畢逋”大約跟古樂府《兩頭纖纖》裏寫公雞振動羽毛的“腷膊”是一音之轉。

③ 即“伍伯”，有好幾個意義（詳見鄭珍《巢經巢文集》卷五《跋韓詩寄盧仝首》），此地指地保、公差之類。

④ 意思說：餓死凍死還落得個全軀而死，儘管“烏啄”“犬啣”，反正是個屍首；在這種年頭兒，還有人吃人的事，活生生地給人宰割，那就更慘了。

戴復古

戴復古（一一六七 —？）字式之，自號石屏，黄巖人，有《石屏詩集》。他活到八十多歲①，是江湖派裏的名家。作品受了“四靈”提倡的晚唐詩的影響，後來又攙雜了些江西派的風格；他有首《自嘲》的詞説：“賈島形模原自瘦，杜陵言語不妨村。”②賈島是江湖派所謂“二妙”的一“妙”，杜甫是江西派所謂“一祖三宗”的一“祖”，表示他的調停那兩個流派的企圖。據説他爲人極謹慎，“廣座中口不談世事”③，可是他的詩裏每每指斥朝政國事，而且好像並不怕出亂子得罪人④。

① 方回《桐江集》卷四《跋戴石屏詩》。

② 《石屏詩集》卷八《望江南》。

③ 方回《瀛奎律髓》卷二十。

④ 參看《石屏詩集》王埜序，周弼《端平詩雋》卷一《戴式之垂訪村居》。

織婦歎

春蠶成絲復成絹，養得夏蠶重剥繭。
絹未脱軸擬輸官，絲未落車圖贖典①。
一春一夏爲蠶忙，織婦布衣仍布裳；
有布得着猶自可，今年無麻愁殺我②！

---

① 贖回當掉的東西。

② 參看梅堯臣《陶者》註①，又趙汝鐩《耕織歎》。這裏和趙汝鐩詩裏寫的情況似乎比孟郊、杜荀鶴等詩裏所寫的更貧困了。李心傳《建炎以來朝野雜記》甲集卷十四就記載南宋賦税比五代還要繁重，"宜民力之困"；參看趙翼《廿二史劄記》卷二十五"南宋取民無藝"條。末二句句法仿古樂府《獨漉篇》："獨漉獨漉，水深泥濁；泥濁尚可，水深殺我。"這是古代民謡裏常用的句型，例如《漢書·王莽傳》："太師尚可，更始殺我"；《後漢書·南蠻傳》："虜來尚可，尹來殺我"；《新唐書·楊虞卿傳》："蘇張尚可，三楊殺我"；孫樵《孫可之集》卷二《書田將軍邊事》："西戎尚可，南蠻殺我"。李白、黄庭堅的詩裏都仿過這個句調。（參看吴景旭《歷代詩話》卷五十九論韓駒評詩）

戴復古

庚子薦饑[①]

餓走拋家舍，縱横死路歧。
有天不雨粟，無地可埋屍。
劫數慘如此，吾曹忍見之？
官司行賑卹，不過是文移！

杵臼成虛設，蛛絲網釜鬵[②]。
啼飢食草木，嘯聚斫山林[③]。
人語無生意，鳥啼空好音。
休言穀價貴，菜亦貴如金[④]！

① “薦”是重疊、接連的意思；“庚子”是宋理宗趙昀嘉熙四年（公元一二四〇年）。

② “鬵”音“岑”，大鍋子。這兩句説一切舂米的和煮飯的傢伙都没有用了。

③ 落草做强盜。

④ 古書裏常説荒年的飢民“面有菜色”，這裏説連菜都吃不到。

夜宿田家

簦笠相隨走路岐[①]，一春不換舊征衣。
雨行山崦黄泥坂，夜扣田家白板扉。
身在亂蛙聲裏睡，心從化蝶夢中歸[②]。
鄉書十寄九不達，天北天南雁自飛。

---

① 一個兒東西飄泊，只有草帽和雨傘是隨身伴侶。

② 用莊周《齊物論》所寫夢裏化爲蝴蝶的故典。

洪咨夔

洪咨夔（一一七六 — 一二三五）字舜俞，自號平齋，於潛人，有《平齋文集》。他是抨擊當時政治黑暗的著名人物，集裏常有諷刺官吏、憐憫人民的作品。他的詩歌近江西派的風格，也受了些楊萬里的影響，往往有新巧的比喻。

漩　口[1]

秃山束紆江[2]，寸土無平田。
麥登粟事起，竟歲相周旋[3]。
扶犁犖確間，並驅從兩犍。
兩犍力不齊，手胼後者鞭[4]。
日暮鞭更急，軛促肩領穿。
歸來茅屋下，撫牛涕泗漣。
一飽勿易得，奈此官租錢！

① 在四川。

② 草木不生的山夾住了曲折的江水；參看吕本中《東萊先生詩集》卷一《宿青陽驛》："晚風號古木，高岸束黄流。"都是從杜甫那裏來的字法——《秋日夔府詠懷》："峽束滄江起"。

③ 忙完了麥又要忙稻，一年到頭没有空閒的時候。

補註　戴鴻森同志指出，"粟"非"稻"，而是小米、高粱一類的旱地莊稼；其地"犖確"、"無平田"，不宜種稻，故特言“粟”。

④ 把落後的一頭牛不住地打，拿鞭子的手上都長出厚皮來了。打牛是不得已，參看下文“撫牛”句。

狐　鼠[1]

狐鼠擅一窟，虎蛇行九逵[2]。
不論天有眼，但管地無皮[3]。
吏鶩肥如瓠，民魚爛欲糜[4]。
交征誰敢問，空想“素絲”詩[5]。

---

① 也許宋代一切譏刺朝政的詩裏，要算這一首駡得最淋漓痛快、概括周全。洪咨夔向皇帝上過奏章，指斥滿朝公卿的有虧職守，因此得罪貶官。（參看《平齋文集》卷五《乙酉六月十九日應詔言事九月一日去國》、《示諸兒》，羅大經《鶴林玉露》卷八，仇遠《山村遺集・稗史》。）

② 這一聯説官吏勾結盤據，無法無天。

③ 這一聯變成後世描寫貪官污吏、暗無天日的成語，例如明人小説《醉醒石》第七回：“共歎天無眼，羣驚地少皮。”（參看李開先《中麓閒居集》卷十《渼陂王檢討傳》，褚人穫《堅瓠廣集》卷二，吴振棫《養吉齋餘録》卷四，林昌彝《射鷹樓詩話》卷一。）洪咨夔是組織了蔡琰《胡笳十八拍》第八拍的“爲天有眼

兮，何不見我獨漂流?”和盧仝《蕭宅二三子贈答詩》第十四首的“揚州惡百姓，疑我卷地皮”等詩句以及無名氏《江南餘載》卷上所記貪官徐知訓“和地皮掘來”的有名故事。

④ 這一聯把“吏抱成案，雁鶩行以進”（韓愈《藍田縣丞廳壁記》）、“肥白如瓠”、“魚肉良民”、“魚爛”、“糜爛”等成語聯合在一起，是地道的江西派手法。

⑤ 這一聯説大大小小的官都剥削人民，像《詩經》裏讚美的那種好官是找不到的了。“上下交征利”見《孟子·梁惠王》篇，“素絲”見《詩經·召南》的《羔羊》。

泥　溪

沙路緣江曲，斜陽塞轎明①。
晚花酣暈淺②，平水笑窩輕③。
喜蔭時休駕，疑昏屢問程。
誰家剛齊④餅，味過八珍烹。

① “塞”跟“明”兩字相反相成，塞滿了是應當黑暗的，却反而明亮。

② 花的顏色像人喝了酒的臉色，不過紅得不深，因爲是最後一次開放了——從下面“喜蔭”兩字看來，詩裏所寫是暮春初夏、緑肥紅瘦的時節。

③ 風平浪靜的水面也有圓圓的波痕，就像人臉上淺淺的笑渦。參看楊炯《浮漚賦》：“細而察之，若美人臨鏡開寶靨”（《初唐四傑文集》卷十）；袁中道《沮漳道中》：“槳後圓渦如酒靨，舟頭沸水似茶聲”（《珂雪齋詩集》卷六）。

④ “齊”音“劑”，調和味道。

洪咨夔

促　織[1]

一點光分草際螢，繅車未了緯車鳴。
催科知要先期辦，風露飢腸織到明。

水碧衫裙透骨鮮，飄搖機杼夜涼邊。
隔林恐有人聞得，報縣來拘土產錢。

---

① 這兩首借“促織”、“絡緯”這種草蟲來諷刺賦税制度的苛刻。第一首把促織來比辛勤紡織的婦女；第二首説促織既然也在“織”，小心給縣官知道了來勒索，比陸游《劍南詩稿》卷二十一《夜聞蟋蟀》寫得深刻；陸游只説：“布穀布穀解勸耕，蟋蟀蟋蟀能促織；州符縣帖無已時，勸耕促織知何益?”

王邁

王邁（一一八四 — 一二四八）字實之，自號臞軒居士，仙游人，有《臞軒集》。他因直言强諫，給宋理宗罵爲“狂生”①。許多號稱有膽量、敢批評的人在詩歌裏都表現得頗爲“温柔敦厚”，洪咨夔却不是那樣，王邁更不是那樣。他在作品裏依然保存那股辣性和火勁，處處替人民講話，不怕得罪上司和同僚，真像他自己所説：“生爲奇男子，先辦許國身”②；“入被丞相嗔，出遭長官罵……不曲不圓，不聾不啞。”③他雖然極推尊楊萬里的詩，自己的風格並不相像，還是受江湖派的影響居多。《臞軒集》裏混進了若干傍人的作品，有北宋人的，有同時人的，甚至有元代詩人的。

---

① 周密《齊東野語》卷四，參看《臞軒集》卷十二《有客》、卷十六《讀壬伯大都承奏疏》。

② 《臞軒集》卷十二《反〈艷歌曲〉》。

③ 白珽《湛淵静語》卷二載王邁自題畫像，那是《臞軒集》裏遺漏掉的。

王　邁

簡同年[①]刁時中俊卿詩　並序

時中吾諍友也。未第[②]時作《老農行》以諷其長官，言詞甚苦。今爲綏寧簿[③]，被鄰帥檄，來董虎營[④]二千間之役；諸邑疲於應命，民間悴於科募[⑤]。一日禀帥，又欲任浮屠宮宇[⑥]之責，帥以小緩謝之。余退而作詩，即以所諷令者諷之。

讀君“老農詩”，一讀三太息。
君方未第時，憂民真懇惻；
直筆誅縣官，言言虹貫日[⑦]。
縣官怒其訕，移文加誚斥；
君笑答之書，抗詞如矢直。
旁觀爭吐舌，此士勇無匹。
今君已得官，一飯必念國。
民爲國本根，豈不思培植?
其如邊事殷[⑧]，賦役煩且亟。
虎營間二千，鳩工日數百。
硬土燒熾窰，高崗輿巨石。
山骨慘無青，犢皮腥帶赤[⑨]。
羸者頳其肩，飢者菜其色[⑩]。

憔悴動天愁，搬移驚地脈。
吏饕鷹隼如，攫拏何顧惜。
交炭不論斤，每十必加一；
量竹不計圍，每丈每赢尺⑪。
軍則新有營，誰念民無室？
吏則日飽鮮，誰憫民艱食？
州家費不貲，帑藏空儲積。
間有小人儒，旁獻生財策；
大帥今龔、黄⑫，豈願聞此畫？
夏潦苦不多，秋旱勢如炙。
願君在莒心，端不渝疇昔⑬；
蔡人即吾人，一視孰肥瘠⑭？
築事宜少寬，紓徐俟農隙⑮；
至如浮屠宫，底用吾儒力？
彼役猶有名，何名屍此役⑯？
君言雖慫𢙾，帥意竟縮瑟。
同年義弟兄，王事同休戚；
相辨色如爭，相與情似暱。
余言似太戇，有君前日癖；
責人斯無難⑰，亦合受人責。
我既規君過，君盍砭我失，
面諛皆相傾，俗子吾所疾。

---

① 同一年裏中的進士。

② 還没有中進士。

③ 湖南綏寧主簿。這時候王邁在長沙做潭州觀察推官。

④ 調來監造兵營。

⑤ 按户口來派工作。

⑥ 負責造和尚的寺院。

⑦ 用荆軻的故事，等於説“精誠感天”。

⑧ 國家的邊防緊急。

⑨ 拉大車的牛把皮都磨破了。

⑩ 見戴復古《庚子薦饑》註④。

⑪ 人民每繳十根炭，得多繳一根，每繳十尺竹竿，得多繳一尺，作爲小吏的外快。

⑫ 見蘇軾《吴中田婦歎》註⑧。“今”原作“令”，疑是誤字。

⑬ 劉向《新序》的《雜事》四記載鮑叔勸齊桓公不要一朝得意，忘掉了從前落難逃亡的時候——“毋忘其出而在莒”。

⑭ 魯定公四年十一月吴人救蔡，《公羊傳》認爲“夷狄憂中國”、“朋友相衛”，是件值得表揚的事；韓愈《諍臣論》説：“若越人視秦人之肥瘠，忽焉不加喜戚於其心。”王邁的意思是：你做官所在地的人民跟你本鄉的人民都是同胞，應當一體看待，不要只對本鄉人關心。

補註 戴鴻森同志指出，不必遠引《公羊傳》等，王邁正用《舊唐書·裴度傳》記度語：“吾受命爲彰義軍節度使，元惡就擒，蔡人即吾人也。”

⑮ 等到農忙以後。

⑯ “彼役”指建虎營，“此役”指造浮屠宫。

⑰ 《書經·泰誓》裏的句子。

王　邁

觀獵行

落日飛山上，山下人呼獵。
出門縱步觀，無遑需屐屧。
至則聞獵人，喧然肆牙頰。
或言歧徑多，御者困①追躡。
或言御徒希，聲勢不相接。
或言器械鈍，馳逐無所挾。
或言盧犬②頑，獸走不能劫。
余笑與之言："善獵氣不懾。
汝方未獵時，戰氣先萎薾。
弱者力不支，勇者膽亦怯。
微哉一雉不能擒，虎豹之血其可喋？
汝不聞去歲淮甸間，熊羆百萬臨危堞。
往往被甲皆汝曹，何怪師行無凱捷！"
嗚呼！安得善獵與善兵，使我一見而心愜！③

① "困"原作"因"，疑是誤字。

② 黑色善走的狗。

③ 相傳岳飛論南宋人抵禦金人的必備條件是："文臣不愛錢，武臣不惜命。"王邁這首詩藉題指斥"武臣"的畏敵"惜命"。據周南《書三將罷兵》（《永樂大典》卷一萬八千二百〇七"將"字下引，四庫本《山房集》失收），韓世忠、張俊曾說："文儒生不愛錢，武將一意輕生命"；周密《齊東野語》卷十三《秦檜之收諸將兵柄》全襲周南文，却改韓、張語爲岳飛的那兩句話，傳誦後世。

王　邁

讀渡江諸將傳[①]

讀到諸賢傳，令人淚灑衣。
功高成怨府，權盛是危機。
勇似韓彭有，心如廉藺希[②]。
中原豈天上？尺土不能歸！

---

① 大約就是章穎的《南渡十將傳》。

② 指韓信、彭越、廉頗、藺相如。“心如”句說南宋的將相不和；《南渡十將傳》卷一論劉錡說：“一時輩流嫉其能，力沮遏之”，卷二論岳飛和秦檜的關係說：“檜之貪功以自專，惡賢害能，墮中興之大計”，都可以解釋這一句。參看《臞軒集》卷二《乙未閏七月輪對第一劄》：“往者中興之初，張俊、岳飛、劉光世、韓世忠皆善將兵，惟不相能，遂誤大計。”

趙汝鐩

趙汝鐩（一一七二 — 一二四六）字明翁，自號野谷，袁州人，有《野谷詩集》。江湖派詩人裏算他的才氣最豪放；他的古體不但學王建、張籍，也學李白、盧仝，近體不但傳“四靈”的家法，也學楊萬里，都很暢快伶俐。

趙汝鐩

翁媪歎

旱曦當空歲不熟，炊甑飛塵煮薄粥；
翁媪飢雷常轉腹，大兒嗷嗷小兒哭。
愁死未死此何時，縣道賦不遺毫氂①；
科胥督欠烈星火，詬言我已遭榜笞。
壯丁偷身出走避，病婦抱子訴下淚；
掉頭不恤爾有無，多寡但照帖中字。
盤雞豈能供大嚼？杯酒安足直一醉？
瀝血祈哀容貸納，拍案邀需仍痛詈。
百請幸聽去須臾，衝夜搥門誰叫呼？
後胥復持朱書急急符，預借明年一年租②。

① “道”略當於後世的“省”；“氂”通“釐”。

② 參看范成大《催租行》註④。

耕織歎[①]

春催農工動阡陌，耕犁紛紜牛背血。
種蒔已徧復耘耔[②]，久晴渴雨車聲發。
往來邏視曉夕忙，香穗垂頭秋登場。
一年苦辛今幸熟，壯兒健婦爭掃倉。
官輸私負索交至，勺合不留但糠粃；
我腹不飽飽他人，終日茅檐愁餓死！

春氣薰陶蠶動紙，采桑女兒鬨如市。
晝飼夜餧時分盤，扃門謝客謹俗忌[③]。
雪團落架抽繭絲，小姑繅車婦織機；
全家勤勞各有望，翁媪處分[④]將裁衣。
官輸私負索交至，尺寸不留但箱笥；
我身不煖煖他人，終日茅檐愁凍死！

---

① 參看梅堯臣《陶者》註①。趙汝鐩這兩首也許是把這個不合理現象寫得最暢達的宋代詩篇。

② “蒔”見楊萬里《插秧歌》註②；“耘耔”兩字出於《詩

經》裏《小雅》的《甫田》，“耘”是除草，“耔”是下肥。

補註 《詩》孔疏：“耔、雝本也。”《漢書·食貨志》：“芓、附根也。”戴鴻森同志指出，即今語所謂“培土”。

③ 參看范成大《四時田園雜興》註④。

④ 分配、籌劃。

隴　首

隴首多逢采桑女，荆釵蓬鬢短青裙。
齋鐘斷寺雞鳴午，吟杖穿山犬吠雲。
避石牛從斜路轉，作陂水自半溪分。
農家説縣催科急，留我茅檐看引文①。

途　中

雨中奔走十來程，風卷雲開陡頓晴。
雙燕引雛花下教，一鳩喚婦樹梢鳴。
煙江遠認帆檣影，山舍微聞機杼聲。
最愛水邊數株柳，翠條濃處兩三鶯。

---

① 官府派租單。

高　翥

高翥（生年死年不詳）字九萬，自號菊磵，餘姚人，有《菊磵小集》、《信天巢遺稿》。他是"江湖派"裏比較有才情的作者，黄宗羲甚至推重他爲"千年以來"餘姚人的"詩祖"①；譚嗣同幼年讀了很感動的句子正是他的《清明日對酒》詩②。

① 《南雷文案》卷一《景州詩集序》。
② 《譚嗣同全集》卷四《城南思舊銘並序》。

秋　日

庭草銜秋自短長，悲蛩傳響答寒螿。
豆花似解通鄰好，引蔓殷勤遠過牆。

曉出黄山寺

曉上籃輿[①]出寶坊[②]，野塘山路盡春光。
試穿松影登平陸，已覺鐘聲在上方。
草色溪流高下碧，菜花楊柳淺深黄[③]。
杖藜切莫匆匆去，有伴行春不要忙[④]。

---

① 竹轎。

② 和尚寺。

③ 草在岸上緑，水在岸下緑；菜花黄得濃，柳絲黄得淡。句法仿唐鮑溶《春日》："徑草漸生長短緑，庭花欲綻淺深紅。"（《全唐詩逸》卷上）

④ 高翥《天台曹園》詩也説："平生看花法，不學蜜蜂忙。"參看陸游《劍南詩稿》卷十七《聞傅氏莊紫笑花開，急棹小舟觀之》："漫道閑人無一事，逢春也似蜜蜂忙。"

劉克莊

劉克莊（一一八七 — 一二六九）字潛夫，自號後村居士，莆田人，有《後村居士詩集》。他是江湖派裏最大的詩人，最初深受“四靈”的影響，蒙葉適賞識。不過他雖然着重地效法姚合賈島①，也學其他晚唐詩人像許渾、王建、張籍，還摹仿過李賀②，頗有些靈活流動的作品。後來他覺得江西派“資書以爲詩失之腐”，而晚唐體“捐書以爲詩失之野”③，就也在晚唐體那種輕快的詩裏大掉書袋，填嵌典故成語，組織爲小巧的對偶。因此，他又非常推重陸游的作“好對偶”和“奇對”的本領。他的兩個後輩劉辰翁和方回對他的批評最中肯。劉辰翁說：“劉後村仿《初學記》，駢儷爲書，左旋右抽，用之不盡，至五七言名對亦出於此，然終身不敢離尺寸，欲古詩少許自獻，如不可得。”④我們只知道劉克莊瞧不起《初學記》這種類書⑤，不知道他原來採用了《初學記》的辦法，下了比江西派祖師黄庭堅還要碎密的“帖括”和“餖飣”的工夫⑥，事先把搜集的故典成語分門别類作好了些對偶，題目一到手就馬上拼湊成篇。“詩因料少不成聯”⑦，因此爲了對聯，非備料不可。這可以解釋爲什麽他的作品給人的印象是滑溜得有點機械，現成得似乎店底的宿貨。在方回駡劉克莊的許多話裏，有一句講得頂好：“飽滿‘四靈’，用事冗塞"⑧；意思説：一個瘦人飽吃了一頓好飯，肚子撑得圓鼓鼓的，可是相貌和骨骼都變不過來⑨。清代詩人像趙翼等的風格常使讀者想起《後村居士詩集》來。

---

① 《後村大全集》卷九十四《瓜圃集序》。

② 魏慶之《詩人玉屑》卷十九載劉克莊摹仿李賀樂府三篇，也就是楊慎《升菴外集》卷七十八所稱讚的三篇，《後村居士詩集》不收。

③ 《後村大全集》卷九十六《韓隱君詩序》。

④ 《須溪集》卷六《趙仲仁詩序》。

⑤ 《後村大全集》卷三十一《訓蒙》："帖括不離《初學記》，管蠡烏覩大方家?"參看卷一百十一《跋章南舉小稿》。

⑥ 翁方綱《復初齋文集》卷二十九《跋山谷手録雜事墨跡》。黄庭堅把典故分類摘抄的《建章録》在《永樂大典》卷七千九百六十二"興"字、一萬二千零四十三"酒"字、一萬四千五百三十七"樹"字等部還保存幾段。

⑦ 陳普《石堂先生遺集》卷十七《次答姚考功留别》。

⑧ 《瀛奎律髓》卷四十二。

⑨ 這句話就彷彿吴喬《答萬季埜詩問》裏説王士禎是"清秀李于鱗"，或者陳田《明詩紀事》庚籤卷二十三説沈德符是"著色竟陵詩"（參看沈德符《野獲編》卷二十五説《曇花記》是"著色西遊記"）；紀昀解釋爲"撑腸拄腹皆'四靈'語"，似誤，陳世崇《隨隱漫録》卷五記曹東畝語："四靈詩如啗玉腴，雖爽不飽；江西詩如八寶頭羹，充口適腹"；就是説四靈缺乏事料，本身不"飽滿"，也不能使别人"撑腸拄腹"。

北來人

試說東都①事，添人白髮多。
寢園②殘石馬，廢殿泣銅駝③。
胡運占難久，邊情聽易訛。
淒涼舊京女，粧髻尚宣和④。

十口同離仳⑤，今成獨雁飛！
飢鋤荒寺菜，貧著陷蕃⑥衣。
甲第歌鐘沸，沙場探騎稀⑦。
老身閩地死，不見翠鑾歸！

---

① 指汴梁。

② 指北宋皇帝的墳園。

③ 晉代索靖感歎洛陽宫門的銅駝埋没在荆棘裏，這裏借指淪陷在金人手裏。

④ 宋徽宗年號；意思説雖然土地淪陷了好多年，人民還保存北宋的風俗習慣。

⑤ “仳”等於“别”；意思説從北方逃到南方來原有十口人。

⑥ “蕃”通“番”；意思説逃回南宋，可是還穿着金國的衣服，跟第一首“淒涼”二句對照。

⑦ 跟第一首“邊情”句對照，意思説南宋不派人好好去打探消息，只聽信些謠言。

戊辰即事[①]

詩人安得有青衫？今歲和戎百萬縑！
從此西湖休插柳，剩栽桑樹養吴蠶[②]。

---

① 戊辰是宋寧宗嘉定元年（公元一二〇八年）；宋兵攻金大敗，講和賠款，説定犒賞金兵三百萬兩，以後每年繳納“歲幣”三十萬兩。劉克莊把無衫可穿作爲“比興”，來講民窮財盡，還希望西湖邊的小朝廷注意國計民生，不要再文恬武嬉。參看陳德武《水龍吟》：“東南第一名州，西湖自古多佳麗。……十里荷花，三秋桂子，四山晴翠。使百年南渡，一時豪傑，都忘却平生志。……力士推山，天吴移水，作農桑地。”（《全宋詞》卷二百七十四）

② 蘇州當然是出産絲絹的蠶桑之區（參看范成大《吴郡志》卷一《土貢》），不過“吴蠶”兩字也許還是沿用唐詩裏的成語，像李白《寄東魯二稚子》的“吴地桑葉緑，吴蠶已三眠”。《後村大全集》卷一《揚州作》又説：“惆悵兩淮蠶織地，春風不復長桑芽。”

劉克莊

築城行

萬夫喧喧不停杵，杵聲丁丁驚後土。
徧村開田起窰竈，望青斫木作樓櫓①。
天寒日短工役急，白棒訶責如風雨。
漢家丞相方憂邊，築城功高除美官②。
舊時廣野無城處，而今烽火列屯戍。
君不見高城齾齾③如魚鱗，城中蕭疎空無人④！

---

① 偵望敵人的活動木樓，上面不蓋頂。

② 參看《開壕行》第一句；地方官不管築城有没有需要，也不顧人民的死活，只要築好了城牆向上司去繳差報功，因而升官。唐代張籍、元稹、陸龜蒙等的《築城曲》和北宋末葉李之儀的《築城詞》（《姑溪居士後集》卷三）都没有講到這一點，北宋末葉田晝的《築隄詞》就説到了："科頭跣足不得稽，要與官長修長隄。官長亦大賢，能得使者意……終當升諸朝，自足富妻子；何惜桑榆年，一爲官長死！"（吕祖謙《皇朝文鑒》卷十四）

③ 指城堞的參差上下。

④ 築城原爲保障人民，可是人民都在築城的過程裏困頓死了。参看張籍《築城曲》："杵聲未定人皆死……今日作君城下土"；曹鄴《築城》第三首："築人非築城"；劉克莊同時人許棐《梅屋四稿》的《築城曲》："城高不特土累成，半是鋪填怨夫骨。"劉克莊拈出有城無人這一點，比他們寫得醒豁透澈。

劉克莊

開壕行

前人築城官已高，後人下車[①]來開壕；
畫圖先至中書省[②]，諸公聚看稱賢勞。
壕深數丈周十里，役兵大半化爲鬼；
傳聞又起旁縣夫，鑿教四面皆成水。
何時此地不爲邊，使我地脈重相連？

① 到任。

② 中央掌管庶務、官職升降等等的機構。

運糧行[1]

極邊官軍守戰場，次邊丁壯俱運糧。
縣符旁午[2]催調發，大車小車聲軋軋；
霜寒晷短路又滑，擔夫肩穿牛蹄脱。
嗚呼！漢軍何日屯渭濱，營中子弟皆耕人[3]？

---

① 參看王禹偁《對雪》註⑥。

② 四面八方。

③ 用《三國志·蜀志》卷五《諸葛亮傳》："亮每患糧不繼……是以分兵屯田，爲久住之基，耕者雜於渭濱居民之間。"

劉克莊

苦寒行

十月邊頭風色惡，官軍身上衣裘薄。
押衣敕使來不來，夜長甲冷睡難着。
長安城中多熱官，朱門日高未啓關；
重重幃箔施屏山①，中酒不知屏外寒。

① 又掛簾幕，又有屏風。

軍中樂[1]

行營面面設刁斗，帳門深深萬人守。
將軍貴重不據鞍，夜夜發兵防隘口。
自言虜畏不敢犯，射麋捕鹿來行酒。
更闌酒醒山月落，綵縑百段支女樂。
誰知營中血戰人，無錢得合金瘡藥！

① 辛棄疾《美芹十論》裏《屯田》第六說："營幕之間，飽暖有不充，而主將歌舞無休時；鋒鏑之下，肝腦不敢保，而主將雍容於帳中"（辛啓泰輯《稼軒集鈔存》卷一）；是這首詩的好註解。參看唐人高適《燕歌行》的名句："戰士軍前半死生，美人帳下猶歌舞。"

方岳

方岳（一一九九—一二六二）字巨山，自號秋崖，祁門人，有《秋崖先生小稿》。南宋後期，他的詩名很大，差不多比得上劉克莊[①]。看來他本來從江西派入手，後來很受楊萬里、范成大的影響。他有把典故成語組織爲新巧對偶的習慣，例如元明以來戲曲和小説裏常見的“不如意事常八九，可與語人無二三”這一聯，就是他的詩[②]。

① 參看吴龍翰《古梅吟稿》卷六《聯句辨》。

② 《秋崖小稿》詩集卷八《别子才司令》；郝經《陵川文集》（王鏐編）卷十五《感興》的“不得意事十八九，可與言人百二三”也許是最早的摹仿。

春　思

春風多可[①]太忙生，長共花邊柳外行；
與燕作泥蜂釀蜜，纔吹小雨又須晴。

① 嵇康《與山巨源絶交書》說："多可而少怪"，是"多有許可"、"寬容"的意思（《六臣註文選》卷四十三）。這首詩寫萬物在春天的活躍，就説春風很隨和，什麽事都肯幹，忙得不亦樂乎。

方岳

湖上

連天芳草晚萋萋，蹀躞花邊馬不嘶。
蜂蝶已歸絃管靜，猶聞人語畫橋西。

農謡

雨過一村桑柘煙，林梢日暮鳥聲妍。
青裙老姥遥相語，今歲春寒蠶未眠。

漠漠餘香着草花，森森柔緑長桑麻；
池塘水滿蛙成市，門巷春深燕作家。

三虎行

黄茅慘慘天欲雨，老烏查查路幽阻。
田家止予且勿行，前有南山白額虎；
一母三足其名彪，兩子從之力俱武；
西鄰昨暮樵不歸，欲覓殘骸無處所。
日未昏黑深掩關，毛髮爲竪心悲酸，
客子豈知行路難！
打門聲急誰氏子，束藴[①]乞火霜風寒；
勸渠且宿不敢住，袒而示我催租瘢[②]。
嗚呼！李廣不生周處死，負子渡河何日是[③]！

---

① 草把。

② 給縣官罰打板子的傷痕；這也是《禮記·檀弓》所謂“苛政猛於虎”的例證。參看李賀《猛虎行》：“泰山之下，婦人哭聲；官家有程，吏不敢聽。”

③ 李廣射虎，周處殺虎，劉昆做弘農太守三年，“仁化大行，虎皆負子渡河”；劉昆的故事見《後漢書》卷一百零七上，是有名

的傳説，唐人傳奇裏的老虎精班寅作詩就引用到它（《太平廣記》卷四百三十四《甯茵》）。方岳的涵意是做官的人没有“仁化”，只有“苛政”。

羅與之

羅與之（生年死年不詳）字與甫，自號雪坡，吉安人，有《雪坡小稿》。在江湖派詩人裏，他作的道學詩比例上最多；有幾首二十字的抒情短詩，簡練精悍，頗有孟郊、曹鄴的風味，同輩很少趕得上的。

羅與之

寄衣曲

憶郎赴邊城，幾箇秋砧月[1]。
若無鴻雁飛[2]，生離即死別。

此身儻長在，敢恨歸無日。
但願郎防邊，似妾縫衣密。

① 暗用李白《子夜吴歌》的《秋歌》：“長安一片月，萬户擣衣聲……何日平胡虜，良人罷遠征？”

② 指鴻雁傳書。

商　歌①

東風滿天地，貧家獨無春②。
負薪花下過，燕語似譏人。

① 春秋時甯戚有自鳴不平的《商歌》二首（《樂府詩集》卷八十三，参看《文選》卷十八成公綏《嘯賦》李善註所引《商歌》）；"商"是五音裏象徵蕭瑟的秋天的，所以成公綏《嘯賦》說："勸商則秋霖春降"，恰好也是這首詩的用意。

② 参看《漢郊祀歌》裏《日出入》："春非我春，秋非我秋"；曹植《感婚賦》："春風起兮蕭條"；庾信《和庾四》："無妨對春日，懷抱只言秋"；張説《寄許八》："萬類春皆樂，徂顏獨不怡"；杜審言《春日京中有懷》："愁思看春不當春"；孟郊《長安羈旅行》："萬物皆及時，獨余不覺春"；李賀《感春》："春日自蕭條"；趙嘏《别麻氏》："分離況值花時節，從此東風不似春。"這些只是寫個人情緒的不愉快，羅與之把"貧家"和"負薪"點明社會裏貧富勞逸的不平等。

許棐

許棐（生年死年不詳）字忱夫，自號梅屋，海鹽人，有《梅屋詩稿》、《融春小綴》、《梅屋第三稿》、《梅屋第四稿》。他是江湖派詩人而能在姚合賈島以外也師法些其他晚唐作家的。

樂　府

妾心如鏡面，一規[①]秋水清；
郎心如鏡背，磨殺不分明。

郎心如紙鳶，斷綫隨風去；
願得上林[②]枝，爲妾縈留住。

秋齋即事

桂香吹過中秋了，菊傍重陽未肯開；
幾日銅瓶無可浸，賺他飢蝶入窗來。

① 圓形。

② 原是秦漢時皇帝花園的名字，借指樹木。

許　棐

泥孩兒

牧瀆[①]一塊泥，裝塐恣華侈；
所恨肌體微，金珠載不起。
雙罩紅紗廚，嬌立瓶花底[②]。
少婦初嘗酸[③]，一玩一心喜；
潛乞大士靈[④]，生子願如爾。
豈知貧家兒，呱呱瘦於鬼；
棄臥橋巷間，誰或顧生死！
人賤不如泥，三歎而已矣。

---

① 牛喝水的小河。

② 參看孟元老《東京夢華録》卷八關於宋代所謂“磨喝樂”的描寫：“乃小塑土偶……或用紅紗碧籠，或飾以金珠牙翠。”

③ 有孕。

④ 所謂“送子觀音”；從《太平廣記》卷一百十《王珉妻》、《孫道德》、又卷一百十一《卞悦之》等故事看來，遠在宋以前就流行這種迷信。

利　登

利登（生年死年不詳）字履道，自號碧澗，南城人，有《骳稿》。他是江湖派裏比較樸素而不專講工緻細巧的詩人。

利　登

田家即事

小雨初晴歲事新，一犁江上趁初春。
豆畦種罷無人守，縛得黄茅更似人。

野農謡[①]

去年陽春二月中，守令出郊親勸農。
紅雲一道[②]擁歸騎，村村鏤榜黏春風[③]。
行行蛇蚓字相續[④]，野農不識何由讀[⑤]？
唯聞是年秋，粒顆民不收：
上堂對妻子，炊多糴少飢號啾；
下堂見官吏，税多輸少喧征求。
呼官視田吏視釜[⑥]；官去掉頭吏不顧；
内煎外迫兩無計，更以飢軀受笞箠。
古來垢壠幾多人，此日孱生豈難棄！
今年二月春，重見勸農文；
我勤自鍾惰自釜[⑦]，何用官司勸我氓？
農亦不必勸，文亦不必述；
但願官民通有無，莫令租吏打門叫呼疾。
或言州家[⑧]一年三百六十日，念及我農惟此日[⑨]。

---

① 這是諷刺地方官一年一次刻板照例的“勸農”儀式。唐以來講“勸農”的詩很多，像利登的同時人鄭清之、許及之、劉克

莊、方岳等就都寫過這類詩篇（《安晚集》補編卷二《和虛齋勸農》，《涉齋集》卷十五《勸農口號》，《後村大全集》卷八《勞農》，《秋崖小稿》卷十五《勸耕》），也都是打着官話；只有利登這首和諶祐的《勸農日》反映了慘酷的真實情況，說出了人民的話，揭破了官樣文章。此外《南宋羣賢小集》第十一册林希逸《竹溪十一稿詩選》裏的《劭農》詩只描寫官府下鄉請農民喝酒，讓我們知道"勸農"的典禮是怎麽一回事。

② 指貴人出行的儀仗。

③ 指勸農的木刻告示。

④ 唐太宗李世民描寫惡劣難認的草書說："行行若縈春蚓，字字如綰秋蛇"，見《晉書》卷八十《王羲之傳》，是句名言。

⑤ 參看《南宋羣賢小集》第十一册林希逸《竹溪十一稿詩選·劭農》："已分鏤板隨人看，聞說今年僻字稀。"

⑥ 請大官瞧瞧田裏多麽荒，請小官瞧瞧鍋子裏多麽空。大官身份高，所以農人不敢請他屈尊進屋。

⑦ "鍾"見范成大《四時田園雜興》註⑨，"釜"是六斗四升。意思說勤苦的人收成多，懶惰的人收成少，這種勞動果實在數量上的差異是"勸農"最有力的論證。

⑧ "家"字等於"公家"的"家"，指州官。

⑨ 參看劉壎《隱居通議》卷八載南宋末諶祐《勸農日》："山花笑人人似醉，勸農文似天花墜。農今一杯回勸官，吏瘠民肥官有利。官休休，民休休，勸農文在牆壁頭。官此日，民此日，官酒三行官事畢。"曾燠《江西詩徵》卷二十一也選了這首詩，大概是根據《隱居通議》來的，而把題目改爲"勸農曲"。

葉紹翁

葉紹翁（生年死年不詳）字嗣宗，浦城人，有《靖逸小集》。江湖派詩人，最擅長七言絶句。

葉紹翁

遊園不值

應憐屐齒印蒼苔，小扣柴扉久不開。
春色滿園關不住，一枝紅杏出牆來①。

① 這是古今傳誦的詩，其實脱胎於陸游《劍南詩稿》卷十八《馬上作》："平橋小陌雨初收，淡日穿雲翠靄浮；楊柳不遮春色斷，一枝紅杏出牆頭。"不過第三句寫得比陸游的新警。《南宋羣賢小集》第十册有另一位"江湖派"詩人張良臣的《雪窗小集》，裏面的《偶題》說："誰家池館靜蕭蕭，斜倚朱門不敢敲；一段好春藏不盡，粉牆斜露杏花梢。"第三句有閒字填襯，也不及葉紹翁的來得具體。這種景色，唐人也曾描寫，例如温庭筠《杏花》："杳杳艷歌春日午，出牆何處隔朱門"；吴融《途中見杏花》："一枝紅杏出牆頭，牆外行人正獨愁"；又《杏花》："獨照影時臨水畔，最含情處出牆頭"；李建勳《梅花寄所親》："雲鬢自粘飄處粉，玉鞭誰指出牆枝"；但或則和其他的情景攙雜排列，或則没有安放在一篇中留下印象最深的地位，都不及宋人寫得這樣醒豁。

田家三詠

織籬爲界編紅槿，排石成橋接斷塍。
野老生涯差省事，一間茅屋兩池菱。

田因水壞秧重播，家爲蠶忙户緊關①；
黄犢歸來莎草闊，緑桑採盡竹梯閒。

抱兒更送田頭飯，畫鬢濃調竈額煙；
爭信春風紅袖女，緑楊庭院正鞦韆②。

---

① 參看范成大《四時田園雜興》註④。

② 參看白居易《代賣薪女贈諸妓》："亂蓬爲鬢布爲裙，曉蹋寒山自負薪；一種錢塘江上女，著紅騎馬是何人！"蘇軾《於潛女》："青裙縞袂於潛女，兩足如霜不穿屨……逢郎樵歸相媚嫵，不信姬姜有齊魯。"葉紹翁寫得比白深刻，比蘇醒豁；意思説富貴人家婦女的有閒生活，農家婦女不但没見過，並且聽人講了也還不能相信。

葉紹翁

夜書所見

蕭蕭梧葉送寒聲，江上秋風動客情。
知有兒童挑促織，夜深籬落一燈明①。

① 這種景象就是姜夔《齊天樂》詠蟋蟀所謂："笑籬落呼燈，世間兒女。"

嚴　羽

嚴羽（生年死年不詳）字儀卿，一字丹邱，自號滄浪逋客，邵武人，有《滄浪吟》。他是位理論家，極力反對蘇軾黃庭堅以來的詩體和當時流行的江湖派，嚴格地把盛唐詩和晚唐詩區分，用“禪道”來説詩，排斥“以文字爲詩，以才學爲詩，以議論爲詩”，開了所謂“神韻派”，那就是以“不説出來”爲方法，想達到“説不出來”的境界。他的《滄浪詩話》在明清兩代起了極大的影響，被推爲宋代最好的詩話，像詩集一樣，有人箋註①，甚至講戲曲和八股文的人，也宣揚或應用他書裏的理論②。

批評家一動手創作，人家就要把他的拳頭塞他的嘴——毋寧説，使他的嘴咬他的手。大家都覺得嚴羽的實踐遠遠不如他的理論③。他論詩着重“透徹玲瓏”、“灑脱”，而他自己的作品很粘皮帶骨，常常有摹仿的痕跡；尤其是那些師法李白的七古，力竭聲嘶，使讀者想到一個嗓子不好的人學唱歌，也許調門兒没弄錯，可是聲音又啞又毛，或者想起寓言裏那個青蛙，鼓足了氣，跟牛比賽大小。江湖派不滿意蘇、黄以來使事用典的作風，提倡晚唐詩；嚴羽也不滿意這種作風，就提倡盛唐詩。江湖派把這種作風歸罪於杜甫，就把他拋棄；嚴羽把杜甫開脱出來，没有把小娃娃和澡盆裏的髒水一起擲掉，這是他高明的地方。他雖然“以禪喻詩”，虛無縹緲，作品裏倒還有現實感，並非對世事不見不聞，像參禪入定那樣加工精製的麻木。他很愛國，儘管他那些《從軍》、《塞下》、《出塞》、《閨中詞》等等都是仿古摹唐之作，看來也在他所處的時代裏拋錨下碇，寄託着他的期望：“何日匈奴滅，中原得晏然?”跟一般想像邊塞風光的摹唐之作，還有點兒不同。此外他有兩三首傷離憂亂的詩，比較不依傍前人，頗有情致。

關於《滄浪詩話》，此地不能多講，只有兩件事還值得一提。當時跟《滄浪詩話》的主張最符合的是包恢《敝帚稿略》裏幾篇文章④，而據《樵川二家詩》卷首黃公紹的序文⑤，嚴羽是包恢的父親包揚的學生；當然，徒弟的學問和意見未必全出於師父的傳授，不過假如師兄弟倆的議論相同，這裏面就有點關係。《滄浪詩話》的主張不但跟十九世紀歐洲頗爲風行的一派詩論接近，並且跟古印度的一派詩論暗合，更妙的是那派詩論的口號恰恰相當於漢文的“韻”字⑥；印度的文藝理論没有介紹到中國來過，“禪”不過沾了印度哲學一點兒邊，所以這個巧合很耐尋味。

---

①　清代就有胡鑒的註本，還有僅註“詩體”一節的王瑋慶《滄浪詩話補註》。

②　王驥德《曲律》卷三《雜論》第三十九上（參看第二十一、第二十六），董其昌《容臺文集》卷二《趙升之制義序》、《戲鴻堂稿自序》，王鐸《擬山園初集》第二十四册《文丹》。

③　例如方回《桐江集》卷七《〈詩人玉屑〉考》，李東陽《懷麓堂集·雜記》卷十，胡應麟《詩藪》内編古體中，李日華《紫桃軒雜綴》卷二等；參看王世貞《弇州山人四部稿》卷一百四十四稱讚《滄浪詩話》，而卷一百四十七説嚴羽的詩“僅具聲響，全乏才情”。

④ 卷二《答傅當可論詩》、《答曾子華論詩》、卷五《書徐子遠〈無絃稿〉後》。馬金編戴復古《石屏詩集》有包恢序，《敝帚稿略》漏收，裏面的議論也可參證。

⑤ 《在軒集》失收。

⑥ 參看德《梵文詩學史研究》第二册第五章、第六章（一九二五年倫敦版第一百八十一頁、一百九十頁、二百二十六頁）。

嚴　羽

有　感[①]

誤喜殘胡滅，那知患更長！
黄雲新戰路，白骨舊沙場。
巴蜀連年哭，江淮幾郡瘡。
襄陽根本地，回首一悲傷。

聞道單于使，年來入國頻。
聖朝思息戰，異域請和親。
今日唐虞際，羣公社稷臣；
不防盟墨詐，須戒覆車新[②]。

---

① 原有六首。宋理宗端平元年（公元一二三四年）宋師會合蒙古師滅金；理宗端平二年至淳祐六年蒙古師攻四川、湖北、安徽等地；理宗寶祐六年（公元一二五八年）至開慶元年（公元一二五九年）蒙古師攻四川、湖北、湖南等地，結果宋宰相賈似道向蒙古求和，以“稱臣納幣”爲條件；宋度宗趙禥咸淳三年（公元一二六七年）蒙古師圍襄陽，一直圍困到咸淳九年守將吕文焕

因賈似道不派兵援救，獻城出降。嚴羽這些詩大約是咸淳三年以後所作。

② 訂和約，就不防備敵人的反覆無常、不守信義，那可得小心，别重新吃大虧。

嚴　羽

臨川逢鄭遐之之雲夢[①]

天涯十載無窮恨，老淚燈前語罷垂。
明發又爲千里别，相思應盡一生期。
洞庭波浪帆開晚，雲夢蒹葭[②]鳥去遲。
世亂音書到何日？關河一望不勝悲！

① 題目原作“臨川逢鄭遐之雲夢”，疑心漏掉一個“之”字；鄭遐之到湖北去，路過江西，遇見嚴羽。

② 雲夢澤邊的蘆荻；這是用《詩經》裏《秦風·蒹葭》的語意，表示分手之後，盈盈一水，相望相思。

樂雷發

樂雷發（生年死年不詳）字聲遠，自號雪磯，舂陵人，有《雪磯叢稿》。他在當時的詩名並不大，其實算得宋末小家裏一位特出的作者，比較有雄偉的風格和激昂的情調。近體詩還大多落在江湖派的圈套裏。

樂雷發

烏烏歌[①]

莫讀書！莫讀書！惠施五車[②]今何如？
請君爲我焚却《離騷》賦，
我亦爲君劈碎《太極圖》[③]；
揭來相就飲斗酒，聽我仰天呼烏烏[④]。
深衣大帶講唐虞，不如長纓繫單于；
吮毫搦管賦《子虛》，不如快鞭躍的盧[⑤]。
君不見前年賊兵破巴渝，今年賊兵屠成都[⑥]；
風塵澒洞兮豺虎塞途，殺人如麻兮流血成湖。
眉山書院嘶哨馬，浣花草堂巢妖狐[⑦]。
何人笞中行[⑧]？何人縛可汗？
何人丸泥封函谷[⑨]？何人三箭定天山[⑩]？
大冠若箕兮高劍拄頤；朝譚回軻兮夕講濂伊[⑪]。
綬若若兮印纍纍，九州博大兮君今何之？
有金須碎作僕姑[⑫]，有鐵須鑄作蒺藜。
我當贈君以湛盧青萍之劍，
君當報我以太乙白鵲之旗[⑬]。
好殺賊奴取金印，何用區區章句爲？
死諸葛兮能走仲達，非孔子兮孰却萊夷[⑭]？

噫！歌烏烏兮使我不怡，
莫讀書！成書癡！

---

① 據樂雷發後人樂宣的《雪磯叢稿跋》，樂雷發在寶祐元年（公元一二五三年）中特科狀元，"時元兵大起，西北多虞……嘗爲《烏烏歌》……勵志發憤。"詩的宗旨是感慨在國家危急之際，書生真是"百無一用"的廢物。書生包括兩種人，寫作詞章的文學家和研究性理的道學家，而似乎對後者譴責得更多。南宋時道學的聲勢已在評論劉子翬的時候提起過，作家像陳造、徐似道等偶爾寫了些詩詞諷刺道學家的詐僞（《江湖長翁文集》卷六《正學》、卷七《送項平甫》，《癸辛雜識》續集卷上載《一剪梅》詞），政客像劉德秀、胡紘之流紛紛上過奏章攻訐道學家"蟠據朝廷，幾危社稷"，"圖爲不軌"（李心傳《道命録》卷七上，參看葉紹翁《四朝聞見録》丙集《褒贈伊川》條、又丁集《慶元黨》條）。諷刺的只是指摘一部分道學家的行爲，攻訐的也是誣告政治上的異己分子，論點都逃不出宋高宗所謂"浮僞之徒……竊借名以自售"。只有陳亮的批評最中要害："今世之儒士自以爲得正心誠意之學者，皆風痹不知痛癢之人也。舉一世安於君父之仇而方低頭拱手以談性命，不知何者謂之性命乎?"（《龍川文集》卷一《上孝宗皇帝第一書》）南宋末期，當時外國的侵略愈來愈厲害，而道學恰恰又經宋理宗御定爲國家的正統學問，就有人跟陳亮起了同感，樂雷發這首詩是個極好的例。同時，恰像東晉人看到"中原傾覆""神州陸沉"都是崇尚老莊的"清談"的結果（嚴可均《全晉文》

卷一百二十五范甯《王弼何晏論》，《世説新語》第二十六《輕詆》記桓温語；參看《全晉文》卷三十七庾翼《貽殷浩書》、卷七十三劉弘《下荆部教》、卷八十九陳頵《與王導書》、卷一百二十七干寳《晉紀總論》，《世説新語》第二《言語》記王羲之戒謝安語），有人也體會到崇尚孔孟的道學很可以誤國禍世，因此往往把清談和道學相提並論。利登説："開明周孔心，賴有伊洛儒……彼哉典午時，相師談清虚；未知千載人，視今更何如?"（《南宋羣賢小集》第八册《骳稿・感興》）俞文豹説："恐開物成務之事業廢而爲格物致知之談……故孝宗皇帝恐其流爲晉人之清談"（《吹劍録》外集）；沈子固説："異時必爲國家莫大之禍，恐不在典午清談之下也"（周密《癸辛雜識》續集卷下《道學》條，又《志雅堂雜鈔》卷上《人事》條記沈子固語略同）。宋亡以後，劉壎更沉痛地説："誰將道學稱清談，更著程文配作三。帶雨紙人存旦暮，屯雲鐵騎滿東南。宗祧煙滅誰長慮，字義淵深且飽參。如此虚浮國同社，猶將舊事重諵諵!"（《水雲村吟稿》卷七《客談宋事》）其實正像俞文豹所説，宋孝宗早已感覺到當時的"儒者"不切實際而愛"高論"，講過："今士大夫微有西晉風。"（李心傳《建炎以來朝野雜記》乙集卷三）直到明代，還有人討論這個問題（例如徐謨《太室麈談》："晉人以名理爲清談，宋人以道學爲清談"；方以智《通雅》卷首之二引"二無公"語："今謂宋儒與晉清談同弊，過矣!"）有趣的是，在南宋的寃家敵人那裏，也發生了跟《烏烏歌》相類的議論，認爲金的國勢受了文學和道學的蝕害。完顔偉諫金世宗説："今皇帝一向不説着兵，使説文字人朝夕在側；不知三邊有急，把詩人去當得否?"（宇文懋昭《大金國志》卷十七）

金的遺老程自修的《痛哭》詩說："乾坤誤落腐儒手，但遣空言當汗馬；西晉風流絶可愁，悵望千秋共瀟灑!"（杜本《谷音》卷上）參看劉因《靜修先生文集》卷十一《書事》第五首："朱張遺學有經綸，不是清談誤世人；白首歸來會同館，儒冠爭看宋師臣"——這代表金元道學家的觀點，忻幸南宋道學家在國亡後能到北方來。

② 莊子《天下》篇說惠施"其書五車"，後世借來指博學。

③ 周敦頤作《太極圖》和《太極圖說》，宋儒推崇爲宇宙和人生的最精簡的表解和説明（參看黄宗羲《宋元學案》卷十二）。這裏把"《離騷》賦"代表文學，把《太極圖》代表道學；"我"和"君"的用法表示樂雷發只以文人自居。當然，樂雷發的"《離騷》賦"並没給人燒掉，否則哪裏會有編成五卷的《雪磯叢稿》？而且他也不敢劈碎《太極圖》，只要看他自己的狀元策（周洪謨《雪磯先生詩集序》引："求天下之士以文，不若淑天下之士以道"）、他的詩稿自序（"早歲……溺志詞章，既而悔之，方將鞭僻近裏，以進聖賢之學"）、他的《登濂溪太極樓》（《叢稿》卷一："英英考亭翁，反心會天奥……深根復深根，篤行以爲寶"）、《與復古叔讀横渠〈正蒙書〉》（卷四："半生驕吝如蝸縮，自把'西銘'反覆看"）和《無題》（卷四："只今心印誰傳得，自搯'通書'撥篆灰"）。

④ "烏烏"通"嗚嗚"；這是用漢代楊惲《報孫會宗書》："酒後耳熱，仰天撫缶而呼嗚嗚。"

⑤ "講唐虞"指道學家，"賦《子虛》"借司馬相如來指文學家；"不如"兩句分別用漢代終軍請"受長纓繫南越王"和三國時

劉備騎的盧馬“一踴三丈”躍過檀溪的故典。“深衣”句是因爲程頤以來的道學家都“幅巾大袖”，衣服與衆不同（參看張耒《柯山集》卷二十二《贈趙簿景平》，陸游《老學菴筆記》卷九）；樂雷發《無題》詩裏也説：“大袖褒衣走浙淮。”

⑥ 看樂宣的跋語，似乎這是寶祐六年（公元一二五八年）；但是樂雷發的自序是寶祐五年所作，假如《雪磯叢稿》還是作者編定的原本，未經後人增補，那末這裏的“今年”是淳祐元年（公元一二四一年），那年十一月蒙古兵破成都，“前年”是嘉熙三年（公元一二三九年），那年八月蒙古兵取重慶、眉州等地。

⑦ “風塵”兩句用李白《蜀道難》：“所守或匪人，化爲狼與豺。朝避猛虎，夕避長蛇；磨牙吮血，殺人如麻。”浣花草堂在成都，是杜甫的故居；眉山書院指眉州孫家的藏書樓兼學堂，魏了翁《鶴山先生大全集》卷四十一《眉山孫氏書樓記》所謂“書樓山學”。這裏可能把眉山書院象徵道學，浣花草堂象徵文學。

⑧ 《漢書》卷四十八載賈誼所上“痛哭流涕長太息”奏疏説：“行臣之計，必係單于之頸而制其命，伏中行説而笞其背。”中行説是個護送公主遠嫁匈奴的漢人，留在匈奴那裏，“以漢事告匈奴”；此地借中行説指那些投降蒙古的宋人。

⑨ 漢代王元對隗囂誇口説“以一丸泥東封函谷關”。

⑩ 唐代軍隊裏讚揚薛仁貴的歌説：“將軍三箭定天山，壯士長歌入漢關。”

⑪ 這裏把文學撇開，專指道學：顔回、孟軻、周敦頤號濂溪、程頤號伊川。

⑫ 箭。

⑬ “湛盧”、“青萍”都是三國以前傳説的名劍。《漢書》卷二十五上《郊祀志》記載漢武帝，造“泰一鏠旗”，上面畫日、月、星、龍等形象；李白《送外甥鄭灌從軍》第三首説：“斬胡血變黄河水，梟首當懸白鵲旗。”

⑭《三國志·蜀志》卷五《諸葛亮傳》註引《漢晉春秋》載民謡：“死諸葛走生仲達。”《左傳》定公十年記齊侯與魯侯會，齊侯使萊人以兵劫魯侯，孔子曰：“士兵之！兩君合好，而裔夷之俘以兵亂，非齊君所以命諸侯。”這裏的孔子當然代表道學家，意思説道學家得像孔子那樣智勇雙全；諸葛亮可能代表“名士”，因爲他是歷史上很早被稱爲“名士”的人，那位給他嚇走的“仲達”——司馬懿——説他“可謂‘名士’矣”（馬國翰《玉函山房輯佚書·裴子語林》卷上），而文學家是一向號稱“名士”的。樂雷發在旁的詩裏極推重諸葛亮。（《叢稿》卷一《胡料院出示車攻圖仍索俚作》）

常寧道中懷許介之[①]

雨過池塘路未乾，人家桑柘帶春寒。
野巫豎石爲神像，稚子搓泥作藥丸。
柳下兩姝爭餉路，花邊一犬吠征鞍。
行吟不得東溪聽，借硯村廬自寫看。

① 許玠，字介之，衡陽人，有《東溪詩稿》。《後村大全集》卷六、卷一百《題許介之詩》一詩一文説周必大“稱其詩”，他爲人“磊落”、“忠義”，有抵禦“狄難”的“規劃”。

秋日行村路

兒童籬落帶斜陽，豆莢薑芽社肉[1]香。
一路稻花誰是主？紅蜻蛉伴緑螳螂[2]。

① 祭土地神的胙肉。

② 古人詩裏常有這種句法和顏色的對照，例如白居易《寄答周協律》："最憶後庭杯酒散，紅屏風掩緑窗眠"；李商隱《日射》："迴廊四合掩寂寞，碧鸚鵡對紅薔薇"；韓偓《深院》："深院下簾人晝寢，紅薔薇映碧芭蕉"；陸游《水亭》："一片風光誰畫得？紅蜻蜓點緑荷心。"（《劍南詩稿》卷七十六）樂雷發的第三句比陸游的新鮮具體，全詩也就愈有精彩。

樂雷發

逃户

租帖名猶在，何人納税錢？
燒侵無主墓，地佔没官①田。
邊國干戈滿，蠻州瘴癘偏。
不知攜老稚，何處就豐年？

① 充公。

周密

周密（一二三二 — 一二九八）字公謹，自號草窗，又號弁陽嘯翁，又號蘋洲，吴興人，有《草窗韻語》，裏面都是宋代滅亡以前的詩。他的《弁陽詩集》已經失傳，可見他感慨宋亡的詩所謂“凄涼怕問前朝事，老大猶存後世書”①，不免希望太奢！南宋能詩的詞家，除了姜夔，就數到他。他的詩也學晚唐體，在一般江湖派所效法的晚唐人以外，又攙進了些李賀、杜牧的風格。詩裏的意境字句常常很纖濇，例如“噴天狂雨浣香盡，緑填紅闕春無痕”②，像李賀的詩，更像吴文英的詞。這裏面也許有綫索可找。宋末雖然有幾位學李賀的詩家（周密而外，像謝翱、蕭立之等），而李賀主要是詞家“鍊字”的典範③。“四靈”等人的詩使讀者想起花園裏疊石爲山、引水爲池，没有真山真水那種闊大的氣象，周密的詩更使人想到精細的盆景。

---

① 馬廷鸞《碧梧玩芳集》卷十五《題周公謹〈弁陽集〉後》引。參看戴表元《剡源文集》卷八《弁陽詩序》裏對周密少年、壯年、晚年詩格的分别描述。

② 《草窗韻語》五稿《歸春曲》。

③ 參看張炎《詞源》卷下《字面》條，又沈義父《樂府指迷》。

綢燈。”

周　密

夜　歸

夜深歸客倚筇行，冷燐依螢聚土塍。
村店月昏泥徑滑，竹窗斜漏補衣燈[1]。

野　步

麥隴風來翠浪斜，草根肥水噪新蛙。
羨他無事雙蝴蝶，爛醉東風野草花[2]。

---

① 參看陸龜蒙《釣侶》：“歸時月墮汀洲暗，認得妻兒結網燈。”

② 參看李羣玉《三月五日陪裴大夫泛長沙東湖》：“草色醉蜻蜓。”

西塍秋日即事

絡緯聲聲織夜愁，酸風吹雨水邊樓。
堤楊脆盡黄金綫，城裏人家未覺秋①。

① 元代貢性之的名作《湧金門見柳》：“湧金門外柳垂金，幾日不來成緑陰；折取一枝入城去，使人知道已春深。”簡直就像有意跟這首詩對照似的。貢性之的詩見顧嗣立《元詩選》二集辛集裏《南湖集》；徐𤊹《筆精》卷五、錢謙益《列朝詩集》閏集卷六引作日本人詩，袁枚《隨園詩話》卷九引作李金娥詩，也許都因爲這首詩流傳得很廣很遠，險的回不來老家了。

周　密

西塍廢圃

吟蛩鳴蜩[1]引興長，玉簪花落野塘香。
園翁莫把秋荷折，留與游魚蓋夕陽[2]。

① 蟋蟀和蟬。

② 晚唐鄭谷《蓮葉》："多謝浣溪人不折，雨中留得蓋鴛鴦"；後人詩裏就常把荷葉説成是鵝鴨等的雨傘，例如跟周密年輩相接的許棐《梅屋詩稿·枯荷》："萬柄綠荷衰颯盡，雨中無可蓋眠鷗。"周密説它是魚的陽傘，略似李羣玉《新荷》："圓陰已蔽魚。"《楚辭·九歌·河伯》："乘水車兮荷蓋"，又《湘夫人》："築室兮水中，葺之兮荷蓋"；這些詩句都坐實"荷蓋"的字面，貼切荷葉的形狀，把神話纖巧化，彷彿化山水爲盆景。艾性《剩語》卷上《荷葉》："龜魚蔭涼影，鷺鷗憩別業"，下句又從"築室"上生發。

文天祥

文天祥（一二三六 — 一二八三）字履善，一字宋瑞，自號文山，吉水人。有《文山詩集》、《指南録》、《指南後録》、《吟嘯集》。這位抵抗元兵侵略的烈士留下來的詩歌絶然分成前後兩期。元兵打破杭州、俘虜宋帝以前是一個時期。他在這個時期裏的作品可以説全部都草率平庸，爲相面、算命、卜卦等人做的詩比例上大得使我們吃驚。比他早三年中狀元的姚勉的《雪坡舍人稿》裏有同樣的情形，大約那些人都要找狀元來替他們做廣告①。他從元兵的監禁裏逃出來，跋涉奔波，盡心竭力，要替宋朝保住一角山河、一寸土地，失敗了不肯屈服，拘囚兩年被殺。他在這一個時期裏的各種遭遇和情緒都記載在《指南録》、《吟嘯集》裏，大多是直書胸臆，不講究修辭，然而有極沉痛的好作品。

① 參看《翰墨大全》壬集卷八任翔龍《沁園春·贈談命許文》："辦一封好紙，覓狀元詩。"

文天祥

揚子江[①]

幾日隨風北海遊，回從揚子大江頭。
臣心一片磁針石，不指南方不肯休。

---

① 從南通搭海船到浙東轉往福州去的路上所作；景炎元年（公元一二七六年）宋端宗趙昰在福州即位。

南安軍①

梅花南北路②，風雨濕征衣。
出嶺同誰出？歸鄉如此歸③！
山河千古在，城郭一時非④。
飢死真吾志，夢中行採薇⑤。

---

① 宋帝昺祥興元年（公元一二七八年），元兵破潮州，俘擄了文天祥，明年押送他到北方去；這是他被俘後從廣東到江西經過大庾嶺所作。

② 相傳大庾嶺是南北氣候的分界，所以“大庾嶺上梅，南枝落，北枝開”（《唐宋白孔六帖》卷九十九）。

③ 刻本作“出嶺誰同出？歸鄉如不歸！”據劉壎《隱居通議》卷十二改正。江西是文天祥的故鄉。謝翱《晞髮遺集》卷上《書文山卷後》：“死不從公死，生如無此生”，正是用文天祥的句法。這種對仗原是唐人五律裏搬弄字面的伎倆，例如貫休《懷周樸、張爲》：“白髮應全白，生涯作麼生？”又《送僧遊天谷》：“眼作麼是眼？僧誰識此僧？”李咸用《早秋遊山寺》：“靜於諸境靜，高却

衆山高。”文天祥向纖巧的句型裏注入了新内容，精彩頓異。

④ 暗用杜甫的“國破山河在”，和丁令威的“去家千年今始歸，城郭猶是人民非”。

⑤ 用伯夷叔齊不食周粟、採蕨薇當糧食的故事。到了南安軍，文天祥就絶食，“八日若無事然……復飲食如初”（《文山先生全集》卷十四《臨江軍》）。

金陵驛[①]

草合離宮轉夕暉，孤雲飄泊復何依。
山河風景元無異，城郭人民半已非[②]！
滿地蘆花和我老，舊家燕子傍誰飛[③]？
從今別却江南路[④]，化作啼鵑帶血歸[⑤]。

---

① 也是被俘北去之作。

② “山河”句暗用王導的“風景不殊，正自有山河之異”（《世説新語》第二《言語》;《晉書》作“江山之異”,《通鑑》作“江河之異”，參看孫志祖《讀書脞録》卷七）；“城郭”句參看《南安軍》註④。

③ 暗用劉禹錫《西塞山懷古》:“……金陵王氣黯然收……故壘蕭蕭蘆荻秋。”和《烏衣巷》:“舊時王謝堂前燕，飛入尋常百姓家。”“老”等於説“晚”、“遲暮”。

④ “路”刻本作“日”，據劉壎《隱居通議》卷十二改正。

⑤ 這兩句沉摯的詩感動了許多人，明代滅亡時的烈士何騰蛟有首《自悼》詩就受了它的啓示。(參看陳田《明詩紀事》辛籤卷九引張應詔《圖園集》)

的詩。

文天祥

除　夜[①]

乾坤空落落，歲月去堂堂。
末路驚風雨，窮邊飽雪霜。
命隨年欲盡，身與世俱忘。
無復屠蘇[②]夢，挑燈夜未央[③]。

① 元世祖忽必烈至元十八年除夕。這是關在燕京牢獄裏等死的詩。

② 舊曆元旦日，照規矩合家團聚喝“屠蘇酒”。

③ 包含“守歲”和“長夜漫漫何時旦”兩重意思。

汪元量

汪元量（生年死年不詳）字大有，號水雲，錢塘人，有《水雲集》、《湖山類稿》。他是供奉内廷的琴師，元兵滅宋，把三宫俘擄到北方去，他也跟去。他對於“亡國之苦、去國之戚”，有極痛切的感受，用極樸素的語言抒寫出來。在宋代遺民敍述亡國的詩歌裏，以他的《湖州歌》九十八首和俞德鄰的《京口遺懷》一百韻①算規模最大，但是他寫得具體生動，遠在俞德鄰之上。從全部作品看來，他也是學江湖派的，雖然有時借用些黄庭堅陳師道的成句。

① 《佩韋齋文集》卷二。

汪元量

醉　歌[①]

淮襄州郡盡歸降，鞞鼓喧天入古杭。
國母已無心聽政，書生空有淚成[②]行。

六宮宮女淚漣漣，事主誰知不盡年[③]！
太后傳宣許降國，伯顏丞相到簾前。

亂點連聲殺六更[④]，熒熒庭燎待天明[⑤]。
侍臣已寫歸降表[⑥]，“臣妾”僉名“謝道清”[⑦]。

涌金門外雨晴初，多少紅船上下趨；
龍管鳳笙無韻調，却撾戰鼓下西湖。

---

① 這是寫宋帝㬎德祐二年（公元一二七六年）春季的事。元兵在伯顏統帥之下，直逼宋都臨安——杭州；那時候帝㬎還是個不足六歲的孩子，母親全太后聽政，派大臣向伯顏上傳國璽和降表。

② “成”一作“千”。

③ 借用陳師道《妾薄命》第一首的語意：“古來妾薄命，事主不盡年……忍著主衣裳，爲人作春妍？……死者恐無知，妾身長自憐。”“不盡年”等於說“不能偕老”。

④ 一作“花底傳籌殺六更”。宋代宫廷裏，五更以後還打六更，參看程大昌《演繁露》卷十五《六更》條；南宋人詩裏常提起六更，如楊萬里《誠齋集》卷三十一《謝余處恭送七夕酒果》自註、魏了翁《鶴山大全集》卷十《紫宸殿御筵即事》、岳珂《玉楮集》卷八《望北關門》又《夢尚留三橋旅邸》、陳著《本堂集》卷四《早行到慈雲》。汪元量《越州歌》第七首也說：“打斷六更天未曉。”“殺”同“煞”，即“收煞”之“煞”。

⑤ 一作“風吹庭燎滅還明”。

⑥ 一作“侍臣奏罷降元表”。

⑦ 謝道清是宋理宗的皇后，帝㬎的祖母，那時候的“太皇太后”，宋宫裏最尊貴的人物；伯顔勒索她的“手詔”。汪元量還有一首《和徐雪江〈即事〉》詩也說：“夜來聞太母，已自納降箋”，都流露出他對這件事的不滿意。俞德鄰《京口遣懷》說：“煢然太母身，垂老歌‘黄鵠’”，還是原諒的語氣；謝枋得《疊山集》卷四《上丞相留忠齋書》就坦白地說：“太母輕信一二執政之謀，挈祖宗三百年土地人民盡獻之□□，無一字與封疆之臣議可否，君臣之義亦大削矣。”

汪元量

湖州歌[①]

丙子正月十有三，撾鞞伐鼓下江南。
皋亭山上青煙起，宰執相看似醉酣。

萬馬如雲在外間，玉階仙仗罷趨班。
三宮北面議方定，遣使皋亭慰伯顔。

殿上羣臣嘿不言，伯顔丞相趣[②]降箋；
三宮共在珠簾下，萬騎虬鬚遶殿前。

謝了天恩出内門，駕前喝道上將軍；
白旄黄鉞分行立，一點猩紅似幼君[③]。

一掬吴山[④]在眼中，樓臺纍纍[⑤]間青紅。
錦帆後夜煙江上，手抱琵琶憶故宫。

北望燕雲不盡頭，大江東去水悠悠。
夕陽一片寒鴉外，目斷東西四百州。

太湖風捲⑥浪頭高，錦柁摇摇坐不牢；
靠着篷窗垂兩目，船頭船尾爛弓刀⑦。

曉來宫櫂去如飛，掠削⑧鬟雲淺畫眉。
風雨凄凄能自遣，三三五五坐彈碁。

莫雨蕭蕭酒力微，江頭楊柳正依依。
宫娥抱膝船窗坐，紅淚千行濕繡衣。

曉鬢鬅鬆懶不梳，忽聽人説是南徐⑨；
手中明鏡抛船上，半揭篷窗看打魚。

官軍兩岸護龍舟，麥飯魚羹進不休。
宫女垂頭空作惡，暗抛珠淚落船頭。

蘆荻颼颼風亂吹，戰場白骨暴沙泥。
淮南兵後人煙絶⑩，新鬼啾啾舊鬼啼。

青天澹澹月荒荒，兩岸淮田盡戰場。
宫女不眠開眼坐，更聽人唱哭襄陽⑪。

篷窗倚坐酒微酣，淮水無波似蔚藍。
雙櫓咿啞摇不住，望中猶自是江南。

銷金帳下忽天明，夢裏無情亦有情。

何處亂山可埋⑫骨，暫時相對坐調笙。

錦帆百幅礙斜陽，遥望陵州⑬里許長。
車馬爭馳迎把盞，走來船上看花娘。

日中轉柂到河間，萬里羈人强自寬。
此夜此歌如此酒，長安⑭月色好誰看？

---

① 寫宋母后、幼主、宫女、内侍、樂官等等被元兵俘擄到北方去的事。元人王惲《秋澗大全集》卷七《吴娃行》可相參照。德祐二年二月伯顔從臨安東北的臯亭山進屯湖州，派人到臨安向謝太后索取投降的“手詔”，並且封府庫，收圖書，解除宋的職官，取銷宋的侍衛軍，所以汪元量把湖州作爲題目。

② 催索。

③ 伯顔派阿答海向宋母后和幼主傳話，召他們到北方去朝見元帝；全太后對帝㬎説：“荷天子聖恩活汝，宜拜謝！”拜謝後，母子倆就離開宫廷。不説“是幼君”，而説“似幼君”，是婉曲語法。

④ 見蘇軾《法惠寺横翠閣》註②。汪元量《越州歌》也説：“昔夢吴山列御筵，三千宫女燭金蓮；而今莫説夢中夢，夢裏吴山只自憐！”

⑤ “纍纍”一作“疊疊”。

⑥ “捲”一作“起”。

⑦ 船頭船尾都是押送的元兵，嚇得船艙裏的人不敢正眼相看。

⑧ “削”一作“鬘”。

⑨ 丹徒縣。

⑩ 一作“揚子江頭潮退遲，王宮船傍釣魚磯，須臾風定過江去……”

⑪ 參看嚴羽《有感》註①。在這一次戰爭裏，襄陽是宋兵的惟一苦守的地方。汪元量《醉歌》也說：“吕將軍在守襄陽，十載襄陽鐵脊梁；望斷援兵無信息，聲聲罵殺賈平章。”襄陽一失，元兵就勢如破竹。

⑫ “埋”一作“堆”。

⑬ 山東德州。

⑭ 借指南宋國都臨安。

蕭立之

蕭立之（生年死年不詳）一名立等，字斯立，自號冰崖，寧都人，有《蕭冰崖詩集拾遺》。這位有堅强的民族氣節的詩人没有同時的謝翱、真山民等那些遺民來得著名，可是在藝術上超過了他們的造詣。南宋危急的時候，他參預過保衛本朝的戰爭①；南宋亡後，他對元代的統治極端憎惡②。除掉七言古詩偶然摹仿李賀和五言律詩偶然摹仿陳師道以外，他的作品大多是爽快峭利，自成風格，不像謝翱那樣意不勝詞，或者真山民那樣彈江湖派的舊調。

① 《蕭冰崖詩集拾遺》卷下《請兵道中作》："申包胥有傷時淚，南霽雲無食肉心。"

② 卷下《又和》："門外逢人作胡跪，官中投牒見番書。"

送人之常德[①]

秋風原頭桐葉飛，幽篁翠冷山鬼啼；
海圖拆補兒女衣[②]，輕衫笑指秦人溪。
秦人得知晉以前，降唐臣宋誰爲言[③]？
忽逢桃花照溪源，請君停篙莫回船。
編蓬便結溪上宅，採桃爲薪食桃實；
山林黄塵三百尺，不用歸來説消息[④]！

---

① 這首詩感慨在元人統治下的地方已經没有乾淨土了，希望真有個陶潛所描寫的世外桃源。方回在宋將亡未亡的時候作了一首《桃源行》，序文説："避秦之士非秦人也，乃楚人痛其君國之亡，不忍以其身爲仇人役，力未足以誅秦，故去而隱於山中爾"；詩裏也説："楚人安肯爲秦臣，縱未亡秦亦避秦"（程敏政《新安文獻志》甲集卷五十，《桐江續集》没有收）；正是這首詩的用意。相傳湖南桃源縣的桃源洞就是陶潛《桃花源記》所指的地方；桃源在宋代屬常德府。

② 杜甫《北征》："牀前兩小女，補綻才過膝；海圖拆波濤，

舊繡移曲折。”意思說窮得没有布替小孩子裁衣服，只好東拼西湊，把繪畫海水的絹幅也剪碎了貼補進去。

③ 陶潛《桃花源記》說桃源洞裏居民的祖先都是逃避秦始皇的虐政而去的——所謂“嬴氏亂天紀，賢者避其世”——因此跟外界隔絶，“乃不知有漢，無論魏晉。”

④ 意思說這個世界骯髒得很，你進了桃源洞就住下來，不要向我們報信，免得像《桃花源記》裏的漁夫，出洞以後，再也找不到那片樂土。陶潛只說那漁夫“停數日辭去”，唐代詩人像王維作《桃源行》，劉禹錫作《桃源行》，韓愈作《桃源圖》，纔引申說：“塵心未盡思鄉縣”，“翻然恐迷鄉縣處……塵心如垢洗不去”，“人間有累不可住”；蕭立之這裏說“不用歸來説消息”，意思深遠多了。

春寒歎①

一月春寒縮牛馬②，束桂薪芻不當價③。
去年霜早穀蕃熟，雨爛秧青無日曬。
深山處處人夷齊④，鋤荒飯蕨填朝飢；
干戈滿地此樂土，不謂乃有凶荒時⑤！
今年有田誰力種？恃牛爲命牛亦凍。
君不見鄰翁八十不得死，昨夜哭牛如哭子！

---

① “歎”原作“家”，疑是誤字。

② 鮑照《代出自薊北門行》：“馬毛縮如蝟”；杜甫《前苦寒行》：“牛馬毛寒縮如蝟。”

③ 反用“米珠薪桂”那句成語，意思說“桂”還抵不上“薪”的價錢，所以不能燒火取暖。

④ 借伯夷叔齊來指那些逃避在山野偏僻地方的宋代遺民，參看文天祥《南安軍》註⑤。

⑤ “凶荒”指荒年，上面的“鋤荒”指荒地；這一句還是講“去年”多雨爛稻的事。

蕭立之

茶陵道中

山深迷落日，一徑窅無涯。
老屋茅生菌，饑年竹有花①。
西來無道路，南去亦塵沙。
獨立蒼茫外，吾生何處家！

① 指竹米，荒年可以充糧。

第四橋

自把①孤樽擘蟹斟，荻花洲渚月平林。
一江秋色無人管，柔艣風前語夜深②。

① “把”原作“折”，疑是誤字。

② 指摇船時的櫓聲或舵聲。唐人像劉禹錫《隄上行》只説：“槳聲咿軋滿中流”，韋莊《雪夜泛舟遊南溪》只説：“棹聲煙裏獨嘔啞”。李白《淮陰書懷寄王宋城》：“大舶夾雙櫓，中流鵝鸛鳴”，把鳥叫來比櫓聲，頗爲真切。（王琦註本卷十三謂指“舟人喧聒”，大誤，宋末黎廷瑞《芳洲集》卷三《青玉案》詞：“巨艣雙櫓鳴鵝鸛”，正用李白詩句，意義了然；參看白居易《河亭秋望》：“秋雁艣聲來”，余靖《武溪集》卷一《夏日江行》：“健艣雁齊鳴”，潘牥《江行》：“急櫓鳴鵝鸛。”）宋代詩人的描寫却更細膩，想像櫓是在咿啞獨唱或呢喃自語。例如：賀鑄《生查子》：“雙艣本無情，鵶軋如人語”；洪咨夔的“柁移船解語，簾舞酒求知”（《平齋文集》卷二《過四望山》）；吴元倫的“艣鳴無調樂，帆飽有情風”（《蘭皋集》卷一《舟中》）；蕭立之的朋友羅椅的“明虹收雨，兩

檠能吴語”（王補輯《澗谷先生遺集》卷二《清平樂》）。蕭立之這一句把當時的景色都襯出來，不僅是個巧妙的比喻。

偶 成

雨妬遊人故作難，禁持閒了下湖船①。
城中豈識農耕好，却恨慳晴放紙鳶②。

---

① 下雨彷彿是禁止人家偷空坐船遊玩。

② 城裏人不知田家盼望下雨，只恨天公不做美，不好放風箏。參看唐人李約《觀祈雨》："朱門幾處看歌舞，猶恐春陰咽管絃"；曹勛《松隱集》卷十《和次子耜〈久雨〉韻》第二首："第憂沉稼穡，寧問浸芙蓉"；陸游《劍南詩稿》卷十五《秋雨排悶十韻》："未憂荒楚菊，直恐敗吳秔"，卷二十二《春雨絶句》第二首："千點猩紅蜀海棠，誰憐雨裏作啼妝；殺風景處君知否？正伴鄰翁救麥忙"；卷七十《春旱得雨》第二首："稻陂方渴雨，蠶箔却憂寒；更有難知處，朱門惜牡丹"；汪宗臣《滿江紅・春雨》："蔫紅殷桃吾不較，豈堪浸爛東疇麥"；也都寫出了對天雨天晴的兩種立場。劉克莊《朝天子》："宿雨頻飄灑，歡喜西疇耕者。……老學種花兼學稼，心兩掛：這幾樹海棠休也"；林希逸《竹溪鬳齋十一稿》續集卷四《雨中看山丹》："固知沾足偏宜稻，

只恐淋漓解損花”；又要寫同時抱有兩種態度的矛盾心理，但是語氣裏流露出傾向性。

附　録

香港版《宋詩選註》前言

《宋詩選註》是北京人民文學出版社出版的。一九八五年第五次重印後，我又作了些小小修訂，主要在註解裏。一九八七年出版社要第六次重印，但因舊版磨損，勢必全部新排，我就獲得機會，把修訂處補進書裏。同時，香港陳松齡先生建議由天地圖書公司也出版《宋詩選註》。多承負責人民文學出版社的江秉祥先生慨然惠允，這本書得以在京港臺三地分別印行。我很欣幸，並向江、陳兩位先生表示感謝。

陳先生還要我爲港臺版寫一篇序文。這本書在一九五八年出版，受到一些公開批判，還能繼續重印，已經歷了"三十年爲一世"。它當初不够趨時，但終免不了也付出趨時的代價——過時，只能作爲那個時期學術風氣的一種文獻了。假如文獻算得時代風貌和作者思想的鏡子，那末這本書比不上現在的清澈明亮的玻璃鏡，只彷彿古代模糊黯淡的銅鏡，就像聖保羅的名言所謂："鏡子裏看到的影像是昏暗的。"① 它既没有鮮明地反映當時學術界

---

① 參看斯丹福《詩歌的各種敵人》(W. B. Stanford. *Enemies of Poetry*，倫敦，一九八〇）六三頁考論由於製造材料的局限，古代鏡子在希臘、羅馬著作裏往往成爲錯誤糊塗觀感的比喻。

的“正確”指導思想，也不爽朗地顯露我個人在詩歌裏的衷心嗜好。也許這個晦昧朦朧的狀態本身正是某種處境的清楚不過的表現。恰巧七年前彦火先生訪問我時，談起這本書，記録下一段話。我省力偷懶，就抄襲他寫的文字罷，因爲他的也充得是我的，而我的何妨原是他的。

> 這部選註是文學研究所第一任所長已故鄭振鐸先生要我幹的。因爲我曾蒙他的同鄉前輩陳衍（石遺）先生等的過獎，（他）就有了一個印象，以爲我喜歡宋詩。這部選本不很好；由於種種原因，我以爲可選的詩往往不能選進去，而我以爲不必選的詩倒選進去了。祇有些評論和註解還算有價值①。不過，一切這類選本都帶些遷就和妥協。選詩很像有些學會之類選舉會長、理事等，有“終身制”、“分身制”。一首詩是歷來選本都選進的，你若不選，就惹起是非；一首詩是近年來其他選本都選的，要是你不選，人家也找岔子。正像上届的會長和理事，這届得保留名位；兄弟組織的會長和理事，本會也得拉上幾個作爲裝點或“統戰”。所以老是那幾首詩在歷代和同時各種選本裏出現。評選者的懶惰和懦怯或勢利，鞏固和擴大了作者的文名和詩名。這是構成文學史的一個小因素，也是文藝社會學裏一個有趣的問題②。

---

①　最近看到胡頌平《胡適之先生晚年談話録》（臺灣：一九八四），二〇至二一頁評及《宋詩選註》，對選目很不滿意，並認爲迎合風氣，却説：“註確實寫得不錯。”

②　彦火《當代中國作家風貌續編》（香港：一九八二）六四至六五頁。

當然，不論一個時代，或一個人，過去的形象經常適應現在的情況而被加工改造，歷史和回憶録等有許多隨時應變而改頭換面的好範例。我不想學摇身一變的魔術或自我整容的手術，所以這本書的“序”和選目一仍其舊，作爲當時氣候的原來物證——更確切地説，作爲當時我自己儘可能適應氣候的原來物證。

我只補充幾句話。文學研究所成立時，我原是外國文學組的成員。鄭先生以所長而兼任中國古代文學組組長，把我“借調”過去，從此一“借”不復還，一“調”不再動。我選註宋詩，是單幹的，花了兩年工夫。在當時學術界的大氣壓力下，我企圖識時務，守規矩，而又忍不住自作聰明，稍微别出心裁。結果就像在兩個櫈子的間隙裏坐了個落空，或宋代常語所謂“半間不架”。我個人學識上的缺陷和偏狹也産生了許多過錯，都不能歸咎於那時候意識形態的嚴峻戒律，我就不利用這個慣例的方便借口了。

一九八八年一月於北京

重排後記

《宋詩選註》由人民文學出版社一九五八年初版。其後多次重印或重排，選註者均有所校訂，一九九二年第七次重印時又對註解作了增訂，並作爲補頁附於書末。此次重排，我們以人民文學出版社一九九七年版爲底本，將書末補訂部分全部排入相應正文，以方便讀者閱讀。特此説明。

生活·讀書·新知 三聯書店

一九九九年十二月